教育部人文社会科学研究规划基金项目

量刑证据与证明问题研究

张吉喜 著

中国人民公安大学出版社
·北 京·

图书在版编目（CIP）数据

量刑证据与证明问题研究/张吉喜著．—北京：中国人民公安大学出版社，2015.7

ISBN 978-7-5653-2285-3

Ⅰ.①量…　Ⅱ.①张…　Ⅲ.①量刑—研究—中国
Ⅳ.①D924.134

中国版本图书馆 CIP 数据核字（2015）第 162537 号

量刑证据与证明问题研究

张吉喜　著

出版发行：中国人民公安大学出版社
地　　址：北京市西城区木樨地南里
邮政编码：100038
经　　销：新华书店
印　　刷：北京泰锐印刷有限责任公司

版　　次：2015 年 7 月第 1 版
印　　次：2015 年 7 月第 1 次
印　　张：7
开　　本：880 毫米×1230 毫米　1/32
字　　数：189 千字

书　　号：ISBN 978-7-5653-2285-3
定　　价：25.00 元

网　　址：www.cppsup.com.cn　www.porclub.com.cn
电子邮箱：zbs@cppsup.com　zbs@cppsu.edu.cn

营销中心电话：010-83903254
读者服务部电话（门市）：010-83903257
警官读者俱乐部电话（网购、邮购）：010-83903253
法律图书分社电话：010-83905745

目　录

前 言

为了规范量刑裁量权，将量刑纳入法庭审理程序，增强量刑的公开性和透明度，实现量刑公正和均衡，维护社会公平正义，近年来，最高人民法院实施了量刑规范化改革。量刑规范化是“规范裁量权，将量刑纳入法庭审理程序”的简称。量刑规范化有两个方面的内容：一是在程序上，将量刑纳入法庭审理程序，保证量刑公平、公正、公开；二是在实体上，改变传统的量刑方法，使法官的裁量权行使具有更加明确、更加具体、可操作性更强的依据，从而规范法官的自由裁量权。最高人民法院实施的量刑规范化从试点、试行到实施共经历了四个阶段。第一阶段是从 2008 年起先后确定了 4 个中级人民法院和 8 个基层人民法院为量刑规范化改革试点单位。第二阶段是从 2009 年 6 月 1 日起在全国 120 多家法院开展量刑规范化试点工作。① 第三阶段是从 2010 年 10 月 1 日起在全国法院全面试行量刑规范化改革，试行最高人民法院颁布的《人民法院量刑指导意见（试行）》和最高人民法院、最高人民检察院、公安部、国家安全部、司法部联合颁布的《关于规范量刑程序若干问题的意见（试行）》（以下简称《量刑程序意见》）两个文件。《人民法院量刑指导意见（试行）》规定了量刑的指导原则、量刑的基本方法、常见量刑情节的适用以及交通肇事罪，故意伤害罪，抢劫罪，盗窃罪，毒品犯罪，强奸罪，非法拘禁罪，诈骗

---

① 该阶段在全国各高级人民法院辖区确定 1 个中级人民法院和 3 个基层人民法院为试点法院开展试点工作。

罪，抢夺罪，职务侵占罪，敲诈勒索罪，妨害公务罪，聚众斗殴罪，寻衅滋事罪和掩饰、隐瞒犯罪所得、犯罪所得收益罪15种常见犯罪的量刑，并授权各高级人民法院在此基础上制定实施细则。《量刑程序意见》规定了量刑证据材料的收集和移送，人民检察院的量刑建议，当事人和辩护人、诉讼代理人的量刑意见，相对独立的量刑程序，人民法院应当查明的量刑情节，量刑证据的质证和调查核实，当事人和辩护人、诉讼代理人申请人民法院调取量刑证据，以及刑事裁判文书说明量刑理由等内容。第四阶段是从2014年1月1日起在全国法院全面实施量刑规范化工作。

《量刑程序意见》确立了相对独立的量刑程序。根据《量刑程序意见》的规定，在被告人对起诉书指控的犯罪事实和罪名没有异议，自愿认罪且知悉认罪的法律后果的案件中，法庭审理主要围绕量刑和其他有争议的问题进行。对于被告人不认罪或者辩护人做无罪辩护的案件，在法庭调查阶段，应当先查明定罪事实，再查明有关的量刑事实；在法庭辩论阶段，审判人员引导控辩双方先辩论定罪问题，再围绕量刑问题进行辩论，发表量刑建议或意见，并说明理由和依据。从《量刑程序意见》的规定可以看出，无论是在被告人认罪的案件中，还是在被告人不认罪或者辩护人做无罪辩护的案件中，庭审程序都包含专门的量刑程序。最高人民法院《关于适用〈中华人民共和国刑事诉讼法〉的解释》（以下简称《法院解释》）确认了《量刑程序意见》规定的相对独立的量刑程序。《法院解释》第227条规定："对被告人认罪的案件，在确认被告人了解起诉书指控的犯罪事实和罪名，自愿认罪且知悉认罪的法律后果后，法庭调查可以主要围绕量刑和其他有争议的问题进行。对被告人不认罪或者辩护人作无罪辩护的案件，法庭调查应当在查明定罪事实的基础上，查明有关量刑事实。"第231条规定："对被告人认罪的案件，法庭辩论时，可以引导控辩双方主要围绕量刑和其他有争议的问题进行。对被告人不认罪或者辩护人作无罪辩护的案件，法庭辩论时，可以引导控辩双方先辩论定罪问题，后辩论量刑问题。”

量刑程序改革要以量刑证据制度作为配套工具，相对独立的量刑程序需要适用相对独立的量刑证据制度。根据证据证明对象的不同，可以将证据划分为定罪证据和量刑证据。定罪证据是证明犯罪嫌疑人、被告人是否构成犯罪、构成何种犯罪的证据。量刑证据是证明与被定罪人有关的各种量刑情节是否存在的证据。

传统的刑事诉讼程序“重定罪、轻量刑”，与此相对应，传统的证据法理论基本上只关注定罪中的证据与证明问题，对量刑中的证据与证明问题缺乏应有的重视。伴随着相对独立的量刑程序的确立，量刑证据已经成为独立于定罪证据的证据类型，在相关规范性文件中出现了“量刑证据”这一表述方式。例如，《量刑程序意见》第12条规定：“在法庭审理过程中，审判人员对量刑证据有疑问的，可以宣布休庭，对证据进行调查核实，必要时也可以要求人民检察院补充调查核实……”第13条规定：“当事人和辩护人、诉讼代理人申请人民法院调取在侦查、审查起诉中收集的量刑证据材料，人民法院认为确有必要的，应当依法调取。人民法院认为不需要调取有关量刑证据材料的，应当说明理由。”最高人民检察院于2010年颁布的《人民检察院开展量刑建议工作的指导意见（试行）》第13条规定：“对于辩护方提出的量刑证据，公诉人应当进行质证。辩护方对公诉人出示的量刑证据质证的，公诉人应当答辩……”另外，相关规范性文件将“定罪证据”与“量刑证据”并列规定，这更加明确地体现了“量刑证据”的独立法律地位。例如，《人民检察院刑事诉讼规则（试行）》第435条第2款规定：“定罪证据与量刑证据需要分开的，应当分别出示。”《人民检察院开展量刑建议工作的指导意见（试行）》第12条第1款规定：“在法庭调查中，公诉人可以根据案件的不同种类、特点和庭审的实际情况，合理安排和调整举证顺序。定罪证据和量刑证据可以分开出示的，应当先出示定罪证据，后出示量刑证据。”2010年最高人民法院、最高人民检察院、公安部、国家安全部、司法部颁布的《关于加强协调配合积极推进量刑规范化改革的通知》第4条规定，人民检察院审查案件，要客观全面审查案件证据，既要注重审查定罪证据，也要注重审查量刑证据。

虽然在量刑规范化改革中，量刑证据获得了独立的法律地位。但是，令人遗憾的是，当前的量刑规范化改革较多地从实体角度和程序角度关注量刑，没有给予量刑证据与证明应有的重视，涉及量刑证据制度的法律规范屈指可数。2010年最高人民法院、最高人民检察院、公安部、国家安全部、司法部联合颁布的《关于办理死刑案件审查判断证据若干问题的规定》（以下简称《死刑案件证据规定》）第5条第3款和《法院解释》第64条第2款规定，对被告人从重处罚的事实应当适用证据确实、充分的证明标准。另外，《法院解释》和2012年最高人民法院、最高人民检察院、公安部、司法部颁布的《社区矫正实施办法》规定了特定类型的量刑证据。《法院解释》第483条规定："控辩双方提出对未成年被告人判处管制、宣告缓刑等量刑建议的，应当向法庭提供有关未成年被告人能够获得监护、帮教以及对所居住社区无重大不良影响的书面材料。"第484条规定："对未成年被告人情况的调查报告，以及辩护人提交的有关未成年被告人情况的书面材料，法庭应当审查并听取控辩双方意见。上述报告和材料可以作为法庭教育和量刑的参考。"《社区矫正实施办法》第4条规定："人民法院、人民检察院、公安机关、监狱对拟适用社区矫正的被告人、罪犯，需要调查其对所居住社区影响的，可以委托县级司法行政机关进行调查评估。受委托的司法行政机关应当根据委托机关的要求，对被告人或者罪犯的居所情况、家庭和社会关系、一贯表现、犯罪行为的后果和影响、居住地村（居）民委员会和被害人意见、拟禁止的事项等进行调查了解，形成评估意见，及时提交委托机关。"除了上述一些与量刑证据和证明相关的规定外，很难再找到其他直接涉及量刑证据制度的法律规范。

相对独立的量刑程序的确立迫切需要加强量刑证据理论研究，

同时也需要完善我国的量刑证据制度。正是基于这样的背景，我们对量刑证据和证明问题展开研究。在本书中，我们以刑事裁判文书为样本，分析量刑事实的证明与认定的现状，探讨量刑事实证明与认定的司法实践对量刑证据理论研究和其他相关问题的启示。在此基础上，研究量刑证据的证据能力、量刑事实的举证责任和证明标准、死刑案件中的量刑证明标准以及社会调查报告、被害人影响陈述和社区影响陈述三类量刑证据。期望通过上述研究，丰富和发展我国的量刑证据理论，为量刑证据制度的发展和完善提供参考。

本书是2011年度教育部人文社会科学研究规划基金项目“量刑程序中的证据和证明问题研究”的最终成果。衷心感谢教育部人文社会科学研究规划基金项目对本研究的资助！在研究过程中，课题组成员韩旭教授、孙渝律师（重庆百君律师事务所）、李长城教授、陈荣飞副教授、王志刚副教授、朱福勇副教授和张玉飞检察官对研究的内容提出了宝贵建议，并在资料收集方面提供了无私的帮助；我指导的硕士研究生孙明泽、许瑶、王双飞、李怡君、任伟、袁德安、刘杨、杜佳楠和郝万爽等参与了文字校对，在此一并致谢！

第一章　量刑事实的证明与认定：以刑事裁判文书为样本

从具体的裁判文书入手，考察量刑事实的证明与认定，对于准确把握量刑规范化改革中量刑事实证明与认定的现状、完善我国的量刑证据理论和发现其他相关问题具有重要的现实意义。

在本章中，我们以人民法院200份生效的刑事裁判文书为样本，分析量刑事实的证明与认定。为了使本章的研究能够全面、真实地反映量刑规范化改革中量刑事实的证明与认定问题，我们确定了四项样本的入选条件。第一，案件的审判时间为2010年10月1日全国法院全面试行量刑规范化改革之后。第二，案件涉及的罪名为纳入量刑规范化的15种罪名。[①] 第三，样本具有足够的地域覆盖面。作出200份生效裁判文书的法院在地域上覆盖了全国6个省和直辖市，具体包括北京、重庆、四川、河南、湖南和广东。从分布地点来看，在这6个省和直辖市中，既有一线城市，也有沿海经济发达地区，还有中部和西部地区。第四，样本要能够反映不同级别的法院和不同审级。从作出裁判的法院级别来看，在这200份生效裁判文书中，有128份是基层法院作出的，有60份是中级法院作出的，有12份是高级法院作出的；从作出裁判的法院审级来看，

① 2010年10月1日实施的《人民法院量刑指导意见（试行）》规定了交通肇事罪，故意伤害罪，抢劫罪，盗窃罪，毒品犯罪，强奸罪，非法拘禁罪，诈骗罪，抢夺罪，职务侵占罪，敲诈勒索罪，妨害公务罪，聚众斗殴罪，寻衅滋事罪和掩饰、隐瞒犯罪所得、犯罪所得收益罪15种常见犯罪的量刑。

有一审判决书 143 份，有二审判决书或裁定书 57 份。在本章中，我们从量刑材料的证据能力、量刑事实的证明方式、量刑事实的证明标准和举证责任、量刑事实的认定说理以及辩护人在量刑事实证明中的作用五个方面对上述样本中体现出的量刑事实证明与认定问题展开分析，并在此基础上探讨量刑事实证明与认定的司法实践对量刑证据理论研究和其他相关问题的启示。

一、量刑材料的证据能力

根据证据证明对象的不同，可以将证据划分为定罪证据和量刑证据。定罪证据是证明犯罪嫌疑人、被告人是否构成犯罪、构成何种犯罪的证据。量刑证据是证明与被定罪人有关的各种量刑事实是否存在的证据。研究量刑事实的证明首先涉及的是量刑证据的证据能力问题。证据能力指的是一项材料作为证据的法律资格，又被称为证据资格。在这里，我们不再赘述样本中证据能力不存在争议的量刑材料，主要通过样本中证据能力存在争议或不明的量刑材料考察量刑材料的证据能力问题，具体来说，这些量刑材料包括社会调查报告、量刑请愿书和其他相关量刑书面材料三类。

（一）样本中的三类量刑材料

在本章所研究的样本中，有 7 件案件的判决书中出现了社会调查报告。[①] 其中，5 件案件的判决书将社会调查报告列为证据。如在刘某非法拘禁案中，一审判决书将河南省某县司法局出具的审前社会调查评估报告列为证据之一，据此认定河南省某县司法局社区

① 当前，我国刑事诉讼中的社会调查包括两类：第一类是未成年人刑事案件中的社会调查。第二类是拟适用社区矫正案件中的社会调查。对于社会调查所形成的书面文件，在我国未成年人刑事案件中通常被称为社会调查报告。但是，对于社会调查所形成的书面文件，在拟适用社区矫正案件中尚没有形成统一称谓，存在“审前调查评估意见书”、“判前社会调查表”、“社会调查评估报告”和“审前社会调查评估报告”等不同称谓。为了表述的方便，在本章中，我们也将其称为社会调查报告。

矫正试点工作领导小组办公室经审前社会调查，同意对被告人刘某适用非监禁刑。[①] 又如在覃某某聚众斗殴案中，一审判决书将四川省某县社区矫正机构出具的审前社会调查报告列为证据之一，据此认定四川省某县社区矫正机构对被告人覃某某进行了审前社会调查，认为被告人覃某某此前表现良好，建议对其适用非监禁刑。再如在向某某敲诈勒索案中，一审判决书将湖南省常德市某区司法局审前评估表列为证据，用以“证明社区矫正部门经核查向某某的现实表现，建议对向判处缓刑”。另外2件案件的判决书没有将社会调查报告列为证据，但是将其作为了量刑的依据。如在付某某交通肇事案中，一审判决书没有将社会调查报告列为证据，直接认定经某县司法局社区调查评估，建议对被告人付某某实行社区矫正。又如在万某交通肇事案中，二审判决书也没有将社会调查报告列为证据，直接认定某县司法局向本院出具了认为可以对上诉人万某判处缓刑实行社区矫正的调查评估意见书，并将其作为对上诉人万某适用缓刑的依据。

在上述样本中，还有5件案件的判决书中出现了量刑请愿书。[②] 其中，4件案件的判决书将量刑请愿书列为量刑证据。如在杜某某盗窃案中，法院在证据中列举了某村委会出具的请求对被告人从轻处理的信函。在李某某妨害公务案中，法院在证据中列举了与李某某同村的300余名村民向法院提交的请求对李某某从轻处罚的联名信。在罗某某交通肇事案中，二审判决书载明的证据包括由村民签字，村委会、派出所、乡政府办公室盖章确认的两份证明，用以证明罗某某平时表现好，家中情况困难，有两位老人需要照顾，村民希望法院对上诉人适用缓刑或暂予监外执行。在万某某诈骗案中，二审判决书载明的证据包括钦州市钦南区文峰街道某社区

---

① 本章没有使用裁判文书中的真实地名和人名。

② 在我国司法实践中，民众常常通过请求信、请愿信和联名请愿书等方式向法院发表量刑意见。在这里，我们将其统称为量刑请愿书。

居民委员会出具的请求书，用以证明万某某系其社区居民，之前表现良好，无违法违规记录，居委会希望对其从轻量刑，使其能回到社区好好改造。另外，有1件案件的判决书没有明确量刑请愿书的性质。在戈某某交通肇事案中，二审刑事判决书只是如实描述了上诉人戈某某的辩护人提供了戈某某户籍所在地江西省上高县敖阳镇某居委会出具的关于请求法院对戈某某适用缓刑，该居委会愿意对其进行帮教的证明，没有在证据中提及该量刑请愿书。

另外，在上述样本中，还出现了证据能力存在争议的其他量刑材料，如在苟某故意伤害案中，一审判决书将某村委会的证明材料作为证明被告人苟某现实表现情况的证据。在骆某某、孙某某故意伤害案中，二审判决书将上诉人所在社区出具的社区评估意见书作为量刑证据，认定“宣告缓刑对所在社区无重大不良影响，依法可对二人适用缓刑。”

（二）三类量刑材料的证据能力分析

虽然2012年刑事诉讼法、2012年的《社区矫正实施办法》和最高人民法院、最高人民检察院的相关规范性文件对社会调查报告作出了明确规定，但是上述法律和规范性文件没有触及社会调查报告的性质。我国的相关法律和规范性文件也没有对量刑请愿书问题作出规定。在理论上，对于社会调查报告和量刑请愿书是否属于证据都存在两种截然不同的观点。对于社会调查报告，否定说认为，社会调查报告的内容与案件事实没有相关性，因此不具有证据属性，[①] 只能是司法机关处理刑事案件时的一种重要参考资料；[②] 肯定说认为，刑事诉讼法规定“能够证明案件真相的一切事实都是证据”，社会调查报告的内容可以归入“一切事实”，所以社会调

---

① 赵国玲主编：《未成年人司法制度改革研究》，北京大学出版社2011年版，第241~242页。

② 郭欣阳：《未成年人社会调查报告的法律性质及其在审查起诉中的运用》，载《人民检察》2007年第11期。

查报告属于证据的范畴。[①] 对于量刑请愿书，一种观点认为，量刑请愿书属于证据；另一种观点认为，量刑请愿书是民意的一种形式。[②] 正因为如此，尽管多数裁判文书认可了社会调查报告和量刑请愿书的证据能力，但是仍然有部分裁判文书回避了社会调查报告和量刑请愿书的证据能力问题。

我国的证据理论认为，如果一项材料具有客观性、相关性和合法性三项特征，便具有证据能力。其中合法性包括形式的合法性、主体的合法性和获取程序的合法性三个方面。从证据能力的角度来看，将社会调查报告、量刑请愿书和上文中的其他相关材料作为证据使用，都存在着一定的合法性障碍。首先，社会调查报告和部分量刑请愿书不完全符合法律对获取证人证言的要求。为了确保证人证言的准确性，询问证人应当遵守个别进行原则。根据《法院解释》第76条的规定，如果询问证人没有个别进行，该证人证言不得作为定案的根据。社会调查报告的内容包括被告人的家庭背景、社会关系、个性特点、居所情况、一贯表现和居住地村（居）民委员会和被害人意见等。调查人员在向证人了解这些内容时，往往没有遵循个别进行原则。另外，部分量刑请愿书也违背了询问证人的个别进行原则，如在李某某妨害公务案中，请求对李某某从轻处罚的联名信是由与李某某同村的300余名村民联名向法院提交的；在罗某某交通肇事案二审中，量刑请愿书是由全体村民集体签字提交的。其次，部分量刑请愿书和上文中其他相关材料的提供主体与刑事诉讼法关于作证主体的要求不符。刑事诉讼法第60条规定："凡是知道案件情况的人，都有作证的义务。生理上、精神上有缺陷或者年幼，不能辨别是非、不能正确表达的人，不能作证人。"

---

① 高维俭：《少年刑事司法之社会人格调查报告制度论要》，载《环球法律评论》2010年第3期。

② 《复旦177名学子为凶手求情》，载《信息时报》2014年5月8日A35版。

根据该规定，在刑事诉讼中，证人只能是自然人，单位不能作为证人。而上述样本中的部分量刑请愿书和其他相关材料是由单位出具的。如在杜某某盗窃案中，量刑请愿书是由某村委会出具的；在万某某诈骗案二审中，量刑请愿书是由钦州市钦南区文峰街道某社区居民委员会出具的；在戈某某交通肇事案二审中，量刑请愿书是由江西省上高县敖阳镇某居委会出具的；在苟某故意伤害案中，证明被告人苟某现实表现情况的材料是由某村委会出具的；在骆某某、孙某某故意伤害案二审中，社区评估意见书是由上诉人所在社区出具的。

尽管上述社会调查报告、量刑请愿书和其他相关材料不符合证据的合法性要求，但是多数裁判文书仍然将其作为量刑证据使用。这意味着在司法实践中，与定罪证据相比，量刑证据的证据能力规则较为宽松。

二、量刑事实的证明方式

为了探讨量刑事实的证明方式，我们需要提取样本中的量刑事实。我们在提取样本中的量刑事实时遵循了下列原则：第一，只要是控辩双方提出的量刑事实，无论其是否最终被法院认定，都将其作为研究对象。第二，由于量刑事实是否影响量刑属于审判人员的刑罚裁量权，与量刑证明没有必然的联系，因此无论法院认定的量刑事实是否影响量刑，都将其作为研究对象。第三，既研究纯正的量刑事实，也研究非纯正的量刑事实。以与定罪事实的关系为标准，可以将量刑事实分为纯正的量刑事实和非纯正的量刑事实。纯正的量刑事实是指只与案件中的量刑有关，而与定罪无关的事实，如自首、立功、坦白、认罪、退赃、赔偿损失、被害人谅解、累犯、前科劣迹、家庭背景、社会关系、个性特点、居所情况、一贯表现和居住地村（居）民委员会意见等。非纯正的量刑事实是指那些与定罪事实相互重合的量刑事实。该类事实“一身兼二任”，既对定罪产生影响，又对量刑产生影响，如犯罪形态、在共同犯罪中的地位和作用等。根据上述原则，在这200份生效裁判文书中出现的量刑事实主要有：限制刑事责任能力、在共同犯罪中的地位和作用、犯罪形态、犯罪动机、伤亡后果、伤害程度、犯罪数额、其他犯罪情节（如非法拘禁中具有殴打、侮辱情节，入户抢劫等）、退赃、赔偿损失、交纳罚金、初犯、偶犯、自首、立功、坦白、认罪、悔罪、在押期间表现、又聋又哑、特情引诱、累犯或前科劣迹、被害人谅解、被害人过错、家庭背景、社会关系、个性特点、居所情况、一贯表现和居住地村（居）民委员会意见等。①

在上述样本中，一般情况下，法院认定的量刑事实都有相关量刑证据予以证明，但是也存在一些被法院认定的量刑事实没有相关量刑证据予以证明。法院认定的量刑事实中存在相关量刑证据予以证明的有：限制刑事责任能力、在共同犯罪中的地位和作用、犯罪形态、犯罪动机、伤亡后果、伤害程度、犯罪数额、其他犯罪情节（如非法拘禁中具有殴打、侮辱情节，入户抢劫等）、退赃、赔偿损失、交纳罚金、偶犯、自首、立功、在押期间表现、特情引诱、累犯或前科劣迹、被害人谅解、被害人过错、家庭背景、社会关系、个性特点、居所情况、一贯表现和居住地村（居）民委员会意见。法院认定的量刑事实中不存在相关量刑证据予以证明的有：初犯、坦白、认罪、悔罪、又聋又哑和被害人当庭谅解。从证据理论的角度来看，法院认定的量刑事实有相关量刑证据予以证明的被称为证据证明；法院认定的量刑事实没有相关量刑证据予以证明的可能存在两种情形，即推定和司法认知。在上述样本所涉及的量刑

① 初犯与偶犯的含义不同。初犯是指初次犯罪或第一次犯罪。初犯是与前科犯、累犯相对应的概念。只要是第一次犯罪，无论被告人犯下任何性质的犯罪都是初犯。偶犯是指偶然的犯罪、偶发的犯罪，即由于一些偶然性因素的出现，促成了犯罪的发生。偶犯不可能是蓄意犯，蓄意犯是有蓄谋的犯罪，是在精心的准备策划下实施的犯罪，其发生不具有偶然性。偶犯也不太可能是惯犯，因为作为惯犯，被告人习惯性的犯罪心理是诱发犯罪的重要因素，偶然性因素往往只起次要作用。

事实中，这三种证明方式都得到了运用。

第一，证据证明。认定事实应当根据证据，这是证据裁判原则的基本含义。在上述样本中，法院认定的限制刑事责任能力、在共同犯罪中的地位和作用、犯罪形态、犯罪动机、伤亡后果、伤害程度、犯罪数额、其他犯罪情节（如非法拘禁中具有殴打、侮辱情节，入户抢劫等）、退赃、赔偿损失、交纳罚金、偶犯、自首、立功、在押期间表现、特情引诱、累犯或前科劣迹、被害人谅解、被害人过错、家庭背景、社会关系、个性特点、居所情况、一贯表现和居住地村（居）民委员会意见等量刑事实都有相关量刑证据予以证明。证明限制刑事责任能力的证据有法医鉴定书和精神病医院住院病历等。证明在共同犯罪中的地位和作用、犯罪形态、犯罪动机、其他犯罪情节（如非法拘禁中具有殴打、侮辱情节，入户抢劫等）、偶犯和被害人过错的证据有被告人供述和辩解、被害人陈述等。证明伤亡后果、伤害程度和犯罪数额的证据有被告人供述和辩解、被害人陈述、勘验笔录和鉴定意见等。证明退赃的证据包括办案机关关于退赃的情况说明、退还赃款凭证、扣押及发还物品清单、被害人出具的证明及领条等。证明赔偿损失的证据包括被害方出具的收据、赔偿协议书和公证书等。证明交纳罚金的证据是行政事业单位资金往来结算票据。证明自首和立功的证据是侦查机关出具的相关案件情况说明。证明在押期间表现的证据是公安机关监管大队出具的在押人员羁押期间表现情况证明。证明特情引诱的证据有被告人供述和辩解、侦查机关出具的相关案件情况说明等。证明累犯、前科劣迹的证据有生效裁判文书、释放证明书和行政处罚决定书等。证明被害人谅解的证据有调解协议书、和解协议书、谅解书和被害人陈述等。证明家庭背景、社会关系、个性特点、居所情况、一贯表现和居住地村（居）民委员会意见等的证据有社会调查报告和量刑请愿书等。

第二，推定。在上述样本中，法院认定的初犯并没有相关证据予以证明。我们认为，初犯的认定运用的是推定的方法。

"推定产生于下面这种思维过程，即根据已知的基础事实的证明来推断出一个未知的事实，因为常识和经验表明该已知的基础事实通常会与该未知事实并存。"① 推定是根据两个事实之间的常态联系，当一个事实存在时，推引另一个不明事实存在或不存在的案件事实认定方法。前一项事实被称为基础事实，后一项事实被称为推定事实。由基础事实推定推定事实存在或不存在的前提是两者之间具有常态联系。在初犯的认定中，基础事实是控方没有提出累犯和前科劣迹的证据，推定事实是被告人是初犯。众所周知，控方没有提出被告人累犯和前科劣迹的证据与被告人是初犯之间具有常态联系。因此，当辩方提出被告人属于初犯的辩护理由后，即使没有提供任何证据予以证明，法院也可以根据控方没有提出累犯和前科劣迹的证据而推定辩方的辩护理由成立。

第三，司法认知。在上述样本中，法院认定的量刑事实中不存在相关量刑证据予以证明的还有：坦白、认罪、悔罪、又聋又哑和被害人当庭谅解。② 与上述第一点和第二点中的量刑事实相比，这些量刑事实都有一个共同点，那就是它们都是审判人员在履行审判职务时亲身经历的事实。对于这样的事实，在没有证据证明的情况下，审判人员直接予以认定，在证据理论上属于司法认知。

司法认知，也即审判上的认知或审判上的知悉，是指法官在审判过程中依职权或应当事人申请，对某些特定的事实直接予以确认，而无须当事人对此类事实予以举证证明的一种案件事实认定方法。司法认知是一切事实必须以证据予以证明的这一总原则的例外。③ 关于司法认知，《德国民事诉讼法典》和《美国联邦证据规

① ［美］乔恩·R. 华尔兹著：《刑事证据大全》，何家弘等译，中国人民公安大学出版社 1993 年版，第 314 页。

② 这里的坦白指的是审判时如实供述犯罪事实。在侦查和审查起诉阶段，犯罪嫌疑人如实供述犯罪事实，有犯罪嫌疑人供述和辩解予以证明。

③ 沈达明编著：《英美证据法》，中信出版社 1996 年版，第 60 页。

则》的规定比较具有代表性。《德国民事诉讼法典》第 291 条规定："对法院已经显著的事实，不需要证据。"根据德国学者的研究，该事实包括两类：一类是普遍熟知的事实；另一类是法院在职务活动中获知的显著事实。[①]《美国联邦证据规则》第 201 条 b 规定："法院可以对不存在合理争议的事实进行司法认知，因为该事实属于：（1）在法院管辖区域内众所周知；或者（2）基于其来源的准确性不存在合理怀疑，能够随时得到准确的确认。"从语义上看，这里的第二类事实包含法院在职务活动中获知的显著事实。由此可见，法院在职务活动中获知的显著事实属于司法认知的对象。审判人员在履行审判职务时亲身感知的坦白、认罪、悔罪、又聋又哑和被害人当庭谅解等量刑事实，即属于法院在职务活动中获知的显著事实，可以适用司法认知。

三、量刑事实的证明标准和举证责任

（一）量刑事实的证明标准

我国刑事判决书的基本模式是，在"经审理查明"部分认定案件事实并论证认定案件事实的依据。在本章所研究的样本中，在论证认定案件事实的依据时，没有区分定罪事实和量刑事实，而是将两者糅合在一起进行论证。对认定案件事实的论证表现为如下两种模式：第一种模式是"上述事实，被告人陈某某在开庭审理过程中亦无异议，并有被害人魏某某的陈述，证人蒋某某、仝某某等人的证言，现场照片、被害人伤情照片、鉴定结论及抓获证明，和解协议书、撤诉书及收条等证据证实，且上述证据经当庭宣读、出示、辨认、质证，查证属实，应予认定。"第二种模式是"上述事实，有下列证据证实：1. ……2. ……3. ……4. ……5. ……""上述证据，经当庭举证质证，证据来源清楚，收集程序合法，能相互印

① ［德］罗森贝克、施瓦布、戈特瓦尔德著：《德国民事诉讼法》，李大雪译，中国法制出版社 2007 年版，第 822~823 页。

证上述事实的成立，予以确认”或“以上事实清楚，证据确实、充分，足以认定。”由此可见，在上述样本中，量刑事实与定罪事实适用了相同的证明标准，即“证据确实、充分”。①

以量刑事实对被告人量刑的影响为标准，可以将量刑事实划分为罪重事实和罪轻事实。罪重事实是指从重处罚的情节，罪轻事实包括从轻、减轻处罚的情节以及免除处罚的情节。我国刑事诉讼法只规定了定罪的证明标准，没有规定量刑的证明标准。1996 年刑事诉讼法第 162 条和 2012 年刑事诉讼法第 195 条规定：“在被告人最后陈述后，审判长宣布休庭，合议庭进行评议，根据已经查明的事实、证据和有关的法律规定，分别作出以下判决：（一）案件事实清楚，证据确实、充分，依据法律认定被告人有罪的，应当作出有罪判决；（二）依据法律认定被告人无罪的，应当作出无罪判决；（三）证据不足，不能认定被告人有罪的，应当作出证据不足、指控的犯罪不能成立的无罪判决。”上述第一项是关于证明标准的规定。可以看出，该项只规定了有罪判决即定罪的证明标准是“证据确实、充分”，并未规定量刑的证明标准。对于量刑的证明标准，2010 年的《死刑案件证据规定》第 5 条第 3 款和《法院解释》第 64 条第 2 款规定，对被告人从重处罚的事实应当适用证据确实、充分的证明标准。从上述规定可以看出最高人民法院对证明标准的态度是：对罪重事实适用与认定被告人有罪相同的证明标准，即“证据确实、充分”。由于我国关于量刑事实证明标准的法律规定不全面，因此只能说就罪重事实而言，上述样本适用的证明标准是符合我国相关法律规定的。

（二）量刑事实的举证责任

一般认为，举证责任包括行为意义上的举证责任（简称行为责任）和结果意义上的举证责任（简称结果责任）。行为意义上的

---

① 在刑事裁判文书中，“证实”和“能相互印证上述事实的成立”与“证据确实、充分”具有相同的含义。

举证责任是指当事人对自己提出的主张，有责任提出证据进行证明。结果意义上的举证责任是指在案件审理终结时如果案件事实仍然处于真伪不明的状态，由提出或主张该事实的当事人所承担的不利诉讼结果。在行为责任和结果责任两者之间，结果责任是根本的和本质的责任，行为责任是为结果责任服务的。因此，可以通过考察上述样本对存疑的量刑事实的处理来分析司法实践中量刑事实举证责任的分配。

在上述样本中，对罪重事实存疑的处理方式是存疑从无。如在李某某、江某非法拘禁案和吴某某非法拘禁案中，检察机关指控被告人在非法拘禁被害人期间对被害人有殴打、侮辱情节，依据刑法第 238 条第 1 款，提出了应当从重处罚的量刑建议。法院认为，检察机关没有确实、充分的证据证明被告人在非法拘禁被害人期间对被害人有殴打、侮辱的行为，从重处罚的量刑建议不予采纳。又如在顾某某抢夺案中，检察机关提出被告人具有犯罪前科，建议从重处罚。法院认为，检察机关没有提供生效裁判文书证明被告人具有犯罪前科，从重处罚的量刑建议不予采纳。由此可见，在罪重事实存疑时，由公诉方承担不利后果，即罪重事实由公诉方承担举证责任。

在上述样本中，对于罪轻事实存疑有三种不同的处理方式。

第一，存疑从无。在部分案件中，存疑的罪轻事实被视为不存在。如在王某某抢劫案中，王某某的辩护人提出了“王某某有立功意愿，可以对其从轻处罚”的辩护意见。公诉机关举示了“某市公安局刑警大队情况说明”，证明经对王某某检举刘某犯罪线索材料进行调查，无法查证落实。法院认为，“虽然王某某提供了某市一命案的相关线索，但经某市公安局刑警大队调查，其所提供的线索无法查证落实，故仅依此情节，尚不足以对王某某从轻处罚。该辩护意见不能成立，不予采纳。”又如在刘某运输毒品案中，法院认为，“因刘某检举他人犯罪的行为尚未查证属实，不符合立功的条件，故其有立功行为应当从轻或减轻处罚的辩护理由不能成立。”

第二，存疑从立。在部分案件中，存疑的罪轻事实被视为成立。如在胡某某盗窃案中，胡某某称其为从犯。法院认为，“上诉人在公安机关的供述可以证明其在三次盗窃中均只负责望风，虽然没有其他证据印证，但是根据存疑有利于被告人的原则，可以认定上诉人在盗窃犯罪中只起次要作用，系从犯。”

第三，存疑从轻。在部分案件中，法院虽然认为存疑的罪轻事实不能成立，但是会在量刑上对被告人从轻处罚。如在江某某敲诈勒索案中，一审认定上诉人江某某为主犯，上诉人江某某及其辩护人认为应当认定其为从犯。二审判决书认定，“鉴于本案的具体情况，主要同案犯尚未抓获归案，共同犯罪中作用大小及责任划分暂无法确定，且上诉人江某某庭审后能认罪悔过，对其适用缓刑确实不致再危害社会。故可酌情依法对其从轻处罚并适用缓刑。”

由此可见，在罪轻事实存疑时，不利后果的承担方式包括两类：在存疑从无时，由被告方承担；在存疑从立和存疑从轻时，由公诉方承担。即罪轻事实的举证责任根据情况不同分别由辩方和控方承担。

四、量刑事实的认定说理

我国刑事判决书的认定说理由两部分组成：一是以“经审理查明”开头的部分，以下简称“经审理查明”；二是以“本院认为”开头的部分，以下简称“本院认为”。前一部分阐明法院认定的事实，并列明证实上述事实的证据。后一部分根据查证属实的事实和法律规定，论证被告人是否构成犯罪，构成何种犯罪，应否从重、从轻、减轻或免予刑事处罚。如果是共同犯罪，还应分别阐明各被告人在共同犯罪中的地位和作用。如果控辩双方对于事实认定和法律适用存在异议，也应当在该部分分析、认定。

在上述样本中，量刑事实认定说理存在以下几方面的问题：

第一，在部分案件中，辩方提出的一些量刑事实，判决书在

“经审理查明”和“本院认为”中都没有作出回应。如姜某某妨害公务案中，辩护人的辩护意见是姜某某是初犯、偶犯，而判决书在“经审理查明”和“本院认为”中都没有提及上述量刑事实。又如在韩某某故意伤害案中，辩护人提出被害人有过错，判决书在“经审理查明”和“本院认为”中都没有对此作出回应。

第二，部分判决书只是简单罗列量刑证据，没有阐明这些证据的主要内容。如在李某某聚众斗殴案中，法院在“经审理查明”中认定被告人赔偿了被害人的损失并具有自首情节，随后只是简单罗列了认定上述量刑事实的量刑证据：“上述事实有公诉机关提供并经庭审质证的……赔偿协议书，到案说明等证据证实。”又如在刘某某抢劫案中，法院在“经审理查明”中认定被告人刘某某于2010年3月31日主动向公安机关投案，赔偿了受害人胡某某3万元经济损失，并取得了受害方的谅解，随后只是简单罗列了相关量刑证据：“上述事实，被告人刘某某在开庭审理中亦无异议，并有被害人胡某某的陈述……归案说明；身份证明、收条等证据予以证实。”再如在方某某贩卖毒品案中，判决书认定：“2011年8月11日，被告人方某某向本县公安局自动投案；并按公安机关的要求，说服、劝告同案犯罪嫌疑人赵某某（另案处理）自动投案。”随后也只是简单地罗列了相关量刑证据：“上述事实，被告人方某某在开庭审理过程中亦无异议……且有关于被告人方某某自动投案和立功的证明材料证实，足以认定。”

第三，部分判决书认定有争议的量刑事实时，说理武断。如潘某某、刘某某盗窃案的判决书是这样叙述不予采纳辩护意见的理由的：“被告人潘某某的辩护人提出潘某某系从犯的辩护意见，经查与事实不符，对此辩护意见本院不予采纳。”又如刘某某故意伤害案的判决书以类似的形式叙述了不予采纳辩护意见的理由：“辩护人唐某某提出被告人刘某某被指控为1994年故意伤害罪的主犯，证据不足，经查与事实不符。故该辩护意见不能成立，本院不予采纳。”

第四，除了司法认知的量刑事实外，还有其他量刑事实在“经审理查明”部分没有得到认定，但是在“本院认为”中直接作为量刑的依据。在本章第二部分，我们谈到没有量刑证据证实的量刑事实有：坦白、认罪、悔罪、又聋又哑和被害人当庭谅解等。①由于这些量刑事实属于司法认知的对象，不需要运用证据进行证明，因此可以直接在“本院认为”中作为量刑的依据。在上述样本中，除了这些量刑事实外，还存在其他一些量刑事实在“经审理查明”部分都没有得到认定，但是在“本院认为”中直接作为量刑的依据。如在杨某某敲诈勒索案中，辩护人提出，“被告人杨某某能主动投案并如实供述犯罪事实，系自首，可从轻或减轻处罚。”该案判决书在“经审理查明”中没有认定被告人主动投案并如实供述犯罪事实的情况下，在“本院认为”中直接将其作为量刑的依据：“本院认为，被告人杨某某的辩护人提出被告人能主动投案并如实供述犯罪事实，系自首，可减轻处罚的辩护意见，符合本案实际，本院予以采纳。”又如在张某某、王某某抢夺案中，判决书在“经审理查明”中没有阐明两被告人在共同犯罪中的地位和作用，但是在“本院认为”中却直接将两被告人在共同犯罪中的地位和作用作为量刑的依据。

五、辩护人在量刑事实证明中的作用

在上述样本中，一审案件共有 143 件。其中，没有辩护人的案件有 81 件，有辩护人的案件有 62 件。就量刑事实的证明而言，上

① 在本章第二部分，没有证据证实的量刑事实还有初犯。对初犯的认定运用了推定的方法。一般情况下，推定的基础事实需要运用证据证明，需要在“经审理查明”中予以认定。但是，在上述样本中，没有在“经审理查明”中认定推定初犯的基础事实，这是因为初犯的基础事实是控方没有提出累犯或前科的证据，属于审判人员履行职务时亲身感知的事实。根据本章第二部分的论述，这属于司法认知的范畴，不需要运用证据予以证明。

述没有辩护人的案件与有辩护人的案件相比，存在如下两个特点：第一，没有辩护人的案件中存在没有量刑事实的情形。在没有辩护人的案件中，存在没有量刑事实的案件有 8 件，而在有辩护人的案件中，所有的案件都有量刑事实。第二，在没有辩护人的案件中，被告人往往未能提出一些常见的量刑事实。如在 81 件没有辩护人的案件中，虽然有 59 件案件的被告人都不属于累犯或没有前科劣迹，但是只有 2 件案件的被告人提出了初犯的辩护意见。

在上述样本中，二审案件共有 57 件。在这 57 件案件中，有辩护人的案件有 40 件，无辩护人的案件有 17 件。二审案件中的量刑证明具有如下特点：第一，在没有辩护人的二审案件中不存在量刑事实的证明问题。在上述 17 件没有辩护人的二审案件中，10 件案件的上诉人提出的量刑事实在一审中已经被采纳；7 件案件的上诉人虽然要求从轻处罚，但是他们没有提出有价值的量刑事实，而只是提出“我是文盲，不懂法，愿意赔偿被害人，请求从轻处罚”，“原判量刑过重”等。因此，在这 17 件没有辩护人的二审案件中不涉及量刑事实的证明问题。第二，在有辩护人的二审案件中，量刑事实的证明取得了较好的效果。在 12 件有辩护人的二审案件中，辩护人提出了新的量刑事实，且都得到了法院的采纳。其中 2 件案件为上诉人在二审中认罪、悔罪。另外 10 件案件为上诉人与被害人在二审中达成了和解，取得了被害人的谅解。在 19 件有辩护人的二审案件中，辩护人没有提出新的量刑事实，而是再次提出一审中已经提出过但是未被采纳的量刑事实。这些量刑事实涉及在共同犯罪中的地位和作用、犯罪动机、犯罪形态和自首等。在其中的 4 件案件中，辩护人提出的量刑事实得到了法院的认定。如在高某抢劫案二审中，辩护人提出上诉人属于犯罪中止。法院认定，“2012 年 6 月 10 日凌晨 3 时 20 分许，上诉人高某至广州市某宾馆前台处，采取蒙面、持刀威胁被害人廖某某的方法，迫使廖某某将柜台内的营业款交出。后因廖某某求饶，高某没有拿走廖某某交出的营业款。”“上诉人高某在实施犯罪过程中，自动放弃犯罪，属于犯罪中止。”在王某某故意杀人案二审中，辩护人提出，上诉人犯罪后自动投案，并如实供述自己的主要犯罪事实，依法应当认定为自首。法院认定，“上诉人在侦查阶段及一、二审庭审时，始终不否认其持刀杀死被害人的主要犯罪事实，虽其在一审庭审时对被害人捅刺两刀还是一刀有辩解，但不属对其主要犯罪事实翻供；根据《最高人民法院关于处理自首和立功具体应用法律若干问题的解释》第1条之规定，上诉人犯罪后自动投案，在一审判决前能如实供述自己持刀杀人的主要犯罪事实，其行为构成自首，应予认定。”在其他9件有辩护人的二审案件中，由于辩护人只做无罪辩护，未做量刑辩护，因此未提及量刑事实。

基于上述分析，我们发现，无论是在一审案件中，还是在二审案件中，辩护人对于量刑事实的证明都起着非常重要的作用。

六、对量刑证据理论研究和其他相关问题的启示

上述样本中反映出来的量刑事实的证明与认定状况对于量刑证据理论研究和其他相关问题具有一定的启示意义。

（一）对量刑证据理论研究的启示

现有的证据理论研究成果关注的主要是定罪证据与证明问题，而对于量刑证据与证明问题涉猎较少。这导致了在量刑证据领域，司法实践已经远远走在了理论研究之前。证据理论的核心问题包括证据能力、证明方式、证明标准和举证责任等。上文所考察的量刑证据和证明的司法实践状况有助于推动我们从这些方面研究量刑证据理论。

第一，量刑证据的证据能力。虽然我国相关法律没有区分定罪证据与量刑证据，但是上述样本告诉我们司法实践中对量刑证据证据能力的要求较为宽松。从比较法的角度来看，定罪证据适用的严格的证据能力规则往往不适用于量刑证据。以美国为例。美国联邦最高法院认为：“在美国殖民地成为一个独立的国家之前和之后，美国和英国的法院都执行这样的政策，即量刑法官在依法决定刑罚

的种类和程度时，对于证据的来源和种类具有较大的自由裁量权……”“全面掌握可能与被告人的生活和性格相关的信息对于选择合适的量刑高度相关——如果不是至关重要的话。现代刑罚个别化的观念使量刑法官不受适用于审查程序的严格的证据规则的约束变得更加必要。”[①]《美国联邦量刑指南》第六章“量刑程序及诉辩交易”A 部分“量刑程序”第 1 节第 3 条“争议问题的解决（政策说明）”规定：“当任何对量刑决定起重要作用的因素合理地存在争议时，应给予双方合适的机会向法院展现关于该因素的资料。在解决任何一个关于对量刑起重要作用的因素的争议时，法院可以考虑相关的资料而不需注意审判中可适用的证据规则，只要这些资料有足够的可靠性来支持其准确性。”我国是否应当对量刑证据适用宽松的证据能力规则，原因是什么，是我们在进行量刑证据理论研究时首先需要解决的问题。

第二，量刑事实的证明方式。虽然证据证明、推定和司法认知三种证明方式在量刑事实的证明中都得到了运用，但是推定和司法认知这两种证明方式都没有法律依据。首先，我国与刑事诉讼相关的法律规范没有对推定作任何规定。其次，我国关于司法认知的相关规定不能为上述样本中运用司法认知认定量刑事实提供依据。我国刑事诉讼法没有规定司法认知，只有《人民检察院刑事诉讼规则（试行）》第 437 条的规定涉及了司法认知。[②] 该条规定了 6 项不必提出证据进行证明的案件事实，这些事实在证据理论上被称为

---

① In *Williams v. New York*, 337 U. S. 241, 69 S. Ct. 1079, 93 L. Ed. 1337 (1949).

② 《人民检察院刑事诉讼规则（试行）》第 437 条规定：“在法庭审理中，下列事实不必提出证据进行证明：（一）为一般人共同知晓的常识性事实；（二）人民法院生效裁判所确认的并且未依审判监督程序重新审理的事实；（三）法律、法规的内容以及适用等属于审判人员履行职务所应当知晓的事实；（四）在法庭审理中不存在异议的程序事实；（五）法律规定的推定事实；（六）自然规律或者定律。”

免证事实。在这6项免证事实中，属于司法认知范畴的是：为一般人共同知晓的常识性事实；人民法院生效裁判所确认的并且未依审判监督程序重新审理的事实；法律、法规的内容以及适用等属于审判人员履行职务所应当知晓的事实；自然规律或者定律。① 上述规定不能为法院认定坦白、认罪、悔罪、又聋又哑和被害人当庭谅解等量刑事实提供法律依据。首先，最高人民法院颁布的与刑事诉讼法相关的司法解释没有对司法认知作出规定。其次，“审判人员履行职务所应当知晓的事实”指的是审判人员应当具备的基本知识，不包括坦白、认罪、悔罪、又聋又哑和被害人当庭谅解等审判人员在履行审判职务时亲身感知的量刑事实。

由于我国没有关于运用推定和司法认知这两种证明方式的法律规定，当前办案人员对推定和司法认知的运用完全处于自发的状态。为了使运用推定和司法认知认定量刑事实具有法律依据和理论支撑，我们应当在完善相关法律规定的同时，加强对推定和司法认知的理论研究。

第三，量刑事实的证明标准及举证责任。从实践的角度来看，我们在多次与审判人员的访谈中得出了一个一致的结论：审判人员对于罪轻事实证明标准的把握比罪重事实证明标准的把握要更加宽松，但是由于相关法律没有规定罪轻事实的证明标准，因此在裁判文书中无法区分罪重事实和罪轻事实的证明标准，只能适用一元化的证明标准，即“证据确实、充分”。另外，在上述样本中，罪重事实由公诉方承担举证责任，罪轻事实的举证责任根据情况不同分别由辩方和控方承担。量刑事实的举证责任分配不仅没有相关法律依据，而且相应的理论研究也十分匮乏。量刑事实的证明标准和举

---

① 一般认为，免证事实的外延大于司法认知。免证事实不仅包括司法认知，还包括自认和推定。在《人民检察院刑事诉讼规则（试行）》第437条规定的6项事实中，在法庭审理中不存在异议的程序事实和法律规定的推定事实在性质上便分别属于自认和推定，而不属于司法认知。

证责任都需要我们进行深入的研究。

最后需要指出的是，上述样本还反映出我国法院获取量刑事实的途径较为有限。准确的量刑不仅需要与犯罪行为相关的事实，还需要与犯罪人、被害人和受到犯罪行为影响的社区相关的事实。从比较法的角度来看，相关国家通过量刑前调查报告、被害人影响陈述和社区影响陈述等证据提供丰富的量刑事实。我国当前只在部分案件中适用社会调查报告，尚不存在被害人影响陈述制度和社区影响陈述制度。虽然在司法实践中存在量刑请愿书，但是其是否属于社区影响陈述仍需要进行探讨。这一状况导致了办案人员往往只重视那些与犯罪行为相关的量刑事实，但是对于那些与犯罪人、被害人和受到犯罪行为影响的社区相关的事实重视不够。因此，为了获取更加丰富的量刑事实，除了需要继续对社会调查报告制度进行研究外，还需要对被害人影响陈述制度和社区影响陈述制度展开研究。

（二）对其他相关问题的启示

上述样本中反映出来的量刑事实的证明与认定状况启示我们完善裁判文书说理和保障被告人、上诉人（或原审被告人）获得法律援助。

其一，完善裁判文书的量刑说理。刑事裁判说理包括“定罪说理”和“量刑说理”两大部分，量刑事实认定说理是“量刑说理”的重要组成部分。① 上述样本反映出了我国刑事裁判文书量刑事实认定说理的不足。从样本中反映出的量刑事实认定说理的现状来看，为了加强量刑事实认定说理，我国应当从以下几方面完善刑

---

① 最高人民法院、最高人民检察院、公安部、国家安全部和司法部颁布的《量刑程序意见》第16条规定：“人民法院的刑事裁判文书中应当说明量刑理由。量刑理由主要包括：（一）已经查明的量刑事实及其对量刑的作用；（二）是否采纳公诉人、当事人和辩护人、诉讼代理人发表的量刑建议、意见的理由；（三）人民法院量刑的理由和法律依据。”

事裁判文书写作：第一，对于辩方提出的一切量刑事实，根据其实际情况，判决书都应当在“经审理查明”或“本院认为”中予以回应。第二，在“经审理查明”中认定量刑事实后，应当列明证实该量刑事实的证据的主要内容。第三，在认定有争议的量刑事实时，应当加强论证。对于有争议的量刑事实的认定，不能只简单地以“与事实相符”或“与事实不符”为由，而应当阐明事实是什么，哪里不符等。第四，应当区别对待司法认知的量刑事实与其他量刑事实。对于司法认知的量刑事实，可以直接在“本院认为”中作为量刑的依据。但是对于其他量刑事实，由于需要证据证实，因此先应当在“经审理查明”中认定，然后才能够在“本院认为”中作为量刑的依据。

另外，为了充分体现量刑事实认定说理在裁判文书说理中的地位，防止“重定罪、轻量刑”的观念影响量刑事实认定说理，应当对现行裁判文书的写作格式进行调整，为量刑事实认定说理提供足够的空间。我们认为，与我国确立的相对独立的量刑程序相适应，应当在“经审理查明”和“本院认为”中分定罪事实和量刑事实两个层次来表述。在“经审理查明”中，第一层次首先阐明经审理查明的定罪事实，然后展示证实定罪事实的证据；第二层次首先阐明经审理查明的量刑事实，然后展示证实量刑事实的证据。在“本院认为”中，第一层次根据查证属实的定罪事实和法律规定，论证被告人是否构成犯罪，构成何种犯罪；第二层次根据查证属实的量刑事实和法律规定，论证应否从重、从轻、减轻或免予刑事处罚。

其二，保障被告人、上诉人（或原审被告人）获得法律援助。上述样本反映出辩护人对于量刑事实的证明起着非常重要的作用，因此我们应当进一步完善法律援助制度，确保刑事案件中更多的被告人、上诉人（或原审被告人）能够得到律师的帮助。当然，在没有辩护人的案件中，审判人员应当加大对量刑事实的关注程度。

第二章　量刑证据的可采性

在采用独立量刑程序的国家，如美国，量刑证据适用与定罪证据不完全相同的可采性规则。[①] 由于受“重定罪、轻量刑”刑事司法传统的影响，长期以来，我国没有严格区分定罪证据和量刑证据，证据的可采性规则完全是以定罪证据为基础构建的，没有考虑到量刑证据的特殊性。在量刑程序改革的背景下，我国以定罪证据为基础构建的可采性规则不能够完全适用于量刑程序，因此研究量刑证据的可采性问题显得尤为迫切。在本章中，我们将主要以采用独立量刑程序的美国为参照，以非法证据和品格证据为切入点，审视量刑证据的可采性。

一、在量刑程序改革背景下区分定罪证据与量刑证据的原因

《量刑程序意见》确立了我国相对独立的量刑程序。根据《量刑程序意见》的规定，在被告人对起诉书指控的犯罪事实和罪名没有异议，自愿认罪且知悉认罪的法律后果的案件中，法庭审理主要围绕量刑和其他有争议的问题进行。对于被告人不认罪或者辩护人做无罪辩护的案件，在法庭调查阶段，应当先查明定

---

① 证据的可采性解决的是某种证据材料在法律上是否具有证据资格。证据的可采性是英美证据理论中的术语。我国证据理论中与其相对应的概念是证据能力。由于本章是以美国的制度为参照进行研究，所以选择了可采性这一表述方式。

罪事实，再查明有关的量刑事实；在法庭辩论阶段，审判人员引导控辩双方先辩论定罪问题，再围绕量刑问题进行辩论，发表量刑建议或意见，并说明理由和依据。从《量刑程序意见》的规定可以看出，无论是在被告人认罪的案件中，还是在被告人不认罪或者辩护人做无罪辩护的案件中，庭审程序都包含专门的量刑程序。

在定罪程序中必须严格遵守许多证据规则，这些证据规则在量刑程序中可以被突破。量刑的特征决定着不应当对证据的来源和形式做过高的要求。

为了充分保障被告人的基本权利，在定罪程序中需要遵守无罪推定原则。无罪推定原则对指控被告人有罪的证据从可采性规则、举证责任和证明标准等方面都提出了较高的要求。在量刑程序中，无罪推定原则不再直接适用，这是因为：在独立的量刑程序中，被告人已经被认定为有罪；在相对独立的量刑程序中，被告人已经被假定有罪。① 所以，量刑程序不需要继续适用定罪程序中那些严格的证据可采性规则。

量刑程序中适用的基本原则是罪刑相适应原则。《人民法院量刑指导意见（试行）》规定，量刑应当以事实为根据，以法律为准绳，根据犯罪的事实、犯罪的性质、情节和对于社会的危害程度，决定判处的刑罚；量刑既要考虑被告人所犯罪行的轻重，又要考虑被告人应负刑事责任的大小，做到罪责刑相适应，实现惩罚和预防犯罪的目的。一般而言，罪刑相适应原则包含三个方面的内

---

① 对此，在理论界存在否定论、肯定论和折中论三种观点。否定论者认为，“在量刑程序中，鉴于法院对被告人已经作出有罪的认定，无罪推定不再发生法律约束力，因此‘谁主张，谁举证’可以成为这一程序中确定举证责任分配的基本原则”（参见陈瑞华：《量刑程序中的证据规则》，载《吉林大学社会科学学报》2011 年第 1 期）。定罪与量刑问题在逻辑上的先后性决定了进入量刑程序的被告人已经被证明为有罪之人，不宜将无罪推定原则直接适用于量刑程序（参见李玉萍：《量刑事实证明初论》，载《证据科学》2009 年第 1 期）。肯定论者认为，无罪推定原则仍然适用于量刑程序，量刑事实的举证责任由追诉机关承担，否则是十分危险的（参见王敏远：《刑事诉讼法学研究的转型》，载《法学研究》2011 年第 5 期）。无罪推定原则在量刑程序中绝对适用或绝对不适用都不符合我国国情。一是我国审判程序中没有定罪裁判这一中间程序。二是在我国被告人不服一审裁判的，不论是对定罪问题还是量刑问题提起上诉，二审法院都必须遵守全面审查原则对全案的事实认定、法律适用以及量刑进行审查，这就不排除二审法院在二审裁判时将被告人改判无罪的可能。在我国当前的刑事审判程序格局下，无罪推定原则应该贯彻于审判程序始终（参见简乐伟：《被告人不认罪案件量刑程序的理想模式》，载《政法论丛》2009 年第 6 期）。折中论者认为，在量刑程序中应该对无罪推定原则的效力加以限制，即在被告人经过定罪程序被认定“有罪”的情况下，“无罪”推定需要加以限制，因而在无罪推定原则下构建的以定罪事实证明为主的证明对象和证明责任以及证明标准在量刑阶段就要发生相应的变化。但是，“无罪推定”原则所包含的限制公权力、保护被追诉人诉讼权益等要义仍然需要在量刑程序中发挥作用（参见陈卫东主编：《量刑程序改革理论研究》，中国法制出版社 2011 年版，第 384 页）。

容：其一，刑罚与犯罪性质相适应；其二，刑罚与犯罪情节相适应；其三，刑罚与犯罪人的人身危险性相适应。与定罪主要立足于过去的案件事实不同，量刑必须同时考虑过去的案件事实和被告人未来可能对社会构成的危险，以确定犯罪人的社会危害性和人身危险性，实现刑罚的一般预防和特别预防功能。被告人犯罪前和犯罪后的情况都影响其人身危险性。被告人犯罪前的情况包括教育背景、家庭状况、成长环境、职业情况、收入状况、心理健康情况、前科劣迹等；犯罪后的情况包括有无悔改之意、是否达成和解、是否赔偿了被害人的损失、社会形势的变化等。罪刑相适应原则要求根据犯罪行为和犯罪人的各种情况对犯罪人判处适当的刑罚。① 如果在量刑程序中适用定罪程序中严格的证据可采性规则，会在一定程度上限制量刑的信息来源，不利于量刑目的的实现。

关于量刑程序对证据的要求，美国的相关判例和法律作出了明确说明。在威廉姆斯诉纽约（*Williams v. New York*）案中，法官在判处被告人死刑时，考虑了缓刑部门的报告，该报告中包含证人提供的信息，但是对于这些证人，被告人没有机会对质、交叉询问或反驳。最高法院驳回了违反正当程序的辩护理由，指出宪法不强制要求在量刑中适用审判中对质和交叉询问的宪法权利。联邦最高法院认为，“在美国殖民地成为一个独立的国家之前和之后，美国和英国的法院都执行这样的政策，即量刑法官在依法决定刑罚的种类和程度时，对于证据的来源和种类具有较大的自由裁量权……”“全面掌握可能与被告人的生活和性格相关的信息对于选择合适的量刑高度相关——如果不是至关重要的话。现代刑罚个别化的观念使量刑法官不受适用于审查程序的严格的证据规则的约束变得更加必要。”②《美国联邦证据规则》第 1101 条 d 规定，联邦证据规则

---

① 对此的进一步分析，参见第三章关于量刑事实的范围的论述。

② In *Williams v. New York*, 337 U. S. 241, 69 S. Ct. 1079, 93 L. Ed. 1337 (1949).

不适用于量刑程序；在量刑程序中依赖量刑前调查报告。《美国联邦量刑指南》第六章“量刑程序及诉辩交易”A 部分“量刑程序”第 1 节第 3 条“争议问题的解决（政策说明）”规定：“当任何对量刑决定起重要作用的因素合理地存在争议时，应给予双方合适的机会向法院展现关于该因素的资料。在解决任何一个关于对量刑起重要作用的因素的争议时，法院可以考虑相关的资料而不需注意审判中可适用的证据规则，只要这些资料有足够的可靠性来支持其准确性。”

二、量刑程序中非法证据的可采性

（一）美国量刑程序中非法证据的可采性

在美国，处理量刑程序中的非法证据问题经历了两个阶段：一个阶段是《美国联邦量刑指南》颁布之前；另一个阶段是《美国联邦量刑指南》颁布之后。

在《美国联邦量刑指南》颁布之前，美国联邦法院系统运用价值权衡方法来处理量刑程序中的非法证据问题。在美国联邦最高法院看来，非法证据排除规则的目的不是修复公民被侵犯的权利，而是为了威慑违法取证行为。[①] 只有在需要通过排除非法证据来威慑违法取证行为时，才应当排除非法证据。这种处理非法证据的方法被称为价值权衡方法。

第一个涉及量刑程序中的非法证据问题的案件是 1968 年的佛德格诉美国（Verdugo v. United States）案。在该案中，佛德格被控贩卖毒品罪。警察在已经获得足够的给佛德格定罪的证据后，在没有获得搜查令状的情况下作出了搜查佛德格的房屋的决定。警察搜查佛德格的房屋的目的不是获取更多的指控其所犯罪行的证据，而是为了获取佛德格持有大量海洛因的证据，以加重其量刑。美国联邦第九巡回法院认为，在该案中，非法证据不能被用于加重被告

① *Elkins v. United States*, 364 U.S. 206, 217 (1960).

人的刑罚，因为允许使用非法搜查所获得的证据将会诱发警察进行非法搜查的动机。第九巡回法院解释道："在合法证据可认定被告人有罪的情况下，如果非法搜查的证据能够用来加重量刑，那么非法证据在定罪阶段可能被排除就会显得无关紧要。除非该证据在量刑和定罪中都被排除，否则警察冒险进行搜查不会有任何损失……"①

美国诉凡丹马克（United States v. Vandemark）案提出了在撤销缓刑程序中是否可以考虑警察违反宪法规定进行截停和搜车而获得的证据。美国第九巡回法院指出排除规则一般不适用于缓刑和撤销缓刑程序，因为将排除规则延伸适用于撤销缓刑程序所产生的不利影响远远大于排除非法证据的威慑作用。美国第九巡回法院强调其在佛德格案中的意见只适用于不排除非法证据将会激励非法搜查行为的情形，并且指出了凡丹马克案与佛德格案的不同之处：在佛德格案中，警察是在已经获取足够的定罪证据的情况下，仍然进行非法搜查，其目的在于加重佛德格的量刑；而在凡丹马克案中，警方进行非法搜查的目的仅仅是想要获得证据来支持对凡丹马克的指控。②

在美国诉斯奇巴尼（United States v. Schipani）案中，美国第二巡回法院的意见与美国第九巡回法院在凡丹马克案中的意见相同。在斯奇巴尼案中，证明斯奇巴尼是职业罪犯的证据是警方通过非法窃听的方式获取的。在上诉中，美国第二巡回法院指出，为了能够全面地了解上诉人的性格和成长经历，量刑法官获取消息的途径应当是几乎不受限制的；在非法证据排除规则已经适用于定罪程序中的情况下，在量刑中第二次援引该规则对增强它的震慑效果不会产生实质意义。第二巡回法院认为，在佛德格案中，"在基本侦

① *Verdugo v. United States*, 402 F. 2d 612 (9th Cir. 1968), *cert. denied*, 402 U.S. 961 (1971).

② 522 F. 2d 1023 (9th Cir. 1975).

查已经完成后，警察进行非法搜查的目的是增加被告人判处更重刑罚的可能性”；佛德格案与斯奇巴尼案的情况明显不同。在非法获取的证据是可靠的并且清楚的情况下，只要非法获取证据不是明显为了对量刑法官产生不当影响，那么使用该证据来确定量刑就没有什么错误。①

后来，美国联邦法院虽然继续援引价值权衡方法，但是对量刑程序中使用非法证据的态度却越来越宽松。在美国诉格雷伍斯（United States v. Graves）案中，美国联邦第十巡回法院认为：

对于联邦司法机关而言，在普通的案件中将非法证据排除规则的适用扩大至量刑程序或者量刑之后的程序，其产生的震慑效果是如此微弱，以至于可以视为是无关紧要的。对于普通的案件，警察进行搜查和扣押证据的目的是给被告人定罪，而不是为了增加已经被起诉或即将被起诉的被告人的量刑。很明显，非法的搜查和扣押将会使起诉无效，这对侦查机关依法取证具有重要的威慑效果。被告人的量刑可能会不严重，或者被告人可能会提前有条件地释放，这些对警察而言似乎没有威慑效果。②

在《美国联邦量刑指南》于1987年生效后，美国联邦法院转向援引《美国联邦量刑指南》的规定来处理量刑程序中的非法证据问题。《美国联邦量刑指南》明文规定，法院在计算罪行等级时，必须考虑与被告人犯罪相关的所有行为的证据。在美国诉托雷斯（United States v. Torres）案中，政府和被告人达成了认罪协议，约定违反第四修正案获取的1千克可卡因不作为计算量刑范围的依据。然而，在量刑时，法官在控辩双方的反对之下，仍然将非法收集的可卡因作为计算量刑范围的根据。法官也拒绝了被告人撤回认罪答辩的请求。被告人提出了上诉，美国联邦第三巡回法院支持了一审判决。美国联邦第三巡回法院援引《美国联邦量刑指南》的

---

① 435 F. 2d 28 (2d Cir. 1970), *cert. denied*, 401 U. S. 983 (1971).

② *United States v. Graves*, 785 F. 2d at 873.

规定，强调量刑中需要考虑与被告人犯罪相关的所有行为；根据《美国联邦量刑指南》，非法获取的毒品是量刑中极其重要的因素。美国联邦第三巡回法院指出，“考虑非法证据符合与非法证据相关的判例法，和长期建立的在较大范围考虑与量刑相关的证据的实践相符。因此，我们认为，违反第四修正案的非法证据可以在决定量刑范围时予以考虑。”①

美国联邦法院处理量刑中非法证据的态度，从《美国联邦量刑指南》颁布前的赋予法官依据价值权衡方法行使自由裁量权，逐渐发展为《美国联邦量刑指南》颁布后，硬性要求包括非法证据在内的所有与量刑相关的因素都应当在量刑中予以考虑。

（二）我国量刑程序中的非法证据问题

我国刑事诉讼法第 54 条确立了非法证据排除规则，规定：“采用刑讯逼供等非法方法收集的犯罪嫌疑人、被告人供述和采用暴力、威胁等非法方法收集的证人证言、被害人陈述，应当予以排除。收集物证、书证不符合法定程序，可能严重影响司法公正的，应当予以补正或者作出合理解释；不能补正或者作出合理解释的，对该证据应当予以排除。在侦查、审查起诉、审判时发现有应当排除的证据的，应当依法予以排除，不得作为起诉意见、起诉决定和判决的依据。”该规定没有区分定罪程序中的非法证据和量刑中的非法证据，而是将非法证据排除规则统一适用于定罪和量刑。

刑事诉讼法第 54 条规定的非法证据排除规则是以定罪程序与量刑程序不分为背景的，我们认为在定罪程序和量刑程序相对分离的情况下，应当区别对待定罪与量刑中的非法证据；非法证据排除规则不应当适用于量刑程序。首先，在量刑中排除非法证据不符合罪刑相适应原则的要求。罪刑相适应原则要求根据犯罪行为和犯罪人的各种情况对犯罪人判处适当的刑罚。如果在量刑程序中适用非法证据排除规则，会在一定程度上限制量刑的信息来源，致使法官

① No. 90-5545, slip op. (3d Cir. March 1, 1991).

因不能全面掌握犯罪人的相关信息而妨碍罪刑相适应原则的实现。其次，在量刑程序中排除非法证据不能够增强非法证据排除规则的威慑效果。自非法证据排除规则诞生之日起，威慑侦查人员的违法取证行为就一直是其主要目的之一。一般情况下，侦查人员非法取证的首要目的是获取能够证明犯罪嫌疑人有罪的证据，而不是为了增加犯罪嫌疑人的量刑。因此，在定罪程序中排除非法证据，非法证据排除规则的威慑目的已经得到实现；在量刑程序中继续排除该非法证据，并不能够增强非法证据排除规则的威慑效果。

在明确了量刑程序中不适用非法证据排除规则之后，需要进一步探讨的是非法证据在量刑程序中的使用方法。尽管在量刑程序中排除非法证据不能增强非法证据排除规则的威慑效果，但是在量刑程序中使用非法证据可能会在一定程度上激励侦查人员的非法取证行为。因此，为了防止在量刑程序中不排除非法证据激励侦查人员的非法取证行为，有必要对非法证据在量刑中的作用进行适当限制。《人民法院量刑指导意见（试行）》规定的量刑步骤是：(1) 根据基本犯罪构成事实在相应的法定刑幅度内确定量刑起点；(2) 根据其他影响犯罪构成的犯罪数额、犯罪次数、犯罪后果等犯罪事实，在量刑起点的基础上增加刑罚量确定基准刑；(3) 根据量刑情节调节基准刑，并综合考虑全案情况，依法确定宣告刑。我们认为，为了实现罪刑相适应，在确定量刑起点和基准刑时，都应当充分考虑非法证据中所蕴含的与量刑相关的信息。但是，在确定宣告刑时，需要综合考虑侦查人员非法取证的动机、非法取证的手段及其对被告人权利侵犯的程度等因素，对于那些在量刑中不排除非法证据可能会激励侦查人员非法取证行为的案件，应当在基准刑的基础上下浮一定幅度确定宣告刑。这样，一方面，非法证据中所蕴含的量刑信息在确定量刑起点和量刑基准时得到了充分的考虑，实现了罪刑相适应原则；另一方面，对于那些在量刑中不排除非法证据可能会激励侦查人员非法取证行为的案件，在基准刑的基础上下浮一定幅度确定宣告刑，能够有效地防止在量刑中不排除非法证据对侦查人员非法取证行为的激励作用。

三、量刑程序中品格证据的可采性

（一）美国量刑程序中品格证据的可采性

品格证据是“有关证明个人性格特点的和在一定社区范围内公众对个人名誉、道德方面评价的证据”。品格证据一般包含以下三项内容：一是个人在特定社区中的名声，也就是熟人对其的总体评价；二是个人以特定方式行事的倾向性；三是个人曾经做出的特定事件，如前科劣迹。[①] 在英美法中，品格证据一般不能作为定罪的证据。[②]《美国联邦证据规则》第 404 条 a 款第 1 项规定：“某人的品格或其品格的特征的证据被用以证明，此人在特定场合下从事与其品格或特征相符的行为时，不具有可采性。”第 404 条 b 款第 1 项规定：“为表明某人按其品格行事而提出有关其他犯罪、错误或行为的证据，不具有可采性。”对于品格证据不具有可采性的原因，在迈克尔逊诉美国（Michelson v. United States）案的判决中杰克逊法官作出了经典的解释，他指出，“不允许代表国家的检察官展示被告人以前实施的违法行为、特定的犯罪行为或者其在邻居中的不好名声，即使这些事实具有逻辑上的说服力，并能够推断出被

---

① 季美君：《英国刑事证据法中的品格证据》，载《中国刑事法杂志》1999 年第 5 期。

② 在特定情况下，品格证据也具有可采性。《美国联邦证据规则》第 404 条规定了品格证据具有可采性的情形。第 404 条 a 款第 2 项规定了被告人品格证据具有可采性的三种例外情况：其一，被告人可以首先提出自己的品格证据；此后，公诉方可以针对该证据进行反驳，这是其二；其三，如果被告人提出被害人的品格证据，并依相关规则具有可采性时，公诉方可以提出有关被告人同样方面的品格证据进行反驳。第 404 条 b 款第 2 项规定：“有关其他犯罪、错误或行为的证据，如果出于其他目的，比如是为了证明动机、机会、意图、准备、计划、知识、身份，或者无过失或意外事件，则具有可采性。”

告人可能是犯罪行为的实施者。不是因为被告人的这些品格特征同待证事实之间不具有相关性，相反，禁止品格证据是因为，担心陪审团会过分看重两者的相关性、用被告人笼统的不良记录劝说自己未审先判、拒绝给予被告人一个公平的机会就特定的起诉进行辩护。根据实践经验，禁止这类证据可以防止对被告人不公平、歧视行为的产生。”①

与定罪程序中对品格证据的可采性进行严格限制不同的是，英美法对品格证据在量刑阶段的运用持肯定甚至是鼓励的态度。英国学者肯尼教授指出，“在定罪之后，在确定对被告人处以何种刑罚时，（被告人的）品格证据总是具有重要的意义。”②《美国联邦量刑指南》第四章“犯罪记录与犯罪常业”A 部分“犯罪记录”导言明确指出：“相对于初犯者而言，有过犯罪记录的被告人更应当受到谴责，因此应承担更重的刑罚。对犯罪行为的一般威慑表明，应向社会明确传达这样的信息：重复犯罪者，其犯罪行为每重复一次，对其的惩罚就会加重一次。”在此基础上，A 部分第 1 节第 1 条“犯罪记录类别”规定，根据犯罪记录的类别计算犯罪记录的点数，如对每次超过一年零一个月的前科监禁，增加 3 个点数；如果被告人在任何刑事司法判决期间，包括缓刑、假释、受监督释放、监禁、工作管束或脱逃状态，实施了现行犯罪的，增加 2 个点数；等等。《美国联邦量刑指南》第六章“量刑程序及诉辩交易”A 部分第 1 节第 1 条“量刑前报告（政策说明）”规定：“除非法院发现记录在案的信息足以根据《美国法典》第 18 篇第 3553 节行使量刑权，否则，判处刑罚之前缓刑官须作出量刑前调查并将其报告给法院，而且，法院需要对记录中的裁决作出解释；而且被告人不可放弃准备量刑前报告。”根据《美国联邦刑事诉讼规则》第

① *Michelson v. United States*, 335 U. S. 469, 476 (1948).

② ［英］塞西尔·特纳著：《肯尼刑法原理》，王国庆等译，华夏出版社 1989 年版，第 559 页。

32 条 c 款第 1 项的规定，量刑前调查报告必须包含被告人的前科和性格特征。

（二）我国量刑程序中的品格证据问题

我国尚没有确立品格证据的排除规则。品格证据不仅在特定情况下可以作为定罪证据，还可以作为量刑证据。

根据我国刑法的规定，在特定情况下，品格证据可以作为定罪证据。如刑法第 201 条规定，因偷税被税务机关二次行政处罚又偷税的，处 3 年以下有期徒刑或者拘役，并处偷税数额 1 倍以上 5 倍以下罚金。第 264 条规定，盗窃罪的构成要件之一是盗窃“数额较大或者多次盗窃”。第 351 条规定，“经公安机关处理后又种植”是非法种植毒品原植物罪的犯罪构成要件之一。

品格证据作为量刑证据也得到了相关法律的明确规定。刑法第 74 条规定：“对于累犯，不适用缓刑。”《人民法院量刑指导意见（试行）》中所规定的“常见量刑情节”包括了累犯和有前科劣迹。根据《人民法院量刑指导意见（试行）》的规定，对于累犯，应当综合考虑前后罪的性质、刑罚执行完毕或赦免以后至再犯罪时间的长短以及前后罪罪行大小等情况确定从重的幅度，应当增加基准刑的 10%~40%。对于有前科劣迹的，可以综合考虑前科劣迹的性质、处罚情况酌情确定从重的幅度：有犯罪前科的，可以增加基准刑的 20%以下；有劳动教养等劣迹的，可以增加基准刑的 10%以下。《法院解释》第 190 条规定：“审判长宣布开庭，传被告人到庭后，应当查明被告人的下列情况：……（二）是否受过法律处分及处分的种类、时间……”《人民检察院刑事诉讼规则（试行）》第 393 条第 2 款规定：“起诉书的主要内容包括：（一）……是否受过刑事处分及处分的种类和时间……”除了上述规定之外，品格证据作为量刑证据还集中体现在与未成年人刑事案件和社区矫正案件相关的法律规定中。刑事诉讼法第 268 条规定：“公安机关、人民检察院、人民法院办理未成年人刑事案件，根据情况可以对未成年犯罪嫌疑人、被告人的成长经历、犯罪原因、监护教育等情况进行调查。”《法院解释》第476条进一步明确规定：“对人民检察院移送的关于未成年被告人性格特点、家庭情况、社会交往、成长经历、犯罪原因、犯罪前后的表现、监护教育等情况的调查报告，以及辩护人提交的反映未成年被告人上述情况的书面材料，法庭应当接受。必要时，人民法院可以委托未成年被告人居住地的县级司法行政机关、共青团组织以及其他社会团体组织对未成年被告人的上述情况进行调查，或者自行调查。”第484条规定：“对未成年被告人情况的调查报告，以及辩护人提交的有关未成年被告人情况的书面材料，法庭应当审查并听取控辩双方意见。上述报告和材料可以作为法庭教育和量刑的参考。”《社区矫正实施办法》第4条规定：“人民法院、人民检察院、公安机关、监狱对拟适用社区矫正的被告人、罪犯，需要调查其对所居住社区影响的，可以委托县级司法行政机关进行调查评估。受委托的司法行政机关应当根据委托机关的要求，对被告人或者罪犯的居所情况、家庭和社会关系、一贯表现、犯罪行为的后果和影响、居住地村（居）民委员会和被害人意见、拟禁止的事项等进行调查了解，形成评估意见，及时提交委托机关。”上述规定表明，未成年人刑事案件和社区矫正案件的社会调查包括属于品格证据的内容。①

我们认为，我国当前关于量刑中品格证据可采性的规定，符合罪刑相适应原则的要求。

四、量刑程序中其他证据的可采性及需要解决的问题

在刑事证据法中，比较具有代表性的证据排除规则有非法证据排除规则、品格证据规则、传闻证据规则和意见证据规则等。在上文中，我们已经分析了非法证据和品格证据在量刑程序中都具有可采性。传闻证据规则，又称传闻法则、传闻规则、传闻证据排除规则。它是指证人所陈述的非亲身经历的事实，以及证人未出庭作证

① 详细论述参见本书第五章。

时向法庭提出的文件中的主张，原则上不能作为认定犯罪事实的根据。意见证据规则是指证人作证只能陈述自己体验的过去的事实，而不能将自己的判断意见和推测作为证言的内容。基于同样的理由，即量刑中应当全面考虑与被告人犯罪行为相关的所有信息，传闻证据规则和意见证据规则同样不应当适用于量刑程序。相关国家和地区的法律对量刑程序中传闻证据和意见证据的可采性作出了明确规定。《美国联邦量刑指南》在第六章“量刑程序及诉辩交易”A部分“量刑程序”第1节第3条“争议问题的解决（政策说明）”的注释中指出：“在确定相关的事实时，量刑法官不必受审判中可接受的资料的限制，可以考虑任何资料，只要它有足够的可靠性以支持可能的准确性。可信的传闻证据可以考虑，未被确认身份的消息人士在法院外发表的声明可予以考虑，只要有正当理由不披露其身份而且有其他方式获得充分的确证，但必须考虑可靠的指控。”我国澳门地区刑事诉讼法第117条规定：“……就有关事实之纯属个人确信之表述或对该等事实之个人理解，仅在下列情况下及在该等情况所指之严格范围内方可采纳：……c）在法官确定可科处之刑罚或保安处分时作出该表述或理解。”

我国刑事诉讼法没有确立传闻证据规则。尽管刑事诉讼法第187条第1款规定：“公诉人、当事人或者辩护人、诉讼代理人对证人证言有异议，且该证人证言对案件定罪量刑有重大影响，人民法院认为证人有必要出庭作证的，证人应当出庭作证。”但是该款并没有明确证人不出庭作证时其庭前书面证言不应当作为定案的根据。另外，根据《法院解释》第78条的规定，证人庭前证言只要有相关证据印证，就可以采信；真实性无法确认的庭前书面证言，才不得作为定案的根据。① 由此可见，证人的庭前书面证言不得作为定案的根据，不是因为其属于传闻证据，而是因为其真实性存在问题。在我国还没有确立传闻证据规则的情况下，尚不会触及量刑程序中对传闻证据的处理问题。

与传闻证据规则不同，意见证据规则已经在我国得到了确立，《法院解释》第 75 条第 2 款规定："证人的猜测性、评论性、推断性的证言，不得作为证据使用，但根据一般生活经验判断符合事实的除外。"考虑到对有些量刑事实尤其是品格方面的量刑事实的认识，既有体验的成分，也有推测和评论的成分，为了全面、客观地了解被告人犯罪行为的社会危害性以及人身危险性，量刑不宜受意见证据规则的约束。我国已经有相关规定确认了量刑程序中意见证据的可采性。刑法第 72 条第 1 款规定："对于被判处拘役、三年以下有期徒刑的犯罪分子，同时符合下列条件的，可以宣告缓刑，对其中不满十八周岁的人、怀孕的妇女和已满七十五周岁的人，应当宣告缓刑：（一）犯罪情节较轻；（二）有悔罪表现；（三）没有再犯罪的危险；（四）宣告缓刑对所居住社区没有重大不良影响。"根据该款规定，在法庭调查时，辩护人对于可以宣告缓刑的案件往往会向法院提交由社区出具的"宣告缓刑对所居住社区没有重大不良影响"的书面意见，该意见属于意见证据。另外，社会调查报告中也包含属于意见证据的内容。② 上述规定仅仅涉及特定类型案件中的意见证据问题，为了使意见证据能够适用于所有的量刑程序，我国应当通过完善相关法律明确量刑程序中意见证据的可

---

① 《法院解释》第 78 条规定："证人当庭作出的证言，经控辩双方质证、法庭查证属实的，应当作为定案的根据。证人当庭作出的证言与其庭前证言矛盾，证人能够作出合理解释，并有相关证据印证的，应当采信其庭审证言；不能作出合理解释，而其庭前证言有相关证据印证的，可以采信其庭前证言。经人民法院通知，证人没有正当理由拒绝出庭或者出庭后拒绝作证，法庭对其证言的真实性无法确认的，该证人证言不得作为定案的根据。"

② 详细论述参见本书第五章。

采性。

在明确了量刑证据的可采性之后，我们需要解决一个问题：如何避免上述量刑证据对被告人定罪产生不利影响？在美国，审判组织形式是“二元制”的，而且定罪程序与量刑程序相分离；定罪由陪审团裁决，在陪审团裁决有罪后，再由法官负责量刑。在这种量刑模式下，尽管法官在量刑时应当考虑那些在定罪中被排除的相关证据，但是这些被排除的证据却丝毫不会对定罪产生不利影响，因为陪审团不会接触到这些被排除的证据。与此不同，在我国，由专业法官或专业法官与陪审员共同负责定罪与量刑，适用相对独立的量刑程序；既没有像英美法那样将定罪程序和量刑程序绝对区分开，即在定罪后再量刑；也没有像英美法那样由不同的主体负责定罪和量刑，即陪审团负责定罪，法官负责量刑。由于我国的审判组织和量刑模式都与英美法系国家不同，因此会产生这样的问题：审判人员在量刑中考虑了那些被排除的证据后，会对自己的心证产生影响，这是否会不利于对被告人的定罪？我们认为，审判人员接触了那些在定罪中应当被排除的量刑证据后，确实会对其心证产生影响，但是裁判文书说理制度能够在一定程度上消除这种心证对定罪的不利影响。加强裁判文书说理不仅是学术界的一致呼声，也是人民法院不断努力的方向。2009 年发布的最高人民法院《关于进一步提高裁判文书质量的通知》明确要求加强裁判文书说理，指出说理是裁判文书的灵魂；增强裁判文书说理的针对性、透彻性，要重点围绕案件争议焦点、事实认定、证据采信、裁判理由、法律适用进行阐释，努力做到“辨法析理、胜败皆明”。裁判文书说理，要求审判人员对事实的认定进行详细的说明。审判人员通过对事实认定的说理，公开了自己心证的过程。由于当事人（被害人除外）及其法定代理人对第一审未生效裁判有上诉的权利、人民检察院对于第一审未生效裁判有抗诉的权利，因此审判人员认定事实的心证过程可能受到上级法院的监督。由于生效裁判可能因为在认定事实或适用法律上确有错误而被启动再审，因此审判人员认定事实的心证过程还可能受到本院院长及审判委员会、上级人民法院和上级人民检察院的监督。由于判决书是公开的，因此审判人员认定事实的心证过程还要接受公众的监督。裁判文书说理制度所带来的对审判人员认定事实的心证过程的全方位监督，能够促使审判人员对事实的认定回归理性，将量刑证据排除在定罪之外。

第三章　量刑事实的举证责任和证明标准

相对独立的量刑程序改革对人民法院的刑事审判工作产生了重要影响。各级人民法院在庭审中都十分重视引导控辩双方调查量刑证据、进行量刑辩论。量刑程序相对独立地位的确立，给我们提出了两个亟待解决的问题，量刑事实由谁负责举证，需要证明到何种程度，即量刑事实的举证责任如何分配，证明标准是什么。①

一、量刑事实的范围

研究量刑事实的举证责任和证明标准，首先需要明确什么是量刑事实。刑事案件中的案件事实包括定罪事实和量刑事实两种类型。定罪事实是指与作出是否符合犯罪成立条件的认识、判断活动相关联的事实。根据我国刑法理论通说，犯罪的成立条件指的是犯罪构成要件；因此定罪事实也可以被称为符合犯罪构成要件的犯罪事实，或称构成要件性事实。量刑事实是指与定罪无关，而与应当科处何种具体刑罚的认识、判断活动相关联的事实。量刑事实又被称为量刑情节。它们的区别在于：前者突出的是事实的认定，后者突出的是影响量刑的因素。所以，“量刑事实”较多地出现在刑事程序法中，而“量刑情节”则较多地出现在刑事实体法中。如

① 由于被告人在庭审中的认罪率较高，因此在大多数案件中的关键问题是量刑。这更加凸显出对量刑事实的举证责任和证明标准进行研究的重要意义。

《量刑程序意见》中主要使用的是“量刑事实”，而《人民法院量刑指导意见（试行）》中使用的则是“量刑情节”。由于本章是研究事实的认定，所以我们在本章中使用的是“量刑事实”这一表述方式。

量刑事实的范围受刑罚观念的影响。在报应刑论者看来，刑法对犯罪人科以刑罚的原因是报复其犯罪行为。从报应刑观念的立场上来看，量刑事实等于定罪事实。目的刑论（又称“相对主义”、“预防论”）者认为，刑罚本身并没有什么意义，只有为了实现预防犯罪的目的，在预防犯罪所必要而且有效的限度内，动用刑罚才是正当的。按照目的刑论，如果没有预防犯罪的效果或者从预防犯罪的角度而言不需要判处刑罚，就不应当判处刑罚；如果有比刑罚更好的预防手段，就可以放弃刑罚而采取该手段。从目的刑观念的立场上来看，只有那些与预防犯罪相关的事实才是量刑事实，这些事实主要是指犯罪前和犯罪后与犯罪人的人身危险性相关的所有事实。当今世界各国所普遍坚持的刑罚观念是“相对报应刑论”（也称“并合主义”），我国刑法采取的也是这种并合主义的立场。① 作为对报应刑论和目的刑论的综合，相对报应刑论认为，刑罚一方面是为了满足恶有恶报、善有善报的正义要求；另一方面必须是防止犯罪所必需且有效，即刑罚应当在报应刑的范围内实现一般预防与特殊预防双重目的。从并合主义的立场来看，“刑罚的轻重不能仅仅根据犯罪的客观危害事实，而应该以犯罪人的人格、恶性及反社会的强弱为标准对犯罪人进行分类，并据此实行刑罚个别化”。② 这样，量刑事实就不仅仅包括与犯罪的客观危害性相关的事实，还包括犯罪前和犯罪后与犯罪人的人身危险性相关的所有事实。

在第一章中，我们谈到，以与定罪事实的关系为标准，可以将

---

① 张明楷著：《刑法学》，法律出版社 2003 年版，第 33 页。

② 张文、刘艳红、甘怡群著：《人格刑法导论》，法律出版社 2005 年版，第 283 页。

量刑事实分为纯正的量刑事实和非纯正的量刑事实；以量刑事实对被告人量刑的影响为标准，可以将量刑事实分为罪重事实和罪轻事实。为了进一步明确纯正的量刑事实与非纯正的量刑事实、罪重事实与罪轻事实的含义，我们以《人民法院量刑指导意见（试行）》的规定为例进行简要的解释说明。《人民法院量刑指导意见（试行）》规定的量刑步骤是：（1）根据基本犯罪构成事实在相应的法定刑幅度内确定量刑起点；（2）根据其他影响犯罪构成的犯罪数额、犯罪次数、犯罪后果等犯罪事实，在量刑起点的基础上增加刑罚量确定基准刑；（3）根据量刑情节调节基准刑，并综合考虑全案情况，依法确定宣告刑。通过该规定可以看出，确定基准刑中的"其他影响犯罪构成的犯罪数额、犯罪次数、犯罪后果等犯罪事实"属于非纯正的量刑事实。确定宣告刑中的量刑情节既可能包括纯正的量刑事实，也可能包括非纯正的量刑事实。另外，确定基准刑中的"其他影响犯罪构成的犯罪数额、犯罪次数、犯罪后果等犯罪事实"属于罪重事实，因为这些量刑事实导致在量刑起点的基础上增加刑罚量确定基准刑。调整基准刑的量刑事实既可能是罪轻事实，也可能是罪重事实：导致基准刑上浮的量刑事实属于罪重事实，导致基准刑下浮的量刑事实属于罪轻事实。

以故意伤害罪为例。《人民法院量刑指导意见（试行）》规定，在量刑起点的基础上，可以根据伤亡后果、伤残等级、手段的残忍程度等其他影响犯罪构成的犯罪事实增加刑罚量，确定基准刑。这里的"伤亡后果、伤残等级、手段的残忍程度等其他影响犯罪构成的犯罪事实"属于非纯正的量刑事实。"雇佣他人实施伤害行为的，可以增加基准刑的20%以下。"这里的"雇佣他人实施伤害行为"属于非纯正的量刑事实、罪重事实。"有下列情节之一的，可以减少基准刑的20%以下：（1）因婚姻家庭、邻里纠纷等民间矛盾激化引发的；（2）因被害人的过错引发犯罪或对矛盾激化引发犯罪负有责任的；（3）犯罪后积极抢救被害人的。"这里的三种情形属于纯正的量刑事实、罪轻事实。

二、量刑事实的举证责任

无罪推定原则是国际通行的刑事诉讼基本原则。该原则的一般表述是：凡受刑事控告者，在未被生效裁判依法认定有罪之前，应当被视为无罪。作为刑事诉讼基本原则的无罪推定原则，也是举证责任分配的基本根据。[①] 刑事诉讼法第12条规定："未经人民法院依法判决，对任何人都不得确定有罪。"关于该条与无罪推定原则之间的关系，在我国理论界一直存在不同的观点。主流观点认为，该规定体现了无罪推定的基本精神。因此，由控方承担被告人有罪的举证责任也应当是我国刑事诉讼中举证责任分配的一般原则。对此，刑事诉讼法第49条明确规定："公诉案件中被告人有罪的举证责任由人民检察院承担，自诉案件中被告人有罪的举证责任由自诉人承担。"但是，对于量刑中的举证责任分配问题，我国法律没有作出明确规定。

在第二章中，我们谈到无罪推定原则在量刑程序中不再直接适用，这是因为在量刑程序中，被告人已经被认定或假定为有罪，无罪推定已经被推翻。我们认为，非纯正的量刑事实和纯正的量刑事实的举证责任分配应当有所不同。

一是非纯正的量刑事实的举证责任分配。非纯正的量刑事实"一身兼二任"，既是定罪事实，又是量刑事实，应当适用定罪事实的举证责任分配规则。根据刑事诉讼法第49条的规定，对于非纯正的量刑事实应当由控方承担举证责任；当非纯正的量刑事实存疑时，应当适用"存疑有利于被告人"的基本原则。在本书第一

---

① 无罪推定原则有四项要求，分别是：控方承担被告人有罪的举证责任；排除对指控的所有合理怀疑后方可认定被告人有罪；犯罪嫌疑人、被告人应享有与无罪推定原则相一致的待遇；国家机关有义务不预断审判结果。参见张吉喜著：《刑事诉讼中的公正审判权——以〈公民权利和政治权利国际公约〉为基础》，中国人民公安大学出版社2010年版，第54页。

章中，被告人在非法拘禁被害人期间对被害人有殴打、侮辱情节以及被告人在共同犯罪中的地位和作用都属于非纯正的量刑事实，存疑时应当按照有利于被告人的方式进行处理。在李某某、江某非法拘禁案和吴某某非法拘禁案中，被告人在非法拘禁被害人期间对被害人有殴打、侮辱情节存疑从无，在胡某某盗窃案中对于存疑的从犯情节从立，在江某某敲诈勒索案中对于存疑的从犯情节从轻，都是“存疑有利于被告人”原则的体现。①

二是纯正的量刑事实的举证责任分配。根据《人民法院量刑程序指导意见（试行）》第4条的规定，在法庭调查过程中，可以根据案件具体情况先调查犯罪事实，后调查量刑事实。这里的量刑事实指的是纯正的量刑事实。由于无罪推定原则在量刑事实调查中不再直接适用，因此举证责任分配的基本原则是主张者承担举证责任，即罪重事实由控诉方承担举证责任，罪轻事实由被告方承担举证责任。尽管《人民检察院刑事诉讼规则（试行）》第435条第1款规定：“在法庭审理中，公诉人应当客观、全面、公正地向法庭出示与定罪、量刑有关的证明被告人有罪、罪重或者罪轻的证据。”但是，对于罪重事实和罪轻事实，结果责任的承担方式是不同的。对于纯正的罪重事实，结果责任由检察机关承担，即当该事实真伪不明时，法院会作出有利于被告人的认定。对于纯正的罪轻事实，结果责任由被告人承担，即当该事实真伪不明时，法院不会作出有利于被告人的认定。② 另外，审判人员在必要时，应当主动

---

① 虽然在胡某某盗窃案和江某某敲诈勒索案中适用了不同的有利于被告人的方式，但是这两种方式只是体现了不同的处理技术，本质上都是可行的。

② 举证责任的双重含义说是我国证据法学界的通说。根据该学说，举证责任包括行为意义上的举证责任（简称行为责任）和结果意义上的举证责任（简称结果责任）。行为意义上的举证责任是指当事人对自己提出的主张，有责任提出证据进行证明。结果意义上的举证责任是指在案件审理终结时如果案件事实仍然处于真伪不明的状态，由提出或主张该事实的当事人所承担的不利诉讼结果。

依职权查明有关的量刑事实，但是在审判人员依职权查明量刑事实时，该量刑事实的结果责任仍然由控辩双方承担。根据上述分析，当纯正的罪重事实存疑时，应当由检察机关承担结果责任，即法院会作出有利于被告人的认定。在本书第一章的顾某某抢夺案中，犯罪前科属于纯正的罪重事实，其举证责任由检察机关承担。由于检察机关没有完成证明前科的举证责任，因此法院应当按照存疑从无的方式处理。当纯正的罪轻事实存疑时，应当由被告方承担结果责任，即法院不会作出有利于被告人的认定。在本书第一章的王某某抢劫案和刘某运输毒品案中，立功便属于纯正的罪轻事实，其举证责任应当由被告方承担。由于在这两件案件中，被告方都没有完成证明立功的举证责任，因此法院应当按存疑从无的方式处理。

相关国家的司法实践也体现了上述观点。在美国，在美国诉乌雷格·利那雷斯（United States v. Urrego-Linares）① 一案中，第四巡回法院指出，在被告人提出从轻量刑事实时，对这一事实的举证责任由被告方承担。目前，在美国的司法实践中多奉行这样的做法，即量刑事实的举证责任由可能因这一事实获益的一方当事人负担：罪重事实的举证责任由控诉方承担，罪轻事实的举证责任由被告方承担。② 在印度，立法明确规定，凡控方主张的罪重事实，由控方负举证责任；被告方主张减免原因的存在，由被告方负举证责任。在澳大利亚，在女王诉奥布里希（Queen v. Olbrich）一案③中，关于量刑事实举证责任的分担，多数法官认为，“如果检控方希望量刑法官在量刑时考虑某项事实，检控方就应当让该事实引起量刑法官的注意，在必要时，应提供与此相关的证据。同样，如果

---

① *United States v. Urrego-Linares*, 879 F. 2d (4th Cir. 1989).

② *Special hearing to determine whether a sentence of death is justified*, http://www.law.cornell.edu/uscode/text/18/3593，最后访问日期：2013 年 8 月 22 日。

③ *The Queen v. Olbrich* (1999) 199 CLR 270 at [27] - [28].

被告方希望量刑法官关注某项事实，在必要时应提供与此相关的证据（这里之所以说‘必要时’，是因为只有在主张的事实存在争议或法官不愿意采信该主张的事实时，才需要提供证据）。”

三、量刑事实的证明标准

对于非纯正的量刑事实，由于其“一身兼二任”，所以应当在定罪程序中予以证明，适用定罪的证明标准。因此，需要研究的仅仅是纯正的量刑事实的证明标准。下文在研究量刑事实的证明标准时，量刑事实指的仅仅是纯正的量刑事实。

（一）相关法律规定及学术观点

刑事诉讼法及《法院解释》、《死刑案件证据规定》对量刑事实的证明标准作出了一定规定。相关文献对量刑事实的证明标准也展开了一定研究，并提出了相应的学术观点。上述法律规定的量刑事实的证明标准与学术观点之间的分歧在于：第一，关于罪重事实，上述法律规定的证明标准与定罪事实的证明标准相同，为“证据确实、充分”；而学术文献提出的证明标准既有“证据确实、充分”，也有“优势证据标准”，还有根据案件类型或罪重事实的类型适用不同的证明标准。第二，关于罪轻事实，上述法律只表达了其不需要适用与罪重事实相同的证明标准，但是并没有明确规定具体的证明标准；学术文献一致提出的证明标准是“优势证据标准”。

1. 相关法律规定

关于证明标准，刑事诉讼法第 195 条规定：“在被告人最后陈述后，审判长宣布休庭，合议庭进行评议，根据已经查明的事实、证据和有关的法律规定，分别作出以下判决：（一）案件事实清楚，证据确实、充分，依据法律认定被告人有罪的，应当作出有罪判决；（二）依据法律认定被告人无罪的，应当作出无罪判决；（三）证据不足，不能认定被告人有罪的，应当作出证据不足、指控的犯罪不能成立的无罪判决。”该条第 1 项是关于证明标准的规定。可以看出，该项只规定了有罪判决即定罪的证明标准是“证据确实、充分”，并未规定量刑的证明标准。《法院解释》第 64 条第 2 款对证明标准作了补充规定：“认定被告人有罪和对被告人从重处罚，应当适用证据确实、充分的证明标准。”从该规定可以看出最高人民法院对证明标准的态度是：对被告人从重处罚适用与认定被告人有罪相同的证明标准，即证据确实、充分。由于《法院解释》没有规定罪轻事实适用与定罪事实相同的证明标准，运用体系解释方法，[①] 可以得出罪轻事实的证明标准低于定罪事实的证明标准的结论。至于罪轻事实的证明标准到底是什么，《法院解释》未作规定。[②]

另外，需要指出的是，刑事诉讼法第 53 条第 2 款对“证据确实、充分”作出了解释，规定：“证据确实、充分，应当符合以下条件：（一）定罪量刑的事实都有证据证明；（二）据以定案的证据均经法定程序查证属实；（三）综合全案证据，对所认定事实已排除合理怀疑。”从该款第 1 项的规定，即“定罪量刑的事实都有证据证明”来看，“证据确实、充分”似乎既应当是定罪的证明标准，也应当是量刑的证明标准。由此便产生了这样的问题：《法院解释》第 64 条第 2 款是否违反了刑事诉讼法第 53 条第 2 款关于证明标准的规定？从文义上来说，《法院解释》第 64 条第 2 款确实与《刑事诉讼法》第 53 条第 2 款相矛盾。但是，从目的解释方法

---

① 体系解释，也称逻辑解释、系统解释。它是指将被解释的法律条文放在整部法律中乃至整个法律体系中，联系此法条与其他法条的相互关系来解释法律。

② 最高人民法院研究室在对《法院解释》第 64 条第 2 款进行解释时指出：对于从宽处罚的事实，可以降低证明标准，适用优势证据标准（参见张军、江必新主编：《新刑事诉讼法及司法解释适用解答》，人民法院出版社 2013 年版，第 50 页）。最高人民法院研究室对罪轻事实证明标准的观点与下文中述及的学术界的观点是一致的。

的角度来看，[①]《法院解释》第64条第2款没有违反刑事诉讼法第53条第2款。

刑事诉讼法关于证明标准的规定沿袭的是2010年《死刑案件证据规定》第5条。《死刑案件证据规定》第5条是对“证据确实、充分”最早的法律解释。《死刑案件证据规定》第5条第2款规定：“证据确实、充分是指：（一）定罪量刑的事实都有证据证明；（二）每一个定案的证据均已经法定程序查证属实；（三）证据与证据之间、证据与案件事实之间不存在矛盾或者矛盾得以合理排除；（四）共同犯罪案件中，被告人的地位、作用均已查清；（五）根据证据认定案件事实的过程符合逻辑和经验规则，由证据得出的结论为唯一结论。”该款在解释“证据确实、充分”时使用了“定罪量刑的事实都有证据证明”这一标准。但是，《死刑案件证据规定》第5条第2款在对“证据确实、充分”作出了上述解释后，紧接着在第3款中规定：对于对被告人从重处罚的事实的证明，必须达到证据确实、充分。综合《死刑案件证据规定》第5条第2款和第3款的规定，运用体系解释方法可以得出这样的结论：在死刑案件中，只有对于对被告人从重处罚的事实的证明，必须达到证据确实、充分；对于对被告人从轻处罚的事实的证明，不需要达到证据确实、充分的程度。《最高人民法院等部门印发〈关于办理死刑案件审查判断证据若干问题的规定〉和〈关于办理刑事案件排除非法证据若干问题的规定〉的通知》指出，“办理其他刑事案件，参照《关于办理死刑案件审查判断证据若干问题的规定》执行。”由此可见，《死刑案件证据规定》的上述规定也适用于一般刑事案件。

通过上述分析，我们认为刑事诉讼法第53条第2款和《死刑案件证据规定》第5条第2款将“证据确实、充分”规定为“定

① 目的解释又被称为主观目的解释，是指根据参与立法的人的意志或立法资料来解释某个法律规定的含义。

罪量刑的事实都有证据证明”，只能解释为是立法技术问题。不能因为刑事诉讼法第53条第2款和《死刑案件证据规定》第5条第2款对“证据确实、充分”作出了上述解释，就认为“证据确实、充分”既是定罪的证明标准，又是量刑的证明标准。①

2. 学术观点

在量刑程序改革的大背景下，学术界对量刑事实的证明标准展开了一定的研究。对于量刑事实的证明标准应当如何设置，相关学术文献提出了如下几种代表性观点：

观点一：罪重事实的证明应达到排除合理怀疑标准，罪轻事实的证明达到优势证据标准即可。②

观点二：量刑事实的证明标准并不需要达到事实清楚、证据确实充分的程度，只需要达到优势证据标准。③

观点三：在重罪案件中，对于从重、加重的量刑情节要达到排除合理怀疑；对于有利于被告人的从轻、减轻的量刑情节采用优势盖然性证明标准；在轻罪案件中，顺应简化程序、提高效率、节约资源的改革趋势，对量刑的证明标准统一采用较低的优势盖然性标准。④

观点四：从证明标准的角度考虑，我国量刑情节和事实可以作

---

① 对于该问题，在理论上存在不同观点，参见顾永忠：《从定罪的“证明标准”到定罪量刑的“证据标准”——新〈刑事诉讼法〉对定罪证明标准的丰富与发展》，载《证据科学》2012年第2期。该文认为，新刑事诉讼法首次对“证据确实、充分”从三个方面作出解释。从原来定罪的证明标准发展为定罪量刑的证据标准，是新刑事诉讼法对定罪证明标准的丰富与发展。

② 李玉萍：《量刑事实证明初论》，载《证据科学》2009年第1期。

③ 康怀宇：《比较法视野中的定罪事实与量刑事实之证明——严格证明与自由证明的具体运用》，载《四川大学学报》（哲学社会科学版）2009年第2期。

④ 陈卫东、张佳华：《量刑程序改革语境中的量刑证据初探》，载《证据科学》2009年第1期。

出如下划分：罪轻情节、一般罪重情节、升格加重情节。对于罪轻情节、一般罪重情节和升格加重情节，其证明标准应当有所区别。对于那些有利于被告人的事实和情节，被告人只要证明到优势证据标准即可；对于那些不利于被告人的法定或者酌定从重情节，检察官必须证明到清晰且具有说服力标准；只有对于那些升格加重量刑情节，检察官才需要证明到排除合理怀疑的高度。[①]

上述四种观点对于罪轻事实证明标准的观点是一致的，都是优势证据标准。上述四种观点的不同之处体现在罪重事实的证明标准上：观点一认为，罪重事实的证明标准是排除合理怀疑；观点二认为，罪重事实的证明标准是优势证据；观点三认为，在重罪案件中，罪重事实的证明标准是排除合理怀疑，在轻罪案件中，罪重事实的证明标准是优势证据；观点四认为，一般罪重事实的证明标准是优势证据，升格加重事实的证明标准是排除合理怀疑。

（二）罪重事实的证明标准

我们赞同当前法律规定的罪重事实的证明标准，即罪重事实应当适用与定罪事实相同的证明标准。罪重事实的证明标准与定罪事实的证明标准相同，在部分国家得到了一致认同。在英国，如果被告人在作出了有罪答辩后，控辩双方针对量刑事实产生争议，法院就必须举行牛顿听审程序（Newton hearings）听取控辩双方的证据。在牛顿听审程序中，由控方承担被告人罪重的举证责任，且必须将被告人罪重的事实证明到排除合理怀疑的程度。[②] 在加拿大的女王诉加德纳（R. v. Gardiner）案[③]中，多数意见指出，证明刑罚具有正当性的事实与证明定罪具有正当性的事实具有同等重要性，两者应当适用同一证明标准；在罪重问题上适用定罪标准尤为必

---

① 汪贻飞：《论量刑程序中的证明标准》，载《中国刑事法杂志》2010年第4期。

② *R. v. Ahmed* (1985), Crim. LR 250 CA.

③ *R. v. Gardiner*, [1982] 2 S. C. R. 368.

要，这是因为与定罪程序相比，量刑的听证程序不是很严格、正式，法官享有较大的自由裁量权。在澳大利亚，在女王诉奥布里希（Queen V. Olbrich）案①中，多数法官指出，量刑法官不会考虑不利于被告人的事实，除非该事实被超出合理怀疑地证明。日本学者田口守一教授认为，一般来说，量刑事实只要通过自由证明即可，但是加重被告人刑罚的情节需要严格证明。② 由此可见，在日本，罪重事实适用与定罪事实相同的证明程序和证明标准。

我们认为，罪重事实适用与定罪事实相同的证明标准主要是基于如下原因：

第一，防止立法技术上的因素使被告人陷于不利境地。

一项事实是作为从重处罚的情节，还是作为一项独立的罪名，有时纯粹是一个立法技术问题。例如，刑法第263条将入户抢劫作为抢劫罪的从重情节，规定入户抢劫的处10年以上有期徒刑、无期徒刑或者死刑，并处罚金或者没收财产。事实上，从立法技术的角度来看，完全可以将入户抢劫规定为一项独立的罪名，即入户抢劫罪。如果从重处罚的情节适用低于定罪的证明标准便会出现这样的不合理现象：对于同一项事实，如果立法将其规定为从重处罚的情节，则适用较低的证明标准；如果立法将其规定为独立的罪名，则适用定罪的证明标准。这既不利于被告人的权利保障，也可能导致立法权的滥用。

对此，美国联邦最高法院大法官斯卡利亚（Scalia）做了形象的描述："假如州废除了其刑法典中的所有暴力犯罪，仅以一种犯罪代替这些暴力犯罪，即'明知伤害他人身体'（knowingly caused injury to another），规定的刑期是30天监禁，但是有一系列的加重量刑事由以不同的犯罪意图、伤害的严重性以及其他相关情况为基

---

① *The Queen v. Olbrich* (1999) 199 CLR 270 at [27] - [28].

② ［日］田口守一著：《刑事诉讼法》，刘迪等译，法律出版社2000年版，第220~221页。

础，可以将量刑加重至终身监禁或死刑。州能够准许陪审团以超出合理怀疑的标准仅仅审理被告人是否明知伤害他人身体吗？但是将被告人是否出于故意或过失，是否使用了致命的武器，被害人是否最终死于被告人的伤害行为交由法官以优势证据标准认定？”[①]

第二，防止在界定定罪事实与量刑事实上的无休止争论。

在罪重事实与定罪事实适用不同的证明标准的情况下，立法对定罪事实和量刑事实的界分就显得非常重要。如果立法将某项事实规定为定罪事实，那么它便会适用较高的证明标准；相反，如果立法将该事实界定为量刑事实，那么它只能适用较低的证明标准。

在美国，量刑因素（sentencing factors）的证明标准为优势证据，低于犯罪要素（elements of crime）的证明标准排除合理怀疑。[②] 由此导致了在相当长的时间里，美国联邦最高法院深受犯罪要素与量刑因素的困扰，因为犯罪要素与量刑因素的处理程序不同，被告人享有的权利保障也不相同。犯罪要素必须在起诉书中被指控，在陪审团前被超出合理怀疑地证明；量刑因素只需要法官依据优势证据标准进行认定。正是因为对犯罪要素和量刑因素的区分关系重大，因此为了防止立法将犯罪要素界定为量刑因素，规避对人权的保障，美国联邦最高法院授权法院干预立法对犯罪要素和量刑因素的界定。在马拉尼诉威尔伯（Mullaney v. Wilbur）[③] 案中，美国联邦最高法院宣布法院有干预立法的权力，可以正当程序为依据，否定立法对犯罪要素和量刑因素的界定。美国联邦最高法院指出，立法机关在决定刑法和刑事程序法方面有很重要的作用，但是正当程序条款要求在刑罚方面有重大区别的事实以及在罪与非罪方面有重大影响的事实，不能被标以量刑事实，从而规避排除合理怀

---

① *Monge v. California*, 118 S. Ct. 2246, 2255 (1998).

② 美国刑法理论中的量刑因素和犯罪要素相当于本章中的量刑事实和定罪事实。

③ *Mullaney v. Wilbur*, 421 U. S. at 701.

疑标准的适用。

在马拉尼诉威尔伯案之后，美国联邦最高法院在犯罪要素与量刑因素的界定上经历了痛苦的抉择过程：试图对犯罪要素进行界定的同时，又提出了“与犯罪要素功能相当的事实”；认定累犯是量刑因素，而不是犯罪要素后，又试图推翻这一认定。

在麦克米伦诉宾夕法尼亚（McMillan v. Pennsylvania）案①中，美国联邦最高法院对量刑因素和犯罪要素的界定是：量刑因素是在法定刑幅度内从重或从轻量刑的事实，任何超出法定最高刑量刑的事实都是犯罪要素。但是，阿尔门代兹-托里斯（Almendarez-Torres）案②确立了上述判例的例外。在该案中，美国联邦最高法院指出，尽管累犯改变了犯罪的最高刑期，但是累犯属于量刑因素，这是因为累犯是法官加重被告人刑罚的传统的量刑因素。上述两项判例在美国确立了犯罪要素与量刑因素的基本界限：除了累犯之外，任何在法定最高刑外加重刑罚的事实都是犯罪要素。但是，对于累犯是否应当属于量刑因素，在美国的质疑声不断。在2000年的阿普伦迪诉新泽西（Apprendi v. New Jersey）案③中，史蒂文斯（Stevens）大法官所撰写的多数意见详细地进行了历史分析，指出从1700年代开始到琼斯案结束，④ 仅仅根据法官以优势证据标准认定的事实，量刑都不得超过法定最高刑。在阿普伦迪案中，美国联邦最高法院承认了其在阿尔门代兹-托里斯案中的判决可能

① *McMillan v. Pennsylvania*, 477 U.S. 79, 91-92 (1986).

② *Almendarez-Torres*, 523 U.S. at 228.

③ *Apprendi v. New Jersey*, 530 U.S. at 490-494.

④ 在琼斯诉美国［*Jones v. United States*, 526 U.S. 227-249 (1999).］案中，美国联邦最高法院将阿尔门代兹-托里斯案中的意见限定于累犯作为量刑证据时。最高法院认定，大幅度加重被告人刑罚的事实不应当由法官认定。苏塔（Souter）大法官在多数意见中指出，尽管宽泛地解释阿尔门代兹-托里斯案的判决意味着并非所有的扩张量刑幅度的事实都需要写入重罪起诉书中，但是只有累犯属于量刑因素时才是例外。

是不正确的，并指出如果再次遇到累犯的案件，它可能会对累犯的例外作出不同的处理。

量刑因素与犯罪要素之间的区别在与《亚利桑那州死刑量刑计划》（*Arizona capital sentencing scheme*）相关的案件中也被提及。该法规定从重处罚的情节由法官决定。[①] 美国联邦最高法院指出，亚利桑那州的死刑量刑方法是违宪的，因为从重处罚的情节将法定最高刑从终身监禁提高到了死刑，这些情节与犯罪要素的功能相同。在裁判这些案件的过程中，诞生了一项新的事实：与犯罪要素功能相当的事实（functional equivalent of an element）。在这些案件中，美国联邦最高法院指出，这些从重处罚的因素不是犯罪要素，只是与犯罪要素功能相等的因素；并非所有的从重处罚的事实都必须被超出合理怀疑地证明，只有那些与犯罪要素功能相当的从重处罚因素，才需要被超出合理怀疑地证明。[②]

尽管美国联邦最高法院提出了超出法定最高刑量刑的事实属于犯罪要素，需要被超出合理怀疑地证明，但是如果没有超出法定最高刑的从重处罚事实可以适用优势证明标准，那么立法机关同样可以通过设置较宽的法定刑范围来规避超出合理怀疑标准的适用。"与犯罪要素功能相当的事实"更不能解决上述问题，因为如何认定"与犯罪要素功能相当的事实"，美国联邦最高法院并没有确立明确的标准。美国联邦最高法院这一痛苦的抉择过程启示我们，从重处罚的事实必须适用与定罪相同的证明标准。只有这样，某项事实无论是将其界定为犯罪要素，还是将其界定为量刑因素，只要其不利于被告人，都应当被超出合理怀疑地证明。

---

① Ariz. Rev. Stat. Ann. § 13-702 (West 2005).

② *Poland v. Arizona*, 476 U. S. 147, 156 (1986) (quoting *Bullington v. Missouri*, 451 U. S. 430, 438 (1981)); *Walton v. Arizona*, 497 U. S. 639, 648 (1990) (quoting Poland, 476 U. S. at 156), overruled by Ring II, 536 U. S. 584 (2002).

（三）罪轻事实的证明标准

罪轻事实包括从轻、减轻处罚的情节以及免除处罚的情节。在部分国家，罪轻事实适用优势证据证明标准，低于定罪事实的证明标准。《加拿大刑法典》第 724 条第 3 款规定，除 e 项规定以外，在法庭根据该项事实对被告人量刑前，该争议事项的存在必须被证明到优势证据标准。[①] 在澳大利亚的女王诉奥布里希案[②]中，多数法官指出，有利于被告人的量刑事实只需要被证明到优势证据程度就足够了。日本学者小野清一郎认为，对于减免刑罚的事实，没有必要达到与犯罪事实相同的证明标准，即“没有合理的疑点”；减免刑罚的事实只需要被优势证据证明就可以了。[③] 法国和德国刑事诉讼法规定的证明标准都为内心确信，如《法国刑事诉讼法典》第 427 条规定：“除法律另有规定外，犯罪可以用各种证据予以证实并由审判官根据内心确信作出决定”；《德国刑事诉讼法典》第 261 条也作出了类似规定：“对证据调查的结果，由法庭根据它在审理的全过程中建立起来的内心确信而定。”由于在法国和德国的刑事诉讼中定罪程序没有与量刑程序相分离，因此内心确信证明标准既适用于定罪事实，也适用于量刑事实。然而，在司法实践中，量刑事实与定罪事实在证明标准上仍然存在着一定的区别：在一般情况下，罪轻事实只需要自由证明，其证明标准只要达到优势证据即可。

我们认为，在我国量刑程序中，应当区别对待从轻处罚的事实与减轻处罚和免除刑罚的事实的证明标准。减轻处罚的事实和免除刑罚的事实相对于从轻处罚的事实而言，降低刑罚的幅度更大。为了体现在认定减轻处罚的事实和免除刑罚的事实上的慎重性，减轻

---

① 《加拿大刑法典》第 724 条第 3 款 e 项规定，检察官必须将对被告人加重量刑的事实和被告人的前科问题证明到排除合理怀疑标准。

② *The Queen v. Olbrich* (1999) 199 CLR 270 at [27] – [28].

③ ［日］小野清一郎著：《犯罪构成要件理论》，王泰译，中国人民公安大学出版社 2004 年版，第 25 页。

处罚的事实和免除刑罚的事实的证明标准应当适当高于从轻处罚的事实的证明标准。从轻处罚的事实可以适用优势证据标准，但是减轻处罚的事实和免除处罚的事实应当适用高于优势证据的证明标准，即“明晰可信”标准（clear and convincing proof or evidences）。所谓“明晰可信”标准，就是要求事实裁判者内心必须相信讼争事实大有可能（highly probable），即具有高度的可能性。“明晰可信”标准高于“优势证据”标准，但是低于“证据确实、充分”标准，是介于“优势证据”和“证据确实、充分”之间的一项证明标准。

不论是从轻处罚的事实的优势证据标准，还是减轻处罚的事实和免除刑罚的事实的“明晰可信”标准，都低于定罪事实的证明标准。罪轻事实的证明标准之所以应当低于定罪事实的证明标准，主要是基于如下两点原因：

第一，量刑事实的举证责任分配。上文中谈到，这里的量刑事实指的仅仅是纯正的量刑事实。对于纯正的量刑事实，举证责任分配的基本原则是，主张者承担举证责任，即罪重事实由控诉方承担举证责任，罪轻事实由被告方承担举证责任。

第二，控辩双方的举证能力。控辩双方的举证能力具有明显的差异。国家赋予了控诉机关调查取证的强制性权力，如勘验、检查、搜查、扣押等。此外，国家还在人、财、物方面给予了控诉机关强有力的支持。相比之下，被告方在举证能力上则无法与控诉机关相提并论。被告方既没有强制调查取证的权力，也没有强大的人、财、物支持。

通过上述分析，一方面罪轻事实的举证责任由被告方承担；另一方面被告方的举证能力无法与控诉机关相提并论，因此如果罪轻事实与罪重事实适用相同的证明标准，则会导致许多对被告方有利的量刑事实无法得到认定。基于此，罪轻事实只有适用低于罪重事实的证明标准，才会使被告方的辩护权得到真正的保障。

第四章 死刑案件中的量刑证明标准

死刑是剥夺犯罪分子生命的最严厉的刑罚，如果适用错误，将会造成无可挽回的损害。随着近年来一些死刑错案的发现和公开，死刑案件的量刑证明标准引起了理论界的关注。① 因此，我们单独用一章探讨死刑案件中的量刑证明标准问题。死刑案件的量刑证明标准包括定罪的证明标准和量刑的证明标准。理论界对死刑案件量刑证明标准的关注焦点是量刑的证明标准。通行的观点认为，死刑案件定罪阶段的证明标准应当沿用一般案件的证明标准，原因是对死刑案件的定罪适用更高的证明标准意味着定罪难度的加大，有可能会放纵犯罪；在死刑案件定罪的证明标准与普通刑事案件相同的情况下，不管被告人被判处何种刑罚，都不能逃脱法律的制裁。②

---

① 关于死刑案件中量刑证明标准的讨论针对的仅仅是罪重事实，即判处死刑的证明标准，不涉及罪轻事实。

② 参见陈卫东、李训虎：《分而治之：一种完善死刑案件证明标准的思路》，载《人民检察》2007 年第 8 期。但是也有观点认为，定罪和量刑都涉及惩罚犯罪和保障人权这两种价值理念的平衡和实现，两者同等重要，不存在孰轻孰重的问题。错误的定罪和不恰当的量刑都会侵犯被告人的相关权利。定罪和量刑密切联系，相互依存，同等重要。如果定罪出错，那么量刑也会发生错误。因此，为了保障死刑的正确适用，应当提高死刑案件的定罪证明标准，即死刑案件的定罪证明标准应当高于普通刑事案件中有罪判决的证明标准。普通刑事案件中有罪判决的证明标准为“案件事实清楚，证据确实、充分”，死刑案件的定罪证明标准应当为“案件事实清楚，证据确实、充分，具有排他性和唯一性”。参见黄芳：《死刑适用的国际标准与国内法协调》，载《法学评论》2003 年第 6 期。

对死刑案件中的量刑证明标准，相关规范性文件的表述不尽一致，理论界的态度也有一定分歧。但是，笔者在中国裁判文书网检索了2013年4月12日至2015年4月1日最高人民法院作出的死刑复核刑事裁定书/判决书，发现这些裁判文书对定罪和量刑适用的证明标准都是“事实清楚，证据确实、充分”。那么，在死刑案件中对量刑是否应当适用有别于普通刑事案件的证明标准呢？本章将在考察我国规范性文件对死刑案件证明标准的规定和理论界关于死刑案件量刑证明标准的相关观点的基础上探讨上述问题。

一、与死刑案件证明标准相关的规定

最高人民法院、最高人民检察院、公安部、司法部于2007年颁布的《关于进一步严格依法办案确保办理死刑案件质量的意见》明确了死刑案件的证明标准是“事实清楚，证据确实、充分”。该意见第6条规定：“办理死刑案件，要坚持重证据、不轻信口供的原则。只有被告人供述，没有其他证据的，不能认定被告人有罪；没有被告人供述，其他证据确实充分的，可以认定被告人有罪。对刑讯逼供取得的犯罪嫌疑人供述、被告人供述和以暴力、威胁等非法方法收集的被害人陈述、证人证言，不能作为定案的根据。对被告人作出有罪判决的案件，必须严格按照刑事诉讼法第一百六十二条的规定，做到‘事实清楚，证据确实、充分’。证据不足，不能认定被告人有罪的，应当作出证据不足、指控的犯罪不能成立的无罪判决。”该条明确了在死刑案件中，认定被告人有罪的证明标准是“事实清楚，证据确实、充分”。该条没有涉及死刑案件中量刑的证明标准。该意见第35条接着规定：“人民法院应当根据已经审理查明的事实、证据和有关的法律规定，依法作出裁判。对案件事实清楚，证据确实、充分，依据法律认定被告人有罪的，应当作出有罪判决；对依据法律认定被告人无罪的，应当作出无罪判决；证据不足，不能认定被告人有罪的，应当作出证据不足、指控的犯罪不能成立的无罪判决；定罪的证据确实，但影响量刑的证据存有疑点，处刑时应当留有余地。”该条不仅重申了死刑案件中定罪的证明标准是“事实清楚，证据确实、充分”，而且还触及了死刑案件中量刑的证明标准。该条规定，当量刑证据存在疑点时，应当留有余地地进行量刑。① 这意味着判处被告人死刑的证明标准也是“事实清楚，证据确实、充分”。

最高人民法院、最高人民检察院、公安部、国家安全部和司法部于2010年公布的《死刑案件证据规定》也对死刑案件定罪的证明标准和量刑的证明标准作出了规定。该规定第5条第1款规定：“办理死刑案件，对被告人犯罪事实的认定，必须达到证据确实、充分。”该条第2款对“证据确实、充分”的含义作了解释：“证据确实、充分是指：（一）定罪量刑的事实都有证据证明；（二）每一个定案的证据均已经法定程序查证属实；（三）证据与证据之间、证据与案件事实之间不存在矛盾或者矛盾得以合理排除；（四）共同犯罪案件中，被告人的地位、作用均已查清；（五）根据证据认定案件事实的过程符合逻辑和经验规则，由证据得出的结论为唯一结论。”该条第3款紧接着规定了对被告人从重处罚的事实适用的证明标准：“办理死刑案件，对于以下事实的证明必须达到证据确实、充分：……（七）对被告人从重处罚的事实。”就证明

---

① 留有余地的案件，是指在被告人构成犯罪已经确定无疑的案件中，在是否对被告人适用死刑立即执行的具体量刑情节上存在疑点，为稳妥起见，而留有余地地判处被告人死刑缓期两年执行或者无期徒刑。留有余地的案件与疑案不同。疑案是指因证据不足而在犯罪嫌疑人、被告人是否构成犯罪方面存在疑点的案件。留有余地的案件和疑案之间的区别为：第一，性质不同。疑案是因为其事实不清、证据不足而无法作出有罪判决；留有余地的案件并不影响对被告人作出有罪判决，而仅仅是因为量刑证据存在瑕疵而对量刑产生影响。第二，处理原则不同。对于疑案，应该按照“疑罪从无”的原则，作出无罪判决；对于留有余地的案件，应该按照“存疑有利于被告人”的原则，从轻量刑。参见朱琳：《关于死刑案件证明标准的思考》，载《山西省政法管理干部学院学报》2009年第4期。

标准而言，该规定与《关于进一步严格依法办案确保办理死刑案件质量的意见》的共同点是：第一，两者都规定死刑案件定罪的证明标准是“证据确实、充分”。第二，两者都规定死刑案件中罪重事实的证明标准是“证据确实、充分”。虽然《关于进一步严格依法办案确保办理死刑案件质量的意见》第35条没有提及“对被告人从重处罚的事实”，但是该条规定的“影响量刑的证据”指的就是对被告人从重处罚的证据，因为只有在对被告人从重处罚的证据存在疑点时，才会涉及留有余地地进行量刑的问题。《死刑案件证据规定》与《关于进一步严格依法办案确保办理死刑案件质量的意见》的主要区别是，后者将“由证据得出的结论为唯一结论”作为判断“证据确实、充分”的条件之一。

与上述两项规定不同，2012年刑事诉讼法没有对死刑案件的定罪和量刑证明标准作出特别规定。2012年刑事诉讼法第195条规定了被告人有罪的证明标准是“证据确实、充分”，没有规定量刑事实的证明标准。《法院解释》第64条第2款在定罪证明标准的基础上，规定了罪重事实的证明标准：“认定被告人有罪和对被告人从重处罚，应当适用证据确实、充分的证明标准。”根据2012年刑事诉讼法和《法院解释》的上述规定，依据一般的法理可知，在死刑案件中，“证据确实、充分”也应当是认定被告人有罪和对被告人从重处罚的证明标准。刑事诉讼法第53条第2款对“证据确实、充分”的含义作了解释：“证据确实、充分，应当符合以下条件：（一）定罪量刑的事实都有证据证明；（二）据以定案的证据均经法定程序查证属实；（三）综合全案证据，对所认定事实已排除合理怀疑。”2012年刑事诉讼法首次将“排除合理怀疑”这一英美刑事诉讼中定罪的证明标准作为“证据确实、充分”的认定标准之一。

这里需要说明一下“排除合理怀疑”的含义。丹宁勋爵曾指出，排除合理怀疑“无须达到确定，但必须具有高度的盖然性。排除合理怀疑并不意味着没有任何疑点。如果采纳了不现实的可能性，法律就偏离了司法公正，无法保护社会。如果对一个人不利的证据是如此强大，只留下一丝遥远的对他有利的可能性，正应了这样一句话‘当然这是可能的，但没有一点现实性’，那么对于这样一种可能性完全不必考虑，这个案件已经排除合理怀疑地得到证明，但任何低于此种情况的证明都不能说满足了要求。”① 由此可见，“排除合理怀疑”并不要求绝对肯定，并不要求排除一切怀疑，而只是要求排除那些经得起理性论证的、合理的怀疑。② 那么，“排除合理怀疑”与“证据确实、充分”是什么关系呢？一般认为，“证据确实、充分”与“排除合理怀疑”的区别仅仅是出发的角度不同，两者之间并无本质的区别。③ “证据确实、充分”是从正面和肯定的角度出发的，“排除合理怀疑”是从反面和否定的角度出发的。正因为如此，为了能够使办案人员更加全面地判断证明标准，2012年刑事诉讼法将“排除合理怀疑”作为“证据确实、充分”的认定标准之一。

除了上述规定之外，还有一些地方性刑事诉讼规则也对死刑案件的证明标准作出了规定。河南省高级人民法院、河南省人民检察院、河南省公安厅于2008年发布的《关于规范死刑案件证据收集审查的意见》规定死刑案件的证明标准为“证据确实、充分”，

---

① ［英］丹宁勋爵著：《法律的界碑》，刘庸安等译，群众出版社1992年版，第131页。

② 下列怀疑都不属于“合理怀疑”的范畴：1. 任意妄想的怀疑（fanciful doubt）；2. 过于敏感的怀疑（ingenious doubt）；3. 臆测的怀疑（conjecture）；4. 故意挑剔、强词夺理的怀疑（captious doubt）；5. 基于无凭证证言的怀疑（unwarranted by the testimony）；6. 故意为被告开脱罪责的怀疑（unwarranted by the testimony）。以上怀疑都不是通常有理智的人所做的合理的、公正的、诚实的怀疑。参见李学灯著：《证据法比较研究》，台湾五南图书出版公司1992年版，第667页。

③ 王敏远：《死刑案件的证明“标准”及〈刑事诉讼法〉的修改》，载《法学》2008年第7期。

“排除一切合理怀疑”。该规定第 69 条规定：“死刑案件的证明标准必须达到犯罪事实清楚，证据确实、充分，并且能够排除一切合理怀疑。”河南省人民检察院、河南省公安厅于2009 年联合下发的《关于进一步提高死刑案件办理质量的意见》要求严格死刑案件的证据标准，也规定“死刑案件必须达到犯罪事实清楚，证据确实充分，排除一切合理怀疑的证明程度。”与 2012 年刑事诉讼法将“排除合理怀疑”作为“证据确实、充分”的认定标准不同，上述规定将“排除一切合理怀疑”与“证据确实、充分”相并列。但是正如上文所言，“排除一切合理怀疑”与“证据确实、充分”只是出发的角度不同，不存在实质的差异，因此将“排除一切合理怀疑”与“证据确实、充分”相并列，只是进一步强调了证明标准，并没有提高证明标准。

江苏省高级人民法院于 2003 年颁布的《关于刑事审判证据和定案的若干意见（试行）》既规定了被告人有罪的证明标准，也规定了判处死刑的证明标准。该意见第 4 条规定：“人民法院认定被告人有罪，必须达到案件事实清楚，证据确实充分的程度。案件事实清楚，证据确实充分，应当理解为包括以下要求：（一）犯罪构成要件的事实已查清，法定从重、从轻、减轻和免除处罚的事实和情节存在与否均已查明；（二）所有上述的基本事实、量刑情节均能得到证据的证明和印证；（三）据以定案的全部证据均已经法庭举证、质证，经过法定程序查证属实；（四）证据之间、证据与案件事实之间的矛盾已查清并得到合理排除；（五）根据证据推断案件事实的过程符合逻辑规则，结论准确无疑，对案件事实的证明结论排除其他可能性。”第 66 条第 1 款规定：“对死刑案件应做到案件事实清楚，证据确实、充分，排除一切合理怀疑，否则不能判处死刑立即执行。”① 该款规定可以被理解为判处死刑立即执行的证明标准为“证据确实、充分，排除一切合理怀疑”，即罪重事实的证明标准为“证据确实、充分，排除一切合理怀疑”。值得注意的是，尽管该意见规定的证明标准与刑事诉讼法的规定一致，即“证据确实、充分”，但是其将“排除其他可能性”作为认定“证据确实、充分”的标准之一，与刑事诉讼法的规定不一致。

辽宁省高级人民法院、辽宁省人民检察院、辽宁省公安厅于2006年颁布的《关于规范死刑案件证据的意见》第9条规定：“死刑案件的证明标准必须达到犯罪事实清楚，证据确实、充分，并且能够排除一切合理怀疑。其具体要求为：（一）据以定案的证据均已查证属实；（二）案件事实均有必要的证据予以证明；（三）证据之间、证据与案件事实之间的矛盾得到合理排除；（四）得出的证据结论唯一，并且排除了其他可能性。”该意见规定死刑案件的证明标准是“证据确实、充分，并且能够排除一切合理怀疑”，但是在对该证明标准进行解释时，却将“排除了其他可能性”作为认定“证据确实、充分”和“排除一切合理怀疑”的要求。江西省高级人民法院、江西省人民检察院、江西省公安厅于2007年颁布的《关于规范故意杀人死刑案件证据工作的意见（试行）》与上述规定相似。该意见第48条规定：“办理死刑案件必须坚持证据裁判原则，做到事实清楚，证据确实、充分，并排除合理怀疑。事实清楚，证据确实、充分，主要是指：（一）犯罪构成要件事实和量刑情节事实已经查清；（二）据以定案的全部证据能够相互印证；（三）证据之间、证据与案件事实之间的矛盾已得到合理排

① 江苏省高级人民法院、江苏省人民检察院、江苏省公安厅、江苏省司法厅于2008年发布的《关于刑事审判证据和定案的若干意见》第75条的规定与此相同。

除；（四）依据证据得出的结论是唯一的，排除了其他可能性。”①

综上所述，无论是刑事诉讼法和《法院解释》，还是最高人民法院、最高人民检察院、公安部、国家安全部和司法部联合公布的《关于进一步严格依法办案确保办理死刑案件质量的意见》和《死刑案件证据规定》，都将“证据确实、充分”作为死刑案件中定罪和罪重事实的证明标准。另外，河南省、江苏省、辽宁省和江西省等地颁布的地方性刑事诉讼规则也将“证据确实、充分”作为死刑案件的证明标准。上述规范性文件存在的区别仅仅在于对“证据确实、充分”的理解不同。例如，2012 年刑事诉讼法首次将“排除合理怀疑”这一英美刑事诉讼中定罪的证明标准作为“证据确实、充分”的认定标准之一；《死刑案件证据规定》将“由证据得出的结论为唯一结论”作为判断“证据确实、充分”的条件之一；江苏省的《关于刑事审判证据和定案的若干意见（试行）》、辽宁省的《关于规范死刑案件证据的意见》和江西省的《关于规范故意杀人死刑案件证据工作的意见（试行）》将“排除其他可能性”作为认定“证据确实、充分”的标准之一。需要指出的是，

---

① 该意见其他条文也体现了排除其他可能性的证明标准。该意见第 49 条规定：“没有直接证据证明犯罪行为系被告人实施，但如果间接证据符合下列条件的可认定被告人有罪：（一）据以定案的间接证据已经查证属实；（二）据以定案的间接证据形成完整的证明体系；（三）据以定案的间接证据之间能够相互印证，不存在无法排除的矛盾和无法解释的疑问；（四）依据间接证据得出的结论是唯一的，足以排除其他可能性；（五）运用间接证据进行的推理必须符合逻辑、合乎情理。”第 50 条规定：“公安机关、人民检察院、人民法院对于事实不清，证据不足，不足以证明被告人有罪的，应依法作出撤销案件，不起诉的决定或者证据不足、指控的犯罪不能成立的判决。事实不清，证据不足，主要是指：（一）指控的犯罪构成要件事实缺乏相应的、必要的证据证明：（二）据以定案的基本证据不确实；（三）各证据之间、证据与案件事实之间有明显矛盾，且无法查清与排除；（四）依据证据得出的结论不具备排他性，尚存在得出其他结论的可能性。”

根据上文对“排除合理怀疑”的解释，“排除合理怀疑”标准低于“由证据得出的结论为唯一结论”和“排除其他可能性”。由于“排除合理怀疑”与“证据确实、充分”相当，因此将“由证据得出的结论为唯一结论”和“排除其他可能性”作为“证据确实、充分”的认定标准，与“证据确实、充分”的含义相矛盾。

二、关于死刑案件量刑证明标准的相关观点

关于死刑案件量刑的证明标准是否应当与普通刑事案件量刑的证明标准相同，法学界有两类不同的观点：一是同一论，即死刑案件量刑的证明标准等同于普通刑事案件量刑的证明标准；二是分层论，即死刑案件量刑的证明标准应当高于普通刑事案件量刑的证明标准，死刑案件量刑应当适用最高的证明标准。

（一）同一论

持同一论的学者认为，我国刑事诉讼法没有区分死刑案件和普通刑事案件的证明标准，死刑案件和普通刑事案件的量刑应当适用同一证明标准，即“案件事实清楚，证据确实、充分”。持该观点的部分学者认为，我国刑事诉讼法的上述规定是适宜的，理由是：第一，如果规定死刑案件的量刑证明标准高于普通刑事案件，将会导致普通刑事案件的证明标准被降低，案件质量下降；第二，对死刑案件的高标准、严要求完全可以通过严格的程序制度来实现，没有必要规定比普通刑事案件更高的量刑证明标准。[①] 还有部分学者认为，以“案件事实清楚，证据确实、充分”作为死刑案件量刑的证明标准是恰当的、可行的，试图设计出较之更高的证明标准，只能是缘木求鱼。[②]

① 李玉华等著：《诉讼证明标准研究》，中国政法大学出版社 2010 年版，第 134 页。

② 杨文革著：《死刑程序控制研究》，中国人民公安大学出版社 2009 年版，第 244 页。

（二）分层论

持分层论的学者认为，死刑案件定罪的证明标准是“案件事实清楚，证据确实、充分”，死刑案件量刑的证明标准应当高于定罪的证明标准。他们认为，只有提高死刑案件量刑的证明标准，增加证明的难度，才能够提高死刑案件的质量，减少死刑错案，达到控制死刑的目的。持分层论的学者对于死刑案件量刑的证明标准提出了以下几种观点：“排除一切怀疑”；[①]“案件事实清楚，证据确实充分，具有排他性和唯一性”；[②]“案件事实清楚，证据确实充分，对事实没有其他解释余地”；[③]“排除一切可能性”；[④]“确定无疑的唯一性”；[⑤]等等。

根据上文对“排除合理怀疑”的解释，“排除一切怀疑”，“案件事实清楚，证据确实充分，具有排他性和唯一性”，“案件事实清楚，证据确实充分，对事实没有其他解释余地”和“排除一切可能性”等证明标准都高于“排除合理怀疑”。“确定无疑的唯一

---

① 陈卫东、李训虎：《分而治之：一种完善死刑案件证明标准的思路》，载《人民检察》2007年第8期。

② 黄芳：《论死刑适用的国际标准与国内法的协调》，载《法学评论》2003年第6期。

③ 杨正万：《死刑的正当程序与死刑的限制》，载赵秉志、邱兴隆主编：《死刑正当程序之探讨》，中国人民公安大学出版社2004年版，第105页。

④ 聂昭伟：《我国死刑案件证明标准的重新选择》，载《法治研究》2008年第8期。

⑤ 郭志远：《定罪与量刑分离——论我国死刑案件的证明标准》，载《安徽师范大学学报》（人文社会科学版）2013年第1期。

性”也高于“排除合理怀疑”。[①]“确定无疑的唯一性”要求对死刑案件事实证明的结论只有一个，没有任何其他可能性，即要求对死刑案件事实的证明没有任何怀疑，而不仅仅是排除合理怀疑。

提出分层论的学者所依据的主要理由有两个：第一，应当根据案件所涉利益的重要程度来设置证明标准。在刑事诉讼中，对犯罪嫌疑人、被告人的保障措施应当与其所面临的指控成正比，即对犯罪嫌疑人、被告人的指控越严厉，法律应当规定越充分的保障措施。死刑是剥夺犯罪分子生命权的最严厉的刑罚。拥有生命是人作为社会成员的最基本的权利，享有生命权是享有其他各项权利的前提，而且生命不同于人身自由和财产权利，一旦被剥夺便不可恢复。[②]因此，当被告人可能被判处死刑时，应当给予其最充分的保障，适用最为严格的证明标准便属于此类保障措施之一。布鲁厄姆勋爵为卡罗琳王后的辩护词，对此进行了生动的说明：“摆在我们面前的这些证据，即使用于证明一笔债务，也是很不充分的。凭它来剥夺一种民事权利，是显然不行的；凭它来认定一件微小的罪行，是荒唐可笑的；凭它来证明一件严重的罪行，是荒诞可耻的；

---

① 除了“确定无疑的唯一性”标准之外，在刑事诉讼中还存在“排除合理怀疑的唯一性”标准。《法院解释》第105条体现的便是“排除合理怀疑的唯一性”标准。该条规定：“没有直接证据，但间接证据同时符合下列条件的，可以认定被告人有罪：（一）证据已经查证属实；（二）证据之间相互印证，不存在无法排除的矛盾和无法解释的疑问；（三）全案证据已经形成完整的证明体系；（四）根据证据认定案件事实足以排除合理怀疑，结论具有唯一性；（五）运用证据进行的推理符合逻辑和经验。”“排除合理怀疑的唯一性”与“排除合理怀疑”只存在表述上的差异，没有实质的区别。

② 对此，也存在不同观点，如有观点认为，无论是死刑还是自由刑都关乎罪犯的人权问题，无论哪个被错误执行都是不可恢复的。而且生命和自由也没有高低之分，有诗人曾高呼，“生命诚可贵，爱情价更高，若为自由故，二者皆可抛。”参见付奇艺：《死刑案件证明标准的思考》，载《山西警官高等专科学校学报》2013年第2期。

凭它来诋毁英国王后的名誉，则简直是荒谬绝伦的!”[①] 第二，联合国《关于保护面对死刑的人的权利的保障措施》关于死刑案件证明标准的规定。联合国《关于保护面对死刑的人的权利的保障措施》规定，只有在被告人的罪行依据的是明确和令人信服的证据，且对事实没有其他解释余地的情况下，才能判处死刑。

三、对提高死刑案件量刑证明标准的质疑

在英美证据理论上，刑事案件的证明标准由高到低可以被分为九个层次：(1) 绝对的确定性（由于认识能力的限制，这一标准无法达到，任何法律不做此要求)；(2) 排除合理怀疑（刑事案件中做有罪认定所必需)；(3) 明晰且有说服力的证明（适用于某些管辖法院对死刑案件保释请求的驳回)；(4) 优势证明（适用于刑事诉讼中被告人的肯定性抗辩)；(5) 可成立的理由（适用于逮捕令状的签发、无证逮捕、搜查及扣留等)；(6) 合理相信（适用于阻截和搜身)；(7) 有合理怀疑（无罪释放被告人的充足理由)；(8) 怀疑（适用于调查的开始)；(9) 没有信息（对任何法律目的均不充分)。[②] 根据上述理论，无论如何，“绝对的确定性”，即排除包括无理怀疑在内的一切怀疑，都被认为是不可能达到的。如果能够达到比排除合理怀疑更高的证明标准，那么便无法回答为什么定罪不采用该证明标准。很显然，这从一个角度表明了提高死刑案件量刑证明标准不具有可行性。除此之外，下列原因进一步表明了提高死刑案件量刑证明标准不具有可行性。

(一) 提高死刑案件量刑的证明标准违背诉讼规律

诉讼活动是一种回溯性的认识活动。在诉讼活动中，我们只能

---

① [英] 塞西尔·特纳著：《肯尼刑法原理》，王国庆等译，华夏出版社1989年版，第548页。

② 参见龙宗智著：《相对合理主义》，中国政法大学出版社1999年版，第301页。

通过证据去认定事实。由于客观方面的原因，有些证据可能会灭失。由于主观方面的原因，有些证据可能会被隐匿、损毁。证人对案件事实的记忆也会随着时间的推移而淡忘。另外，诉讼证明还受程序规则和证据规则的约束。首先，在诉讼活动中，不能不择手段地获取证据。其次，有些材料因为不具有合法性而不能作为定案的证据。因此，诉讼证明是很难达到绝对确定程度的。诉讼证明的上述特点使其有别于自然科学上的证明。另外，诉讼证明在很大程度上是根据经验和常识进行的，而经验和常识本身都是盖然性的，要求证明到连任何不合理的怀疑都要排除的程度是不可能的。除非我们能穿越时空，否则诉讼证明就不可能排除那些任意妄想的怀疑，过于敏感的怀疑，臆测的怀疑，故意挑剔、强词夺理的怀疑，基于无凭证证言的怀疑以及故意为被告开脱罪责的怀疑等。基于上述原因，审判人员对案件事实的认识是有限的，其只能凭借已经收集的有限的证据去认识案件事实，其不可能对过去发生的案件事实达到100%的认识。正如哈兰所言："在关于以前事件的事实存在争议的司法程序中，事实发现者对于究竟发生了什么不可能获得完全准确的认识。"①

（二）提高死刑案件量刑的证明标准与证明原理不符

在被告人对其主观方面没有如实供述的案件中，对被告人主观心理状态的认定需要运用推定。推定是根据两个事实之间的常态联系，当一个事实存在时，推引另一个不明事实存在或不存在的案件事实认定方法。前一项事实被称为基础事实，后一项事实被称为推定事实。由基础事实推定推定事实存在或不存在的前提是两者之间具有常态联系。我国刑法所有罪名采用的均是过错责任，没有规定严格责任，因此在所有刑事案件中，犯罪的主观方面都是证明对象。另外，犯罪的主观方面也是重要的量刑事实。在被告人对其主观方面没有如实供述的案件中，只有以推定的方式认定其主观方

---

① 何家弘、刘品新著：《证据法学》，法律出版社2004年版，第327页。

面，而这是无法达到排除一切怀疑的程度的。

另外，在没有直接证据的案件中，需要运用间接证据认定案件事实。按照与案件主要事实之间的关联方式不同，可以把证据分为直接证据和间接证据。直接证据是指能够单独说明案件主要事实的证据。间接证据是指不能单独说明案件主要事实，需要与其他证据结合起来才能说明案件主要事实的证据。直接证据和间接证据证明案件事实的机理是不同的。由于直接证据已经蕴含了案件主要事实的信息，因此只需要其他证据佐证其真实性和可靠性。由于间接证据蕴含的只是案件某个片段或细节的信息，因此需要结合其他证据拼凑出一个完整的案件事实。《法院解释》第105条规定了间接证据的运用规则，该条规定："没有直接证据，但间接证据同时符合下列条件的，可以认定被告人有罪：（一）证据已经查证属实；（二）证据之间相互印证，不存在无法排除的矛盾和无法解释的疑问；（三）全案证据已经形成完整的证明体系；（四）根据证据认定案件事实足以排除合理怀疑，结论具有唯一性；（五）运用证据进行的推理符合逻辑和经验。"从该规定可以看出，在只有间接证据的案件中，需要运用间接证据进行推理，而这种推理是无法达到排除所有怀疑的程度的。

综上，排除一切怀疑完全排斥运用推定和间接证据证明案件事实。如果强制推行该证明标准，可能会造成刑讯逼供的泛滥。[①] 美国著名法律史学家兰贝恩教授曾指出，一旦严格的证明标准开始被立法所采纳，一种替代证明机制以保证对被告人定罪的刑讯制度就不可避免地产生了。[②] 这一论断在法定证据制度下得到了验证。在法定证据制度下，必须取得被告人的口供才能给其定罪。这种对证

---

① 陈虎：《提高死刑案件证明标准一个似是而非的命题》，载《中外法学》2010年第3期。

② 参见［美］米尔吉安·R. 达马斯卡著：《比较法视野中的证据制度》，吴宏耀、魏晓娜等译，中国人民公安大学出版社2006年版，第305页。

明的严格要求导致了刑讯逼供的泛滥。可以预见，如果采用排除一切怀疑的证明标准，那么在被告人不如实供述的情况下，只有通过刑讯逼供的方法获取其口供，才能够不需要适用推定和运用间接证据而达到认定案件事实的目的。

（三）提高死刑案件量刑的证明标准将会使控方无法完成举证责任

在本书第三章中我们谈到，罪重事实应当由控方承担举证责任。证明标准和举证责任密切相关，承担举证责任主体运用证据证明案件事实达到证明标准后才能卸除举证责任，否则其将会承担不利后果。在“排除合理怀疑”的证明标准下，被告方提出的怀疑必须是有根据的、合理的怀疑，否则控方没有必要提供证据以排除该怀疑。但是，如果证明标准是排除一切怀疑，那么只要被告方坚持提出怀疑，控方就必须提出证据以排除该怀疑。很显然，在这种情况下，控方是无法完成举证责任的。

（四）量刑证据的特征决定着死刑案件的量刑证明标准不能超过定罪证明标准

在本书第一章中，我们谈到，以与定罪事实的关系为标准，可以将量刑事实分为纯正的量刑事实和非纯正的量刑事实。纯正的量刑事实是指只与案件中的量刑有关，而与定罪无关的事实。非纯正的量刑事实是指那些与定罪事实相互重合的量刑事实。该类事实“一身兼二任”，既对定罪产生影响，又对量刑产生影响。在相对独立的量刑程序中，证明对象是纯正的量刑事实；对于非纯正的量刑事实，由于其“一身兼二任”，所以应当在定罪程序中予以证明，适用定罪的证明标准。

纯正的量刑证据的特征决定着，量刑事实的证明标准不可能高于定罪事实的证明标准。在定罪阶段，适用的基本原则是无罪推定原则，而在量刑阶段，适用的基本原则是罪刑相适应原则。为了实现刑罚的个别化，应当尽可能多地获取与被告人的人身危险性及其行为的社会危害性相关的证据，因此量刑证据不受严格的证据规则的约束。在本书第二章中，我们以量刑程序中不适用非法证据排除规则和品格证据规则论述了量刑证据适用较为宽松的可采性规则。正因为如此，量刑证明标准不可能超过定罪证明标准。即在死刑案件中，量刑的证明标准不可能超过“证据确实、充分”的程度。

（五）提高死刑案件量刑的证明标准对提升案件事实认定的准确性不具有实际意义

退一步说，即使死刑案件量刑的证明标准可以被进一步提高，那么根据相关研究，这种证明标准的提高对提升事实认定的准确性也不具有实际意义。从概率论的角度来看，“排除合理怀疑”被认为应达到95%～99%的盖然性。一般认为90%以上的盖然性即为“临界于确实之盖然性”，大于95%者即为显然事实。如果要再提升证明标准，设置超越“排除合理怀疑”的证明标准，只能是100%的“绝对的盖然性”，即绝对确定。① 美国心理学研究者在实验中发现，就信心与准确度关系而言，当信心超过一定值时，信心的增加对准确度的判断没有明显提高。研究者用参与试验者回答正确的可能性与不正确的可能性之间的比例来表示信心的大小。研究发现，当信心指数估计大约为3：1时，信心与准确度相当一致，但当信心指数从3：1提高到100：1时，准确度却没有明显提高。② 根据该研究，设置比“排除合理怀疑”更高的证明标准，对提升案件事实认定的准确性不具有实际意义。

四、讨论死刑案件量刑证明标准表象后的实质问题

讨论提高死刑案件量刑证明标准的目的是控制死刑的适用和防范死刑错案。我们认为，提高死刑案件量刑的证明标准不能达到控

① 秦宗文：《死刑案件证明标准的困局与破解》，载《中国刑事法杂志》2009年第2期。

② ［美］斯科特·普劳斯著：《决策与判断》，施俊琦、王星译，人民邮电出版社2004年版，第192～194页。

制死刑适用和防范死刑错案的目的。控制死刑适用的最有效手段是限制死刑适用的裁量权。在我国，防范死刑错案的重点不在于防范错误的量刑，而在于防范错误的定罪。

（一）限制死刑适用的裁量权

关于适用死刑的条件，刑法第 48 条第 1 款规定："死刑只适用于罪行极其严重的犯罪分子。对于应当判处死刑的犯罪分子，如果不是必须立即执行的，可以判处死刑同时宣告缓期二年执行。"刑法分则的具体条款诠释了何为"罪行极其严重"。在刑法规定的可以适用死刑的罪名中，适用死刑的情形包括如下几种类型：

第一，在"情节严重"、"致人死亡或者其他特别严重情节"或"情节特别严重"时，死刑作为可以适用的刑种之一。例如，刑法第 127 条第 1 款规定，盗窃、抢夺枪支、弹药、爆炸物的，处 3 年以上 10 年以下有期徒刑；情节严重的，处 10 年以上有期徒刑、无期徒刑或者死刑。第 141 条第 1 款规定："生产、销售假药的，处三年以下有期徒刑或者拘役，并处罚金；对人体健康造成严重危害或者有其他严重情节的，处三年以上十年以下有期徒刑，并处罚金；致人死亡或者有其他特别严重情节的，处十年以上有期徒刑、无期徒刑或者死刑，并处罚金或者没收财产。"第 151 条第 1 款规定："走私武器、弹药、核材料或者伪造的货币的，处七年以上有期徒刑，并处罚金或者没收财产；情节特别严重的，处无期徒刑或者死刑，并处没收财产；情节较轻的，处三年以上七年以下有期徒刑，并处罚金。"

第二，在被告人犯贪污罪时，"情节特别严重的"，死刑是唯一可以适用的刑种。刑法第 383 条规定："……个人贪污数额在十万元以上的，处十年以上有期徒刑或者无期徒刑，可以并处没收财产；情节特别严重的，处死刑，并处没收财产……"

第三，在被告人犯绑架罪、劫持航空器罪时，"致使被绑架人死亡或者杀害被绑架人的"，"致人重伤、死亡或者使航空器遭受严重破坏的"，死刑是唯一可以适用的刑种。刑法第 239 条第 2 款规定："犯前款罪，致使被绑架人死亡或者杀害被绑架人的，处死刑，并处没收财产。"第121条规定："以暴力、胁迫或者其他方法劫持航空器的，处十年以上有期徒刑或者无期徒刑；致人重伤、死亡或者使航空器遭受严重破坏的，处死刑。"

第四，当符合除了上述情形以外的其他条件时，死刑作为可以适用的刑种之一。例如，刑法第199条规定，犯本节第一百九十二条规定之罪，数额特别巨大并且给国家和人民利益造成特别重大损失的，处无期徒刑或者死刑，并处没收财产。该条将"给国家和人民利益造成特别重大损失"作为可以适用死刑的条件。第234条第2款规定："犯前款罪，致人重伤的，处三年以上十年以下有期徒刑；致人死亡或者以特别残忍手段致人重伤造成严重残疾的，处十年以上有期徒刑、无期徒刑或者死刑。本法另有规定的，依照规定。"该款将"致人死亡或者以特别残忍手段致人重伤造成严重残疾"作为可以适用死刑的条件。第421条规定："战时违抗命令，对作战造成危害的，处三年以上十年以下有期徒刑；致使战斗、战役遭受重大损失的，处十年以上有期徒刑、无期徒刑或者死刑。"该条将"致使战斗、战役遭受重大损失"作为可以适用死刑的条件。

第五，在被告人犯故意杀人罪时，死刑作为可以适用的刑种之一。刑法第232条规定："故意杀人的，处死刑、无期徒刑或者十年以上有期徒刑；情节较轻的，处三年以上十年以下有期徒刑。"该条没有规定具体的量刑情节。

通过上述对死刑适用情形的归类，我们可以看出，除了根据刑法第239条第2款和第121条的规定适用死刑时，属于纯粹的事实认定问题，即证据问题。在其他所有情况下，是否适用死刑都不属于纯粹的证据问题。在上述规定中，不仅何为"情节严重"、"其他特别严重情节"或"情节特别严重"属于价值判断问题，而且除了贪污罪以外，在属于"情节严重"、"其他特别严重情节"或"情节特别严重"时，是适用死刑，还是适用其他刑罚，也属于法院综合考虑政治效果、法律效果和社会效果的价值判断问题。虽然刑法第232条没有规定量刑情节，但是在被告人犯故意杀人罪时，对其是适用死刑，还是适用无期徒刑或者10年以上有期徒刑，也属于价值判断问题。在刑法第234条第2款中，虽然“致人死亡或者以特别残忍手段致人重伤造成严重残疾”属于事实范畴，但是在符合该事实的案件中，是判处被告人10年以上有期徒刑，还是无期徒刑或者死刑，仍然属于价值选择问题。

众所周知，证明标准只能解决纯粹的事实认定问题，不能解决价值判断问题。由此可见，提高死刑案件量刑的证明标准是无法解决控制死刑适用的目的的。限制死刑适用的裁量权才是控制死刑适用的本质所在。正因为如此，在司法实践中，我们有时能够见到被告人由于罪不至死被判处死刑而引发争议的案件，但是从来没有见过因为判处死刑的证据只达到了“证据确实、充分”程度而引起质疑的案件。

我们认为，可以采取以下措施限制死刑适用的裁量权：

第一，增加死刑案件合议庭的审判人员数量。根据刑事诉讼法第178条的规定，基层人民法院、中级人民法院审判第一审案件，应当由审判员3人或者由审判员和人民陪审员共3人组成合议庭进行；高级人民法院、最高人民法院审判第一审案件，应当由审判员3人至7人或者由审判员和人民陪审员共3人至7人组成合议庭进行；人民法院审判上诉和抗诉案件，由审判员3人至5人组成合议庭进行。我国死刑案件的一审法院通常为中级人民法院，二审法院通常为高级人民法院。因此，一般情况下，在法院审理死刑案件时，第一审的审判人员为3人，第二审的审判人员最多为5人。另外，刑事诉讼法第238条规定：“最高人民法院复核死刑案件，高级人民法院复核死刑缓期执行的案件，应当由审判员三人组成合议庭进行。”俗话说，“一人不及二人智”，“一人计短，二人计长”。增加审理死刑案件的合议庭人数，会对限制死刑适用的裁量权起到一定的作用。我们认为，可以考虑将中级人民法院审理死刑案件和最高人民法院复核死刑案件时的合议庭人数从 3 人增加到 7 人；另外，高级人民法院、最高人民法院审判死刑案件时，合议庭人数应当适用最高标准，即 7 人。

第二，判处死刑时适用全体一致规则。关于合议庭和审判委员会的评议规则，我国适用的都是"少数服从多数规则"。刑事诉讼法第 179 条规定："合议庭进行评议的时候，如果意见分歧，应当按多数人的意见作出决定，但是少数人的意见应当写入笔录。评议笔录由合议庭的组成人员签名。"《最高人民法院审判委员会工作规则》第 9 条规定："审判委员会实行民主集中制。对议题应当展开充分讨论。审判委员会的决定，必须获得半数以上的委员同意方能通过。少数人的意见可以保留并记录在卷。"合议庭和审判委员会"少数服从多数"的评议规则既适用于普通刑事案件，也适用于死刑案件。"少数服从多数"规则与全体一致规则相比，后者更有利于限制死刑适用的裁量权。我们认为，在合议庭和审判委员会评议死刑案件时，必须合议庭成员和审判委员会委员一致同意才能适用死刑。美国死刑案件中的陪审团评议制度为我们提供了一个很好的示例。在美国，在普通刑事案件中，如果被告人选择陪审团审判，那么则由陪审团决定被告人是否有罪，由法官量刑。但是在死刑案件中，不仅要求陪审团一致判决被告人有罪，而且还要求由陪审团一致决定是否适用死刑。如果陪审团对于是否应当对被告人适用死刑无法达成一致，则不能够对其适用死刑。

第三，从正反两方面明确死刑适用的具体条件。首先，从正面将可能判处死刑的法定情节具体化。我国刑法规定的"情节严重"、"情节特别严重"、"给国家和人民利益造成特别重大损失"和"致使战斗、战役遭受重大损失"等死刑量刑情节较为模糊，缺乏具体、明确的判断标准。为了为死刑的适用提供客观的指引，限制死刑适用的裁量权，应当通过量刑指南的方式将这些模糊的量刑情节适度明确化、客观化。其次，制定死刑适用的消极规则，即从反面规定不得判处死刑的具体情形。上海市高级人民法院 2005

年制定的《上海法院量刑指南——毒品犯罪之一》第3条便属于这方面的规定。该条规定：“符合第二条情形，但有下列情形之一的，一般不判处死刑（立即执行）：（一）受人指使、雇佣且非毒品所有人；（二）因特情介入，犯罪行为在公安机关的控制下，没有造成毒品流向社会等严重危害后果的；（三）单犯运输毒品罪或兼犯走私、贩卖、制造毒品罪、但系根据运输毒品的数量量刑的；具有上述第（一）、（二）、（三）项规定的情形，一般不判处死刑（立即执行），但涉及的毒品数量超过第二条规定三倍的除外；（四）被告人被查证属实的毒品数量未达到第二条规定的标准，但加上坦白交代的毒品数量后，才达到或超过第二条规定的标准的；（五）因特情引诱毒品数量才达到或超过本指南规定量刑段（格）最低数量标准的；或者有证据证明有前述引诱犯罪的可能，尚不能排除的；（六）认定被告人毒品犯罪的数量主要根据被告人的口供与同案犯（包括上、下家）的供述互相印证，尚无其他证据佐证的；（七）认定主要犯罪事实的证据有瑕疵，量刑上需要留有余地的；（八）有证据证明涉案的海洛因含量低于25%的，但折合成含量为25%后，其数量仍达到或超过第二条规定的除外；（九）涉及的毒品系法律或司法解释没有规定量刑数量标准的；（十）共同犯罪不能区分主、从犯，但根据案件具体情况，可以不全部判处死刑（立即执行）的；（十一）其他不宜判处死刑（立即执行）的。”①上述规定较为具体地明确了不宜判处死刑的情形，对于限制死刑适用的裁量权具有重要的价值，值得相关司法解释借鉴。

---

① 该指南第2条规定：“走私、贩卖、运输、制造海洛因或甲基苯丙胺四百克以上或者其他数量相当毒品，又无法定从轻、减轻情节或者酌定情节不足以从轻、减轻处罚的，可以判处死刑（立即执行），并处没收个人全部财产。走私、贩卖、运输、制造海洛因或甲基苯丙胺三百克以上或者其他数量相当毒品，且有法定从重情节的，可以判处死刑（立即执行），并处没收个人全部财产。毒品数量是判处死刑的重要标准，但不是唯一标准。是否判处死刑，还要根据案件的具体情节，综合考虑犯罪的社会危害性。”

第四，进一步改变审判人员对死刑的态度。[①] 审判人员对死刑的态度主要通过以下两种途径对裁判产生影响：一是对证明标准把握的影响。案件事实是否清楚，证据是否确实、充分，合理怀疑是否被排除，都在一定程度上取决于审判人员的主观态度。面对同样的证据，对死刑持积极态度的审判人员更容易得出已排除合理怀疑的结论，对死刑持消极态度的审判人员更容易得出尚存在合理怀疑的结论。二是对犯罪行为社会危害性和被告人人身危险性评估的影响。我国刑法分则相关条文中规定的“情节严重”、“情节特别严重”、“给国家和人民利益造成特别重大损失”和“致使战斗、战役遭受重大损失”等适用死刑的量刑情节涉及犯罪行为的社会危害性。另外，现代刑法中的刑罚个别化原则还要求在量刑时评估被告人的人身危险性。对死刑持积极态度的审判人员容易得出犯罪行为的社会危害性和被告人的人身危险性更大的结论，对死刑持消极态度的审判人员容易得出犯罪行为的社会危害性和被告人的人身危险性更小的结论。在美国的死刑案件中，检察官和辩护律师在挑选陪审团成员时都非常关注其对死刑的态度，强烈赞成死刑或强烈反对死刑者往往会被控辩一方要求回避，因为“陪审员对死刑的态度与其在刑事审判中判决被告有罪还是无罪的倾向之间，存在稳定牢固的联系。”[②] 我们认为，审判人员对死刑的态度除了受文化传统和个人价值观念的影响之外，更重要的是受刑事政策的影响。如“严打”的刑事政策对审判人员的死刑观产生了较大的影响，使得

① 参见秦宗文：《死刑案件证明标准的困局与破解》，载《中国刑事法杂志》2009年第2期。

② ［美］菲尔·艾尔斯沃思：《态度与判决之间的步骤》，载［美］里德·黑斯蒂主编：《陪审员的内心世界》，刘威、李恒译，北京大学出版社2006年版，第72页。

审判人员不仅放宽了对证明标准的把握,[①] 也放宽了对犯罪行为的社会危害性和被告人的人身危险性的评估。近些年来，宽严相济刑事政策的提出对改变审判人员的死刑观起到了积极的作用。但是，为了限制死刑适用的裁量权，审判人员对死刑的态度尚有进一步改变的必要。

（二）防范死刑案件错误的定罪

量刑没有达到证明标准不是我国死刑问题的关键。目前媒体曝光的重大刑事冤错案件都是定罪错误。在这些被宣告无罪的案件

① 在严打中就出现过将“两个基本”作为证明标准。2001 年 4 月 4 日，江泽民同志在全国社会治安会议上指出，政法各部门要统一思想，加强配合，形成依法从重从快打击犯罪的合力。只要基本事实清楚，基本证据确凿，就要快捕快诉快判，不要在细枝末节问题上纠缠，延误时机。最高人民检察院 2001 年 4 月 7 日发布的《关于检察机关积极参加“严打”整治斗争和整顿规范市场经济秩序工作的意见》重申了“基本事实清楚，基本证据确凿”。最高人民法院 2001 年 4 月 13 日在《关于贯彻全国社会治安工作会议的通知》中也提出了“基本事实清楚，基本证据扎实”。“基本事实清楚，基本证据确凿”和“基本事实清楚，基本证据扎实”只是表述上略有不同，不存在实质差异。“基本事实清楚，基本证据确凿”或“基本事实清楚，基本证据扎实”被简称为“两个基本”。在严打期间，不仅普通刑事案件适用了“两个基本”的证明标准，而且死刑案件也适用了该证明标准。尽管对于“两个基本”的含义存在不同理解，但是其都比“事实清楚，证据确实、充分”的要求更低。对于“两个基本”存在如下两种理解：其一，“基本”针对“事实”和“证据”的证明对象范围而言；其二，“基本”针对“清楚”和“确凿”的证明程度而言。由此在司法实践中产生了四种具体观点：第一种认为“两个基本”是指“根本的事实清楚，根本的证据确凿”；第二种认为“两个基本”指“主要的事实清楚，主要的证据确凿”；第三种认为“两个基本”是“大体上事实清楚，大体上证据确凿”；第四种认为“两个基本”是“事实基本清楚，证据基本确凿”。第一、二种观点对证明对象范围的要求低于“事实清楚，证据确实、充分”，第三、四种观点对证明程度的要求低于“事实清楚，证据确实、充分”。参见任志中、汪敏：《构建严格的死刑案件证明标准：基于人权的司法保障之实现》，载《法律适用》2007 年第 5 期。

中，部分是因为真凶出现或被害人“复活”；部分是因为被告人不断申诉，经法院重新审理认为证据不足。可见，如何防范死刑案件中错误的定罪才是当前迫切需要解决的问题。

我们认为，为了防范死刑案件中错误的定罪，应当在死刑案件审理中贯彻直接言词原则，在认定案件事实时严格适用印证证明模式。①

1. 贯彻直接言词原则

直接言词原则是保障准确认定案件事实的审理原则。直接言词原则由直接原则和言词原则构成。直接原则包括直接审理原则和直接采证原则。直接审理原则，又称“在场原则”，要求各诉讼主体都必须在开庭时亲自到场，在精神和体力上均有能力参与诉讼的情况下参与诉讼。直接采证原则要求审判人员必须亲自直接从事法庭调查，直接接触证据、审查证据和采纳证据；未直接采证的审判人员无权裁判案件；证据只有经过审判人员以直接采证方式获得才能作为定案的根据。根据直接采证原则，物证必须经过当庭辨认和质证，人证必须经过当庭询问或讯问。言词原则也被称作口头原则或者言词辩论原则，是指法庭审判活动应当以言词陈述的方式进行。② 即“一切刑事诉讼程序，包括对于犯罪嫌疑人或被告之讯问、证据之采取、检察官或自诉人之攻击，被告及其辩护人之防御、法院审理与判决之宣示等，均必须以口头陈述之方式为之。只有诉讼主体在法庭以言词陈述之方式提出者，方能作为裁判之依据；一切未在法院审理中以言词陈述之方式提出者，视同未曾发生

---

① 当前，我国刑事诉讼法规定的审理期限既适用于普通刑事案件，也适用于死刑案件。我们认为，与贯彻直接言词原则和严格适用印证证明模式相适应，应当为死刑案件规定更长的审理期限。

② 宋英辉、李哲：《直接、言词原则与传闻证据规则之比较》，载《比较法研究》2003 年第 5 期。

或不存在，故不可作为裁判之基础。”[1] 只有在例外的情况下，才可以不适用直接言词原则，在审判中宣读庭前笔录。[2]

贯彻直接言词原则，需要完善证人、鉴定人出庭作证制度。刑事诉讼法第 187 条规定了证人、鉴定人出庭作证的条件。其中，证人出庭作证的条件有三项：第一，公诉人、当事人或者辩护人、诉讼代理人对证人证言有异议；第二，该证人证言对案件定罪量刑有重大影响；第三，人民法院认为证人有必要出庭作证。鉴定人出庭作证的条件有两项：第一，公诉人、当事人或者辩护人、诉讼代理人对鉴定意见有异议；第二，人民法院认为鉴定人有必要出庭。由此可见，刑事诉讼法将人民法院认为有必要出庭作证作为证人、鉴定人出庭作证的条件之一。实践中，审判人员基于诉讼效率的考虑和受传统司法观念的影响，一般较少认为证人、鉴定人有必要出庭，这导致了刑事诉讼中证人、鉴定人出庭作证的现状是“以不出庭为原则，以出庭为例外”。另外，刑事诉讼法第 190 条为证言笔录、鉴定意见书作为庭审证据提供了依据。该条规定：“公诉人、辩护人应当向法庭出示物证，让当事人辨认，对未到庭的证人的证言笔录、鉴定人的鉴定意见、勘验笔录和其他作为证据的文书，应当当庭宣读。审判人员应当听取公诉人、当事人和辩护人、诉讼代理人的意见。”由于证人、鉴定人不出庭，导致对于证人证言和鉴定意见只能通过宣读案卷材料的方式进行法庭调查。在这种

---

① 林山田：《论刑事程序原则》，载《国立台湾大学法学论丛》1999 年第 2 期。

② 如德国刑事诉讼法第 251 条规定，只有在证人、鉴定人或共犯因死亡或其他原因在可预见的期间内无法到庭接受询问时，经控辩双方同意，才允许宣读他们所做的与财产损失有关的庭前笔录；只有在证人、鉴定人或共犯因疾病、体弱或其他不可克服的困难在相当长或不确定的期间内无法出庭时，经控辩双方同意，才可以宣读庭前法官对他们进行询问时所做的笔录；在证人或鉴定人距离遥远时，考虑到证言的重要性不大，经控辩双方同意，也可以宣读庭前法官对他们进行询问时所做的笔录。

情况下，被告人及其辩护人无法对上述证据进行有效的质证，审判人员对案件事实的认定实质上是通过对案卷材料的审查来完成的，庭审笔录中大量记载的是“参见侦查案卷第某卷第某页至某页”,[①]在判决书中，作为判决基础的证据内容也往往是直接援引自案卷材料。这种状况违背了直接言词原则，不利于案件事实的准确认定。

直接言词原则要求证人、鉴定人应当“以出庭为原则，以不出庭为例外”。中国共产党第十八届四中全会审议通过的中共中央《关于全面推进依法治国若干重大问题的决定》在提出“推进以审判为中心的诉讼制度改革”时，明确提出了完善证人、鉴定人出庭制度。最高人民法院《关于全面深化人民法院改革的意见——人民法院第四个五年改革纲要（2014—2018）》也明确要求，“落实直接言词原则，严格落实证人、鉴定人出庭制度”。刑事诉讼法第187条第1款虽然规定符合三项条件的证人和符合两项条件的鉴定人应当出庭作证，但是并没有否定在其他情况下证人、鉴定人的出庭作证义务。另外，刑事诉讼法第187条只规定了无正当理由拒不出庭的鉴定人的鉴定意见不能作为定案的依据，没有规定无正当理由拒不出庭的证人的书面证言是否可以作为定案的依据。刑事诉讼法的这种规定方式为通过司法解释的形式完善死刑案件中的证人、鉴定人出庭作证制度提供了空间。我们认为，为了保障案件事实的准确认定，防范冤错案件，在死刑案件中应当全面贯彻直接言词原则。即在被告人可能被判处死刑的案件中，对案件定罪量刑有重大影响的证人应当出庭作证，无论控辩双方是否对该证人的证言有异议、人民法院是否认为该证人有必要出庭作证；鉴定人都应当出庭作证，无论控辩双方是否对该鉴定人的鉴定意见有异议、人民法院是否认为该鉴定人有必要出庭。在上述证人因客观原因而不能

① 龙宗智：《论建立以一审庭审为中心的事实认定机制》，载《中国法学》2010年第2期。

到庭时，应当尽量保障其通过视频等方式作证。[①] 另外，在死刑案件中，如果证人没有正当理由拒绝出庭或者出庭后拒绝作证，其书面证言不能作为定案的根据。

2. 严格适用印证证明模式

我国刑事诉讼证明采用“印证证明模式”。在这种以印证为最基本要求的证明模式中，证明的关键在于获得相互支持的其他证据；单一的证据是不足以证明案件事实的。如证言必须有基本内容相同的口供支持，或者其他证言支持，或者物证、书证以及其他证据支持。[②]

在死刑案件中，为了保障案件事实的准确认定，应当严格适用印证证明模式。严格适用印证证明模式，需要办案机关细致地做好取证工作。江西省高级人民法院、江西省人民检察院、江西省公安厅于2007年颁布的《关于规范故意杀人死刑案件证据工作的意见（试行）》对取证工作的明确规定为严格适用印证证明模式提供了前提，值得今后在制定相关规范性文件时借鉴。该意见第17条规定：“对于锐器刺、砍和钝器打击致死案件，应当注意查明创伤由哪一类凶器形成、创伤的程度、凶器的来源和去向、缴获的凶器是否与创口、伤情相吻合等。凶器上如有指纹、血迹和毛发等的，应当及时进行鉴定。”第18条规定：“对于枪杀案件，应当查明现场是否遗留枪支、弹壳、弹头并及时提取；对提取的枪支、弹壳、弹头应当作出同一性鉴定；应当对弹痕、弹迹、弹道等进行科学技术鉴定；将提取的枪支、弹壳、弹头与被害人的创伤及创伤周边残留

---

① 《法院解释》第206条对此作出了规定。该条规定：“证人具有下列情形之一，无法出庭作证的，人民法院可以准许其不出庭：（一）在庭审期间身患严重疾病或者行动极为不便的；（二）居所远离开庭地点且交通极为不便的；（三）身处国外短期无法回国的；（四）有其他客观原因，确实无法出庭的。具有前款规定情形的，可以通过视频等方式作证。”

② 龙宗智：《印证与自由心证》，载《法学研究》2004年第2期。

物进行比对。同时还应当查明枪支弹药的来源、型号、性能，犯罪嫌疑人有无使用枪支的经历以及是否曾经使用过提取的枪支。”第19条规定：“对于爆炸杀人案件，应当提取现场残存的爆炸物或装配爆炸物的痕迹；并需查明爆炸物的来源和犯罪嫌疑人对爆炸物品的接触、熟悉程度，引爆点位置、引爆装置、爆炸物的成分，同时需确认犯罪嫌疑人是用爆炸手段杀人还是杀人后通过爆炸手段毁尸灭迹。”第20条规定：“对于投毒杀人案件，应当查明毒物的性质和来源，犯罪嫌疑人对毒物的认知程度以及有无购买、保管、持有、使用毒物的条件；应当提取盛放毒物的器皿、包装物、食物残渣残液、呕吐物、排泄物以及上述容器、包装物表面指纹、特殊痕迹等，并及时进行鉴定。”

第五章　社会调查报告

当前，我国刑事诉讼中的社会调查包括两类：第一类是未成年人刑事案件中的社会调查。第二类是拟适用社区矫正案件中的社会调查。刑事诉讼中的社会调查是指在量刑前对被告人的个人情况、家庭情况、一贯表现等进行专门调查的诉讼活动。对于社会调查所形成的书面文件，在我国未成年人刑事案件中通常被称为社会调查报告。社会调查报告也是《联合国少年司法最低限度标准规则》中使用的术语。[①] 但是，在拟适用社区矫正案件中尚没有形成

① 在1985年11月29日联合国第96次全体会议通过的《联合国少年司法最低限度标准规则》（又称《北京规则》）中使用了“社会调查报告”（Social Inquiry Report）这一称谓。该规则第16条使用的标题便是“社会调查报告”。该条规定：“所有案件除涉及轻微违法行为的案件外，在主管当局作出判决前的最后处理之前，应对少年生活的背景和环境或犯罪的条件进行适当的调查，以便主管当局对案件作出明智的判决。”在该条后，该规则对社会调查报告做了“说明”：“在大多数少年法律诉讼案中，必须借助社会调查报告（社会报告或判决前调查报告）。应使主管当局了解少年的社会和家庭背景、学历、教育经历等有关事实。为此，有些司法制度利用法院或委员会附设的专门社会机构和人员来达到这一目的。其他人员包括执行缓刑的人员，也可起到这一作用。因此，本规则要求提供足够的社会服务，以便提出合乎要求的社会调查报告。”

统一称谓。[1] 我国的社会调查和社会调查所形成的书面文件在英美法系国家一般被称为量刑前调查（Presentence Investigation）和量刑前调查报告（Presentence Investigation Report，简称PSI）或量刑前报告，在大陆法系国家一般被称为人格调查和人格调查报告。[2] 考虑到在我国人们已经熟悉了社会调查报告这样的表述方式，因此在本章中，我们在研究我国的相关制度时使用社会调查报告这一表述方式，并将其作为本章的标题。

在英美法系国家，量刑前调查报告的功能是多元化的，从量刑延伸到刑罚的执行期间。具体来说，量刑前调查报告的功能主要体现在如下四个方面：第一，帮助法官确定量刑；第二，在缓刑和假释期间，帮助缓刑监督官履行监督职责；第三，帮助监狱对罪犯进行分类和决定监禁期间的改造方案；第四，作为能否对罪犯适用假

---

① 《云南省社区矫正调查评估办法》、吉林省《关于对拟适用社区矫正的被告人、罪犯社区影响调查评估的暂行办法》和《四川省社区矫正社会调查评估办法》称其为“调查评估意见书”；《浙江省社区矫正审前社会调查实施办法（试行）》、《湖北省适用非监禁刑审前社会调查实施办法（试行）》和《宁夏回族自治区社区矫正适用前社会调查评估暂行办法（试行）》称其为“审前社会调查表”；《安徽省适用非监禁刑审前调查实施办法（试行）》称其为“审前调查评估意见书”；《山东省适用非监禁刑判前社会调查暂行办法》称其为“判前社会调查表”；《湖南省实行社区矫正社会调查评估暂行办法》和《甘肃省对拟适用社区矫正的被告人和罪犯进行调查评估实施办法》称其为“社会调查评估报告”；福建省《关于适用非监禁刑审前社会调查的实施办法（试行）》称其为“审前社会调查评估报告”。

② 但是在美国的未成年人刑事案件中，最常见的名称是安置前报告（pre-disposition report）。除此之外，在不同的州还有社会研究报告、社会背景报告、社会查询报告、社会历史报告及缓刑报告等不同称谓。本章在比较研究部分，必要时为了简洁起见，将忽略这些名称上的差异，统一使用量刑前调查报告这一术语。

释的根据。[1] 在我国，未成年人刑事案件中社会调查报告的功能更加广泛，具体包括：作为公安机关是否提请批捕、移送起诉的依据之一；作为人民检察院审查逮捕和审查起诉的参考；作为人民法院量刑的参考；作为刑罚执行机关对未成年人进行教育矫治的参考；作为对未成年人进行感化帮教的参考。尽管社会调查报告具有较为广泛的功能，但是其最为根本的功能是作为量刑的依据。因此，本章主要立基于社会调查报告的量刑功能探讨社会调查报告。本章包括五个部分：未成年人刑事案件中的社会调查报告制度、拟适用社区矫正案件中的社会调查报告制度、国外的量刑前调查报告制度、我国社会调查报告制度相关问题分析以及我国社会调查报告制度的完善。

一、未成年人刑事案件中的社会调查报告制度

刑事诉讼法、最高人民法院《关于审理未成年人刑事案件的若干规定》、最高人民法院《关于进一步加强少年法庭工作的意见》、最高人民检察院《关于进一步加强未成年人刑事检察工作的决定》以及《人民检察院办理未成年人刑事案件的规定》等对未成年人刑事案件中的社会调查作了初步规定。上述规定虽然都涉及了未成年人刑事案件中的社会调查制度，但是相关规定都停留在原则性的层面。到目前为止，在全国性规范性文件中对未成年人刑事案件中的社会调查制度规定最为详细的是中央综治委预防青少年违法犯罪工作领导小组、最高人民法院、最高人民检察院、公安部、司法部、共青团中央于2010年颁布的《关于进一步建立和完善办

---

① 因为量刑前调查报告在刑罚执行阶段发挥着重要作用，甚至有学者将其称为美国监狱局（the United States Bureau of Prisons，简称BOP）的圣经。参见Nancy Glass，"The Social Workers of Sentencing? Probation Officers，Discretion，and the Accuracy of Presentence Reports Under the Federal Sentencing Guidelines"，Vol. 46 No. 1，*Criminal Law Bullet*，Art 2.

理未成年人刑事案件配套工作体系的若干意见》（以下简称《配套工作体系的若干意见》），但是该意见旨在要求各级公安机关、人民检察院、人民法院、司法行政机关应当注意工作各环节的衔接和配合，进一步建立、健全配套工作制度，并不具有强制性。由于缺乏全国性的具有可操作性的强制性规定，部分省（自治区、直辖市)、市和县的相关部门联合出台了一些规定，[①] 对本地区未成年人刑事案件中的社会调查工作出了具体规定。重庆市、河南省、云南省昆明市、黑龙江省佳木斯市、新疆维吾尔自治区阿合奇县和江西省南丰县通过互联网公开了未成年人刑事案件社会调查工作的相关文件或相关具体信息，因此笔者以这些地区的相关规定为样本，结合上述全国性规范性文件的相关规定，从社会调查报告的适用范围和适用方式、社会调查的主体、社会调查报告的内容、社会调查的程序和期间以及法院对社会调查报告的审查等方面对未成年人刑事案件中的社会调查报告展开分析。

（一）社会调查报告的适用范围和适用方式

社会调查报告的适用范围是指社会调查适用于什么样的未成年人刑事案件；社会调查报告的适用方式是指社会调查报告的适用是否具有强制性，即是“可以”进行社会调查还是“应当”进行社会调查。

对于社会调查报告的适用范围和适用方式，刑事诉讼法第 268 条规定：“公安机关、人民检察院、人民法院办理未成年人刑事案件，根据情况可以对未成年犯罪嫌疑人、被告人的成长经历、犯罪原因、监护教育等情况进行调查。”最高人民法院《关于审理未成年人刑事案件的若干规定》、最高人民法院《关于进一步加强少年法庭工作的意见》和最高人民检察院《关于进一步加强未成年人刑事检察工作的决定》以及《人民检察院办理未成年人刑事案件

① 这些部门包括政法委、法院、检察院、公安机关、司法行政机关、团委和妇女儿童联合会等。

的规定》等对社会调查报告的适用范围和适用方式的规定与刑事诉讼法的规定相同，即社会调查报告适用于所有未成年人刑事案件，但是社会调查报告的适用不具有强制性，即在未成人刑事案件中“可以”进行社会调查，而非“应当”进行社会调查。

从重庆市、河南省、云南省昆明市、黑龙江省佳木斯市、新疆维吾尔自治区阿合奇县和江西省南丰县等地的规定来看，社会调查报告的适用范围表现为如下三种类型：第一，统一适用于所有未成年人刑事案件。根据《重庆市未成年人刑事案件社会调查暂行办法》、河南省《未成年人刑事案件社会调查实施办法》、《昆明市分案办理未成年人犯罪案件实施办法》和江西省南丰县《关于开展未成年人刑事案件社会调查工作的意见》的规定，[①] 社会调查报告统一适用于所有未成年人刑事案件，即犯罪嫌疑人、被告人实施涉案行为时已满 14 周岁未满 18 周岁的案件。第二，对办理案件时未成年人的年龄做一定限制。《佳木斯市未成年人刑事案件社会调查实施办法》规定，[②] 社会调查报告仅适用于实施被侦查、指控、审判的犯罪时不满 18 周岁，在侦查、逮捕、审查起诉、审判时仍不

---

① 《重庆市未成年人刑事案件社会调查暂行办法》由重庆市社会治安综合治理委员会办公室、重庆市高级人民法院、重庆市人民检察院、重庆市公安局、重庆市司法局和共青团重庆市委员会于 2011 年联合颁布。河南省《未成年人刑事案件社会调查实施办法》由河南省高级人民法院、河南省人民检察院、河南省公安厅和河南省司法厅于 2013 年联合颁布。《昆明市分案办理未成年人犯罪案件实施办法》由昆明市中级人民法院、昆明市人民检察院、昆明市公安局和昆明市司法局于 2014 年共同会签。江西省南丰县《关于开展未成年人刑事案件社会调查工作的意见》由江西省南丰县人民法院、江西省南丰县人民检察院和江西省南丰县公安局共同制定。

② 《佳木斯市未成年人刑事案件社会调查实施办法》由佳木斯市市委政法委、佳木斯市中级人民法院、佳木斯市人民检察院、佳木斯市公安局、佳木斯市司法局、共青团佳木斯市委、佳木斯市妇女儿童联合会和佳木斯市总工会于 2014 年颁布。

满20周岁的犯罪嫌疑人、被告人。第三，只适用于未成年人可能被判处非监禁刑以及对未成年人进行非刑事化处理的案件。新疆维吾尔自治区阿合奇县《关于对未成年人涉嫌犯罪案件诉前调查评估的实施办法（试行）》规定①，社会调查报告只适用于可能不起诉或判处管制、拘役等非监禁刑的未成年犯罪嫌疑人、被告人。

各地在未成年人刑事案件中适用社会调查报告的方式也不太相同。从重庆市、云南省昆明市和黑龙江省佳木斯市等地的规定来看，在社会调查报告的适用范围内可以进行社会调查。江西省南丰县《关于开展未成年人刑事案件社会调查工作的意见》和新疆阿合奇县《关于对未成年人涉嫌犯罪案件诉前调查评估的实施办法（试行）》规定，在社会调查报告的适用范围内应当进行社会调查。河南省《未成年人刑事案件社会调查实施办法》对于不同年龄段的未成年人规定了不同的适用方式：对于刑事诉讼时未满18周岁的故意犯罪的未成年犯罪嫌疑人、被告人，办案机关应当开展社会调查；对于实施涉嫌犯罪行为时未满18周岁，刑事诉讼时已满18周岁的犯罪嫌疑人、被告人，办案机关可以根据案件情况决定是否开展社会调查；对于拟做附条件不起诉和相对不起诉决定的未成年犯罪嫌疑人，人民检察院应当对未成年犯罪嫌疑人进行社会调查。

（二）社会调查的主体

刑事诉讼法第268条规定："公安机关、人民检察院、人民法院办理未成年人刑事案件，根据情况可以对未成年犯罪嫌疑人、被告人的成长经历、犯罪原因、监护教育等情况进行调查。"从该条的规定来看，公安机关、人民检察院、人民法院都是社会调查的主体。最高人民法院《关于审理未成年人刑事案件的若干规定》将

---

① 新疆维吾尔自治区阿合奇县《关于对未成年人涉嫌犯罪案件诉前调查评估的实施办法（试行）》由阿合奇县人民法院、阿合奇县人民检察院和阿合奇县公安局于2013年联合制定。

社会调查的主体扩展到辩方和社会团体组织，规定控辩双方可以自行调查，必要时，人民法院也可以委托有关社会团体组织就上述情况进行调查或者自行进行调查。《配套工作体系的若干意见》将办案机关委托调查的部门具体化为司法行政机关，规定社会调查由未成年犯罪嫌疑人、被告人户籍所在地或居住地的司法行政机关社区矫正工作部门负责；司法行政机关社区矫正工作部门可联合相关部门开展社会调查，或委托共青团组织以及其他社会组织协助调查。

从重庆市、河南省、云南省昆明市、黑龙江省佳木斯市、新疆维吾尔自治区阿合奇县和江西省南丰县等地的规定来看，关于社会调查主体的规定表现为如下类型：第一，由司法行政机关作为社会调查的主体。例如，《重庆市未成年人刑事案件社会调查暂行办法》规定，社会调查由未成年犯罪嫌疑人、被告人住所地所在区、县（自治县）司法行政机关负责组织人员实施。司法行政机关可联合社会治安综合治理委员会办公室等相关部门或共青团等社会组织开展社会调查。第二，办案机关、辩护人和第三方都可以作为社会调查的主体。河南省《未成年人刑事案件社会调查实施办法》规定，公安机关、人民检察院、人民法院办理未成年人刑事案件，根据情况可以自行或者委托未成年犯罪嫌疑人、被告人户籍所在地或者居住地的县级司法行政机关、共青团以及其他社会团体进行社会调查；辩护律师在人民检察院审查起诉或人民法院审理案件期间，认为社会调查材料不完整，或有必要进行社会调查的，可以自行开展社会调查。第三，办案机关和第三方作为社会调查的主体。《佳木斯市未成年人刑事案件社会调查实施办法》规定，由公安机关自行，人民检察院、人民法院自行或者委托未成年被告人居住地的县级司法行政机关、共青团、妇联、工会等，对未成年犯罪嫌疑人、被告人的相关情况进行调查。南丰县《关于开展未成年人刑事案件社会调查工作的意见》规定，县公安局应就未成年犯罪嫌疑人的情况开展社会调查；县检察院根据情况，可以自行或者委托有关组织和机构进行社会调查。第四，公安机关和第三方作为社会调查的主体。《昆明市未成年人犯罪案件社会调查工作实施办法》规定，有公安机关作为调查主体及专业第三方作为调查主体两种类型。第五，公安机关作为社会调查的主体。新疆阿合奇县《关于对未成年人涉嫌犯罪案件诉前调查评估的实施办法（实行）》规定，阿合奇县人民检察院在收到未成年人涉嫌犯罪案件后，对可能不起诉或判处管制、拘役等非监禁刑的未成年犯罪嫌疑人，向阿合奇县公安局发出《诉前调查评估函》，由阿合奇县公安局进行社会调查。

（三）社会调查报告的内容

刑事诉讼法第268条规定社会调查的内容为未成年犯罪嫌疑人、被告人的成长经历、犯罪原因、监护教育等情况。最高人民法院《关于审理未成年人刑事案件的若干规定》第21条规定的社会调查的内容比刑事诉讼法的规定更为丰富，包括未成年被告人性格特点、家庭情况、社会交往、成长经历以及实施被指控的犯罪前后的表现等情况。最高人民检察院《关于进一步加强未成年人刑事检察工作的决定》和《配套工作体系的若干意见》关于社会调查内容的规定最为详细，包括未成年犯罪嫌疑人性格特点、家庭情况、社会交往、成长经历、犯罪原因、涉嫌犯罪前后的表现以及是否具备有效监护条件或者社会帮教措施等。

除了表述方式上的区别外，《重庆市未成年人刑事案件社会调查暂行办法》、河南省《未成年人刑事案件社会调查实施办法》、《昆明市分案办理未成年人犯罪案件实施办法》、《佳木斯市未成年人刑事案件社会调查实施办法》和江西省南丰县《关于开展未成年人刑事案件社会调查工作的意见》对社会调查内容的规定，在实质上与最高人民检察院《关于进一步加强未成年人刑事检察工作的决定》和《配套工作体系的若干意见》关于社会调查报告内容的规定相近。其中《重庆市未成年人刑事案件社会调查暂行办法》关于社会调查内容的规定最为具体，包括：（1）个人基本情况。包括年龄、受教育程度、健康状况、性格特点、兴趣爱好、社会交往、成长经历、案发前身份和社会经济地位等。(2) 家庭背景。包括家庭成员构成、有无犯罪情况，法定代理人的年龄、职业、性格、经济状况、人际关系、健康状况及教育方式等。(3) 受教育情况及环境。包括学习成绩，对学习、对老师的态度，与同学的关系，是否有辍学、逃学等情况以及学校管理秩序和周边环境状况等（或工作情况及环境。包括工作表现，对工作、对领导的态度，与同事的关系，是否有误工、无故旷工等情况以及工作单位管理秩序和周边环境状况等)。(4) 犯罪原因。结合具体案情，从个人、家庭和学校等角度调查未成年犯罪嫌疑人、被告人涉罪的原因。(5) 涉罪后表现。包括未成年犯罪嫌疑人、被告人在被采取强制措施期间表现、态度、自我评价等。(6) 帮教矫正条件和措施。包括其家庭、学校、单位、镇村、街道、社区矫正组织是否具备有效帮教条件和矫正措施等情况。

在有些地区，社会调查报告除了包括社会调查的内容外，还包括社会调查主体在调查的基础上提出的处理建议。例如，河南省《未成年人刑事案件社会调查实施办法》要求，公安机关、人民检察院、人民法院或受委托的单位应当结合案情对未成年犯罪嫌疑人、被告人的人身危险性、社会关系修复情况、社会矫正或帮教条件进行分析，提出处理建议。南丰县《关于开展未成年人刑事案件社会调查工作的意见》要求，社会调查报告应当结合案情对未成年人的再犯可能性、社会关系修复情况和社会矫正或帮教可能性进行分析，提出处理建议。

（四）社会调查的程序和期限

刑事诉讼法、最高人民法院《关于审理未成年人刑事案件的若干规定》、最高人民法院《关于进一步加强少年法庭工作的意见》、最高人民检察院《关于进一步加强未成年人刑事检察工作的决定》、《人民检察院办理未成年人刑事案件的规定》以及《配套工作体系的若干意见》等法律和规范性文件没有涉及社会调查的程序和期限。

重庆市、河南省、黑龙江省佳木斯市和江西省南丰县都对社会调查的程序作了一定规定。综合上述各地的规定，社会调查的基本程序如下：社会调查一般应当由两名社会调查员进行。在司法行政机关作为调查主体的地方，还要求其中至少有一名社会调查员为司法行政机关工作人员。社会调查对象包括未成年犯罪嫌疑人、被告人及其法定代理人或近亲属、邻居、社区、村（居）委会、学校、单位、同学、同事、被告人户籍或经常居住地所在派出所等。社会调查员可以采取走访、谈话、观察、电话、书信、查阅有关档案材料等多种方式进行调查，并形成相关书面材料。条件允许的，还可以会见未成年犯罪嫌疑人、被告人。犯罪嫌疑人、被告人在押的，应当经办案机关同意；犯罪嫌疑人、被告人未在押的，应当征得犯罪嫌疑人、被告人的法定代理人或者合适成年人同意。调查可以采取调查笔录、调查问卷和自书材料等形式。形成调查笔录的，应由调查人和被调查人签名；调查问卷、自书材料应当由被调查人亲笔签名并附有其身份材料和联系方式。书面笔录或者其他能够印证社会调查报告内容的书面材料应当附在社会调查报告之后。社会调查报告应当以单位名义出具，同时由符合条件的具体调查人员签字或者盖章。为了保证社会调查人员公正地进行社会调查，《重庆市未成年人刑事案件社会调查暂行办法》和《佳木斯市未成年人刑事案件社会调查实施办法》还规定了社会调查人员的回避制度。其中《重庆市未成年人刑事案件社会调查暂行办法》的规定较为详细。该办法第13条规定，社会调查员有下列情形之一的，应当自行回避，未成年犯罪嫌疑人、被告人及其法定代理人也有权要求回避：（1）是本案的当事人或者当事人的近亲属的；（2）本人或者他的近亲属和本案有利害关系的；（3）担任过本案的证人、鉴定人、辩护人、诉讼代理人、法律援助工作者、合适成年人的；（4）与本案当事人有其他关系，可能影响案件公正处理的。

另外，为了保证案件的及时办结，部分地区还对社会调查的期限作出了规定。例如，《重庆市未成年人刑事案件社会调查暂行办法》第25条规定，社会调查报告及其附属材料经区、县（自治县）司法行政机关审核盖章后，应当自接受委托之日起20日内移交委托机关。河南省《未成年人刑事案件社会调查实施办法》规定，接受委托的单位应当自接受委托之日起7日内完成社会调查工作，特殊情况可延长3日。公安机关、人民检察院、人民法院开展社会调查工作均应在法定的办案期限内完成。《佳木斯市未成年人刑事案件社会调查实施办法》规定，调查员应在10个工作日内完成调查及调查报告的撰写工作。遇有特殊情况不能按时完成调查工作的，应当及时告知委托机关。

（五）法院对社会调查报告的审查

刑事诉讼法、最高人民法院《关于审理未成年人刑事案件的若干规定》、最高人民法院《关于进一步加强少年法庭工作的意见》、最高人民检察院《关于进一步加强未成年人刑事检察工作的决定》、《人民检察院办理未成年人刑事案件的规定》以及《配套工作体系的若干意见》等法律和规范性文件均没有对社会调查报告的审查问题作出规定。2010年最高人民法院、最高人民检察院、公安部、国家安全部和司法部联合制定的《量刑程序意见》第11条规定："人民法院、人民检察院、侦查机关或者辩护人委托有关方面制作涉及未成年人的社会调查报告的，调查报告应当在法庭上宣读，并接受质证。"

《重庆市未成年人刑事案件社会调查暂行办法》、河南省《未成年人刑事案件社会调查实施办法》和《佳木斯市未成年人刑事案件社会调查实施办法》对社会调查报告的审查问题作出了一定规定。其中，《重庆市未成年人刑事案件社会调查暂行办法》对社会调查报告审查问题的规定最为详细，不仅涉及一审程序的开庭前和庭审中对社会调查报告的审查，还涉及了二审程序中对社会调查报告的审查。在一审开庭前，人民法院审理未成年人刑事案件，应当及时审查社会调查报告的内容，认为报告内容不全面的，可以要求出具该调查报告的原司法行政机关补充调查。人民法院应当在开庭3日前将开庭时间、地点通知社会调查员。社会调查员收到出庭通知书后，应当在法庭举证质证阶段出庭，宣读社会调查报告。控辩双方可以就社会调查报告收集程序及内容提问并发表意见，社会调查员应当如实回答，质证完毕后退庭。二审法院审理未成年人刑事案件，应当对一审所具有的社会调查报告认真审查。如一审因客观原因没有社会调查报告或报告内容不全面的，可以自行委托未成年被告人住所地所在区、县（自治县）司法行政机关进行社会调查或者补充调查。与重庆市的规定相比，河南省《未成年人刑事案件社会调查实施办法》和《佳木斯市未成年人刑事案件社会调查实施办法》只涉及了一审对社会调查报告的庭审审查，且较为宽松。《佳木斯市未成年人刑事案件社会调查实施办法》只要求在必要时，由调查员到庭，在法庭调查结束后宣读报告并接受控辩双方的质询。河南省《未成年人刑事案件社会调查实施办法》甚至没有要求调查人员出庭接受控辩双方询问，只规定人民法院应当在庭审时出示社会调查报告，听取控辩双方的意见，作为对被告人量刑的参考。

二、拟适用社区矫正案件中的社会调查报告制度

社会调查报告制度除了适用于未成年人刑事案件外，还适用于拟适用社区矫正的案件。社区矫正是与监禁矫正相对的行刑方式，是指将符合法定条件的罪犯置于社区内，由专门的国家机关在相关社会团体和民间组织以及社会志愿者的协助下，在判决、裁定或决定确定的期限内，矫正其犯罪心理和行为恶习，并促使其顺利回归社会的非监禁刑罚执行活动。[①] 2009年最高人民法院、最高人民检

① 社区矫正是积极利用各种社会资源、整合社会各方面力量，对罪行较轻、主观恶性较小、社会危害性不大的罪犯或者经过监管改造、确有悔改表现、不致再危害社会的罪犯在社区中进行有针对性的管理、教育和改造的工作，是当今世界各国刑罚制度发展的趋势。

察院、公安部、司法部颁布了《关于在全国试行社区矫正工作的意见》，在全国试行社区矫正工作，提出了社区矫正案件中的社会调查报告制度。该意见规定，人民法院要依法充分适用非监禁刑罚和非监禁刑罚执行措施，对依法可能适用非监禁刑罚的被告人，在审理中可以委托司法行政机关进行审前社会调查，并将有关法律文书及时抄送司法行政机关。在试行工作的基础上，2012年最高人民法院、最高人民检察院、公安部、司法部颁布了《社区矫正实施办法》，正式在全国实施社区矫正工作。《社区矫正实施办法》吸收了《关于在全国试行社区矫正工作的意见》中的相关规定，对拟适用社区矫正的案件中的社会调查作了更加具体的规定。《社区矫正实施办法》第4条规定："人民法院、人民检察院、公安机关、监狱对拟适用社区矫正的被告人、罪犯，需要调查其对所居住社区影响的，可以委托县级司法行政机关进行调查评估。受委托的司法行政机关应当根据委托机关的要求，对被告人或者罪犯的居所情况、家庭和社会关系、一贯表现、犯罪行为的后果和影响、居住地村（居）民委员会和被害人意见、拟禁止的事项等进行调查了解，形成评估意见，及时提交委托机关。"社区矫正既适用于成年人刑事案件，也适用于未成年人刑事案件。但是，对于成年人刑事案件，只有在拟适用社区矫正时，才可能进行社会调查；对于未成年人刑事案件，无论是否拟适用社区矫正，都可能进行社会调查。由于《社区矫正实施办法》关于社会调查的规定较为原则，因此为了执行社区矫正案件中的社会调查报告制度，一些省、自治区和直辖市陆续颁布了有关社会调查的专门性文件，更加具体地规范社会调查工作。安徽、浙江、湖北、山东、福建、云南、吉林、四川、宁夏、湖南和甘肃等省、自治区和直辖市通过互联网公开了其颁布的与社区矫正案件中社会调查工作相关的文件，① 因此下文以

① 这些文件由各省、自治区和直辖市的高级人民法院、人民检察院、公安厅（局）和司法厅（局）联合颁布。

这些地区颁布的专门性文件为样本，结合《社区矫正实施办法》的规定，介绍社区矫正案件中的社会调查报告制度。

（一）社区矫正案件的范围和社会调查报告的适用方式

社区矫正适用于下列五种情形：管制、缓刑、暂予监外执行、假释和剥夺政治权利并在社会上服刑。其中，管制和剥夺政治权利并在社会上服刑属于非监禁刑，缓刑、暂予监外执行和假释属于非监禁刑罚执行措施。也就是说，社会调查报告适用于管制、缓刑、暂予监外执行、假释和剥夺政治权利并在社会上服刑五类案件。根据社会调查报告的目的不同，可以将社会调查报告分为两类。第一类是以量刑为目的的社会调查报告，具体包括管制、缓刑、剥夺政治权利并在社会上服刑案件中的社会调查报告。第二类是以刑罚执行变更为目的的社会调查报告，具体包括暂予监外执行和假释案件中的社会调查报告。

但是需要指出的是，并非所有拟适用社区矫正的案件都可以适用社会调查，因为有些地方规定，社会调查仅适用于被告人具有本地户籍并将在本地执行社区矫正的案件。例如，《宁夏回族自治区社区矫正适用前社会调查评估暂行办法（试行）》第 3 条规定，社区矫正适用前社会调查对象（以下简称“调查对象”）应当符合下列条件：（1）拟判处管制、宣告缓刑或拟裁定假释、暂予监外执行的被告人或罪犯；（2）具有本区户籍；（3）将在本区执行社区矫正。《浙江省社区矫正审前社会调查实施办法（试行）》第 3 条的规定与上述规定相同，但是该办法第 27 条规定了一项例外情形：“可能在我省接受社区矫正且符合本省相关规定的外省籍被告人或罪犯的审前社会调查工作参照本办法执行。”

关于拟适用社区矫正案件中社会调查报告的适用方式，《社区矫正实施办法》第 4 条第 1 款规定：“人民法院、人民检察院、公安机关、监狱对拟适用社区矫正的被告人、罪犯，需要调查其对所居住社区影响的，可以委托县级司法行政机关进行调查评估。”在安徽、浙江、湖北、山东、福建、云南、吉林、四川、宁夏、湖南和甘肃等地的规定中，拟适用社区矫正案件中社会调查报告的适用方式有两种类型：应当适用和可以适用。采用“可以适用”模式的有山东和重庆等地。《山东省适用非监禁刑判前社会调查暂行办法》第3条规定：“人民法院对可能适用非监禁刑的被告人，在审判前可以委托被告人户籍地或经常居住地县级司法行政机关进行社会调查。”《重庆市社区矫正实施细则》第13条规定，人民检察院、人民法院和公安机关、监狱等刑罚执行机关可以委托县级司法行政机关进行调查评估。安徽、湖北、福建、吉林等地采用的是“应当适用”模式。《安徽省适用非监禁刑审前调查实施办法（试行）》第3条规定，人民法院对于拟适用社区矫正的被告人和罪犯，应当在审理判决前委托其户籍所在地或经常居住地社区矫正机构实施审前调查。福建省《关于适用非监禁刑审前社会调查的实施办法（试行）》第24条和《湖北省适用非监禁刑审前社会调查实施办法（试行）》第8条的规定与上述安徽省的规定相似。尽管吉林省《关于对拟适用社区矫正的被告人、罪犯进行社区影响调查评估的暂行办法》第7条规定：“人民检察院在提起公诉前，对可能判处拘役、三年以下有期徒刑，建议适用缓刑的犯罪嫌疑人，可以委托县（市、区）司法行政机关开展社区影响调查评估。”但是该办法第8条规定：“对人民检察院未委托进行调查评估的，但人民法院认为可能判处拘役、三年以下有期徒刑的被告人，人民法院在适用缓刑前应当委托县（市、区）司法行政机关开展社区影响调查评估。”

（二）社会调查的主体

《社区矫正实施办法》规定，社会调查的主体是县（市、区）司法行政机关。安徽、浙江、湖北、山东、福建、云南、吉林、四川、宁夏、湖南和甘肃等地进一步规定，应当由被告人户籍所在地或常住地的司法行政机关进行社会调查。例如，福建省《关于适用非监禁刑审前社会调查的实施办法（试行）》第5条规定：“审前社会调查由人民法院委托被告人户籍所在地县（市、区）司法行政机关负责；被告人户籍地与经常居住地不一致的，由经常居住地县（市、区）司法行政机关负责。”《云南省社区矫正调查评估办法》第10条规定：“人民法院、人民检察院、公安机关、监狱拟对被告人或罪犯依法适用社区矫正的，应及时向被告人或罪犯居住地社区矫正机构发出《社区矫正调查评估委托函》。委托机关在发出《社区矫正调查评估委托函》之前，应当核实被告人或罪犯实际居住地；不能确定居住地的，委托机关可以向被告人或罪犯的户籍所在地社区矫正机构发出《社区矫正调查评估委托函》。”第12条第2款接着规定：“社区矫正机构发现被告人或罪犯居住地不在本辖区的，应当在三个工作日内与委托机关联系，并将材料退回。”

（三）社会调查报告的内容

《社区矫正实施办法》第4条第2款规定社会调查的内容包括：被告人的居所情况、家庭和社会关系、一贯表现、犯罪行为的后果和影响、居住地村（居）民委员会和被害人意见、拟禁止的事项等。安徽、浙江、湖北、山东、福建、云南、吉林、四川、宁夏、湖南和甘肃等地对社会调查的内容都有所规定。这些地方规定的社会调查内容存在着一定的区别（参见表1）。

表 1　社会调查的内容之比较①

社会调查的内容	《社区矫正实施办法》	安徽	浙江	湖北	山东	福建	云南	吉林	四川	宁夏	湖南	甘肃
家庭背景	√	√	√	√	√	√	√	√	√	√	√	√
个人情况 社会关系	√						√	√	√		√	√
个人情况 个性特点		√	√	√	√	√	√			√		√
个人情况 居所情况	√							√	√		√	
犯罪原因		√		√								
犯罪行为的后果和影响	√								√		√	
犯罪前表现	√	√	√	√	√		√	√	√	√	√	√
拟适用非监禁刑对象在看守所表现情况				√								√
悔罪表现			√			√	√	√		√		
社会反响	√	√	√	√	√			√	√	√	√	√
被害人意见	√	√		√	√			√	√	√	√	√
矫正条件			√		√	√	√	√		√	√	
所居住的社区、村（居）委会意见								√				
辖区公安派出所意见			√									
其他需要调查的情况（如禁止令）	√				√	√	√	√	√		√	√

①　为了比较的方便，我们忽略了不同规范性文件在表述方式上的差异，提取了其规定的社会调查的实质内容。

下面，针对上表中的部分术语做简要说明。在上表中，家庭背景包括被告人的婚姻状况、主要家庭成员情况、家庭经济情况以及与家庭成员融洽度等。社会关系包括被告人的业余生活、社会交往情况和主要社会关系等。个性特点包括被告人的生理状况、心理特征、性格类型、品德情况和爱好特长等。居所情况是指被告人是否有固定居所。犯罪前表现是指被告人在家庭、学校、工作单位和社会上的一贯表现，包括被告人是否遵守村规民约、是否有不良行为恶习、是否有犯罪前科以及与邻里是否能融洽相处等。悔罪表现包括被告人的认罪悔罪态度，是否有自首、立功表现，对被害人的赔偿情况等。社会反响包括被害人或其近亲属对被告人的评价、被告人所在社区群众和单位职工对被告人的评价等。矫正条件包括被告人所在社区环境是否适宜对被告人进行社区矫正以及对被告人进行社区矫正可能对其所居住社区产生的危害等。

社会调查报告除了包括社会调查的内容外，还包括社会调查主体在调查的基础上提出的评估意见或处理建议。例如，吉林省《关于对拟适用社区矫正的被告人、罪犯社区影响调查评估的暂行办法》第 19 条规定："调查结束后，调查人员应当根据全面了解的相关情况，客观作出分析判断，准确提出评估意见。"又如《山东省适用非监禁刑判前社会调查暂行办法》第 17 条规定："社会调查结束后，县级司法行政机关应组织社区矫正工作人员进行集体研究，综合分析，必要时可征求法学、心理学、社会学等专家的意见，提出是否适用非监禁刑的建议……"其中《四川省社区矫正社会调查评估办法》规定的量化评估方法最有特色。《四川省社区矫正社会调查评估办法》第 13 条规定："社会调查评估实行百分制量化评估。在 80 分以上的，调查评估小组可以提出适宜纳入社区矫正的意见；评估分值在 60－80 分的，由调查评估小组报县（市、区）司法行政机关负责人审定后，提出是否纳入社区矫正的建议意见；对 60 分以下的，调查评估小组可以提出不适宜纳入社区矫正的意见……"

（四）社会调查的程序和期限

安徽、福建、浙江、四川、湖南、湖北和山东等地对社会调查的程序作了明确规定。综合这些地方的规定，社会调查的基本程序是：县（市、区）社区矫正工作办公室接到委托审前社会调查函后，应及时通知该被告人户籍所在地或常住地的乡镇（街道）社区矫正工作办公室开展调查工作。如遇事项需跨市、县（市、区）区域调查的，可采取实地调查或委托调查方式进行。实地调查时，由县级司法行政机关负责沟通协调实地调查所涉及的相关事宜。委托调查时，由县级司法行政机关出具《委托调查函》并附调查清单委托调查事项所在地同级司法行政机关进行调查。调查人员至少为2人以上，四川和湖南等地还要求其中应当有1名为具有公务员身份的社区矫正执法人员。调查人员可以邀请社会工作者、志愿者协助调查，必要时由公安派出所派员参与调查。接受调查的单位和个人应当积极予以协助和配合。调查人员走访被告人家庭、工作单位或就读学校、同事或同学、案件被害人及其家属、社区组织、社区居民、公安派出所等单位和个人，采取个别约谈、查阅索取相关资料、小范围座谈等方式进行调查，并形成调查笔录。调查笔录应当详细记录调查时间、调查地点、被调查人姓名、与被告人关系、身份证号、性别、年龄、家庭住址或工作单位、联系电话、记录人姓名和调查内容，最后由调查人员和被调查人核对后签字确认。被调查人拒绝签字的，须在调查笔录上加以注明，并由调查人员和1名与被调查人无利害关系的见证人签字确认。调查人员向有关单位收集、调取书面调查材料的，须由提供人签名，并加盖单位印章；调查人员向个人收集、调取书面调查材料的，须由提供人确认无误后签名。在调查的基础上，经过乡镇（街道）社区矫正工作办公室集体研究，提出能否判处非监禁刑的初步意见和建议，并指定专人起草社会调查报告，经调查人员签名，社区矫正工作办公室主要负责人审核同意签署意见后，报县（市、区）社区矫正工作办公室。县（市、区）社区矫正工作办公室须认真审阅调查报告，对有关疑点问题须进一步调查核实。最后，由县级司法行政机关负责人在社会调查报告上签署意见并加盖印章，连同社会调查报告的相关印证材料，一起提交委托进行社会调查的单位。

为了保证社会调查人员公正地进行社会调查，相关地方还明确规定了社会调查程序中的回避制度和法律监督制度。明确规定调查人员与案件有利害关系应当回避的有浙江、山东、吉林、宁夏、湖南和湖北等地。其中浙江、山东和吉林等地还参照刑事诉讼法详细规定了回避的原因、程序和效力。例如，《浙江省社区矫正审前社会调查实施办法（试行）》第11条规定："……调查人员有下列情形之一的，应当回避：（一）是本案当事人或者当事人的近亲属的；（二）本人或者他的近亲属和本案有利害关系的；（三）与本案当事人有其他关系，可能影响公正处理结果的……"《山东省适用非监禁刑判前社会调查暂行办法》第6条规定："……调查员与案件当事人、案件审判结果有利害关系的，应当自行回避，被调查人也有权要求其回避。"第14条规定："被调查人申请调查员回避的，由县级司法行政机关负责人决定，符合回避条件的，另行指派调查员；不符合回避条件的，以书面形式告知被调查人。"吉林省《关于对拟适用社区矫正的被告人、罪犯社区影响调查评估的暂行办法》第28条规定："被决定回避的调查人员，在回避决定作出以前所进行的调查活动是否有效，由作出决定的机关根据案件情况决定。在作出回避决定前，调查人员不停止对案件的调查。"人民检察院是法律监督机关，为了保证社会调查工作依法、公正地进行，人民检察院应当有权对社会调查工作实施法律监督。安徽、四川、福建、云南、吉林、宁夏、湖南和甘肃等地对社会调查程序中的法律监督作了明确规定。综合上述各地的规定，社会调查工作中的法律监督程序如下：司法行政机关在向人民法院提交社会调查报告时，应同时抄送同级人民检察院。人民检察院对社会调查报告有异议的，应在接到意见书后及时向审前调查的县（市、区）司法行政机关和人民法院提出，县（市、区）司法行政机关和人民法院应及时给予答复或改进。检察机关发现审前社会调查过程中存在违纪违法行为或者审前社会调查报告严重失实的，应及时提出书面纠正意见，有关部门应当予以纠正。

为了保证案件的及时办结，安徽、浙江、湖北、山东、福建、云南、吉林、四川、宁夏、湖南和甘肃等地对社会调查的期限作出了明确要求。综合上述各地关于社会调查期限的规定，可以将社会调查的期间划分为五种类型。第一，以10个工作日为基础。安徽、福建、山东、浙江、云南、四川和甘肃等地规定，调查评估工作时限为10个工作日，自县级司法行政机关收到委托机关的委托调查评估函之日起连续计算。但是在特殊情况下，可以延长期限。如福建省《关于适用非监禁刑审前社会调查的实施办法（试行）》规定，案情复杂、情况特殊或者需要补充调查的，调查时限可以延长3个工作日。《云南省社区矫正调查评估办法》规定，特殊情况需要延长的，应当及时与委托机关协商。《四川省社区矫正社会调查评估办法》和《浙江省社区矫正审前社会调查实施办法（试行）》规定，特殊情况需要延长调查时间的，司法所应及时书面报告县级司法行政机关同意，但不得超过15个工作日。第二，适用简易程序案件的社会调查期限。多数地方没有规定适用简易程序案件中的社会调查期间。《云南省社区矫正调查评估办法》规定，由于简易程序诉讼期间较短，对人民法院适用简易程序审理案件的，调查评估工作时限为7个工作日。吉林省《关于对拟适用社区矫正的被告人、罪犯社区影响调查评估的暂行办法》规定，人民法院对于拟适用简易程序审理的案件，可以与司法行政机关协商，适当缩短调查评估期限。第三，3周时间。《湖北省适用非监禁刑审前社会调查实施办法（试行）》第16条规定，全部审前社会调查工作须在3周内完成。第四，以7个工作日为基础。吉林省《关于对拟适用社区矫正的被告人、罪犯社区影响调查评估的暂行办法》第21条规定："县（市、区）司法行政机关应当自接到委托机关《委托调查评估函》之日起7个工作日内，完成社区影响调查评估工作。……需要延长的，应及时与委托机关协商确定。”《湖南省实行社区矫正社会调查评估暂行办法》第10条规定：“受委托机关应当在接到委托函之日起7个工作日内完成社区矫正社会调查评估工作。委托机关在委托开展社区矫正社会调查评估期间，不得判决（裁定）所委托调查评估案件，受委托机关超过15日未回复的，委托机关可自行处理相关案件。”第五，以8个工作日为基础。《宁夏回族自治区社区矫正适用前社会调查评估暂行办法（试行）》第9条规定，县（市、区）级司法行政机关收到委托调查材料后，应当在3个工作日内将调查任务指派给调查对象经常居住地司法所。第10条规定，司法所接受指派任务后，应当及时指派调查人员在5个工作日内完成调查工作（节假日除外）。特殊情况需要延长调查时间的，司法所应及时书面报告县（市、区）级司法行政机关同意，但不得超过10个工作日。

（五）法院对社会调查报告的审查

安徽、湖北、山东和甘肃等地就人民法院对社会调查报告的审查问题作了明确规定。根据上述各地的规定，人民法院对社会调查报告的审查既包括庭前审查，也包括庭审审查。首先，庭前审查。《湖北省适用非监禁刑审前社会调查实施办法（试行）》第17条规定，人民法院收到社区矫正机关提交的审前社会调查报告后，应及时审阅。第18条规定，人民法院在开庭审理前须对调查报告核实的，应通知负责审前社会调查的乡镇（街道）社区矫正工作办公室负责人参加，必要时还可通知被害人的家属或被告人所在单位负责人参加。《山东省适用非监禁刑判前社会调查暂行办法》第19条第1款规定：“人民法院对县级司法行政机关提交的社会调查报告应及时审查。审查后如对调查内容有异议，可自行核查或继续委托县级司法行政机关另行指派调查员进行核查；如需要补充调查事项，可委托县级司法行政机关补充调查。”《甘肃省对拟适用社区矫正的被告人和罪犯进行调查评估实施办法》第19条规定，人民法院在开庭审理前须对调查评估意见核实的，应通知负责调查评估意见的司法所负责人参加，必要时通知被害人的家属或被告人所在单位负责人参加。其次，庭审审查。综合上述各地的规定，对社会调查报告的庭审审查程序如下：人民法院在必要时应通知调查人员出庭接受询问，以决定是否采纳调查报告的意见。人民法院通知调查员出庭接受询问的，调查员应当出庭。人民法院对于社区矫正机关提供的社会调查报告，经过法庭庭审宣读、质询和审查后，作为对被告人是否适用非监禁刑及适用何种非监禁刑的重要依据。诉讼参与人对调查报告提出质疑的，由法庭审查并决定是否对调查报告进行复核或者采纳调查报告的意见。人民法院对调查报告有异议的，可与负责社会调查工作的县级司法行政机关协商，由司法行政机关进行复核；必要时，也可直接派员进行核查。

三、国外的量刑前调查报告制度①

在这里，我们简要考察英美法系代表性国家美国、英国、加拿大、澳大利亚和大陆法系代表性国家法国、德国的量刑前调查报告制度。

（一）量刑前调查报告的适用范围和适用方式

《美国联邦刑事诉讼规则》第 32 条 c 款规定，缓刑考察官必须进行量刑前调查，在量刑前向法院提交量刑前调查报告，除非：（1）法律另有规定；（2）法院认为案卷中的信息已经能够确保公正量刑。在美国的未成年人刑事案件中，不同的州对于适用量刑前调查报告的态度不同。部分州要求在所有未成年人刑事案件中都适用量刑前调查报告，有些州仅仅要求在涉案未成年人可能会被判处

① 虽然大陆法系国家使用的是人格调查这一表述方式，但是为了简洁起见，我们在此统一运用量刑前调查这一表述方式，只有在具体介绍大陆法系国家的制度时，才使用人格调查这一表述。

监禁刑时才要求适用量刑前调查报告。①

《英国2003年刑事审判法》第156条规定了“量刑前的报告和其他要求”。根据该规定，一般情况下，法院必须在判处监禁刑和社区刑之前获取并考虑量刑前调查报告，但是根据案件的具体情况，如果法院认为没有必要获取量刑前报告的除外。如果被告人未满18周岁，法院不得认为没有必要获取量刑前报告，除非：（a）存在一份先前获取的关于该被告人的量刑前报告，并且（b）法院已经考虑了该报告中包含的信息，或者存在多份量刑前报告，法院已经考虑了最近一次报告中所包含的信息。法院未能在应当获取量刑前报告的案件中获取量刑前报告并不导致所判处的监禁刑或社区刑无效，但是，罪犯可以此为由提起上诉。在上诉程序中，上诉法院必须：（a）获取一份量刑前报告，如果下级法院在没有正当理由的情况下未曾获取过量刑前报告，并且（b）考虑本院或者下级法院所获取的量刑前报告。在罪犯未满18周岁的案件中，上诉法院不得认为有正当理由没有必要获取量刑前报告，除非：（a）存在一份先前获取的关于该罪犯的量刑前报告，并且（b）法院已经考虑了该报告中包含的信息，或者存在多份量刑前报告，法院已经考虑了最近一次报告中所包含的信息。《英国2003年刑事审判法》第160条还规定：“地方缓刑委员会和青少年违法犯罪工作组成员可以向法院提交量刑前报告以外的报告，帮助法院处理案件。”

《加拿大刑法典》第721条第1款规定，在被告人认罪或被认定有罪后，为了帮助法院量刑，缓刑考察官应当根据法院的要求，准备并向法院提交书面量刑前调查报告。在加拿大，当法官缺乏被告人的背景信息时，应当命令缓刑考察官对被告人进行量刑前调查，尤其是被告人的人身危险性不明时。然而，由于司法资源有限，当量刑前报告没有特别意义时，法官可能会拒绝命令进行量刑

① 张鸿巍：《浅析美国未成年人案件社会调查制度》，载《河北法学》2014年第5期。

前调查。在加拿大，由于被告人不配合量刑前调查，时常导致不能及时完成量刑前调查报告，从而影响到量刑听证的预期进行。为了提高量刑前调查的效率，加拿大部分地区要求被告人签署量刑前调查申请。通过签署量刑前调查申请可以为被告人提供机会讨论量刑前调查的过程和内容，这样有助于被告人理解量刑前报告的性质和应当承担的配合义务。①《加拿大2002年未成年人刑事审判法》第40条第1款规定，在对被定罪的未成年人量刑前，如果本法要求在量刑前考虑量刑前报告，少年法院应当要求负责犯罪矫正事务的州级指导官员（the provincial director）准备量刑前报告，并提交法院；在其他情况下，少年法院可以要求犯罪矫正事务的州级指导官员准备量刑前报告，并提交法院。在加拿大，量刑前报告往往适用于较为严重的未成年人刑事案件；如果有可能对未成年人被告人处以监禁刑，必须在量刑时考虑量刑前报告。

关于澳大利亚的量刑前报告制度，我们以《1995年西澳大利亚州量刑法》为例进行介绍。《1995年西澳大利亚州量刑法》（Western Australian Sentencing act 1995）第20条规定，如果法院认为量刑前报告有助于给被告人量刑，可以命令社区矫正官员（Community Corrections Officer）进行量刑前调查。但是，在下列两种情况下，法院必须要求进行量刑前调查报告：第一，法院在考虑对被告人适用监狱服刑命令（Prison Service Order，简称PSO）时；第二，法院在考虑对被告人适用强化监管命令（Intensive Supervision Order，简称ISO）时。原因是监狱服刑命令和强化监管命令是较为严厉的刑罚，法院需要考虑量刑前报告以确定被告人适合于此类刑罚。② 另外，《1995年西澳大利亚州量刑法》第68条规

① Practice Note（No. 2012-01）of Rules of the Provincial Court of Newfoundland and Labrador In Criminal Proceedings, 2004.

② 强化监督命令比一般的社区服务命令要求更多，要求罪犯免费提供不超过240小时的社区服务，实行每天不超过12小时的宵禁等。

定："只有在法院收到量刑前报告的情况下，才能够对被告人适用强化监管命令。"

《法国刑事诉讼法典》第 81 条第 6 款规定："预审法官亲自或者委派司法警察，或者委派任何有资格的人按照最高行政法院提出资政意见以后颁布的法令研究的条件，对受审查的人的人格、家庭状况、物质与社会状况进行调查。但是，轻罪案件，此种调查不具有强制性。"《德国刑事诉讼法典》第 463d 条规定，在作出缓刑和执行变更等裁判前，法院或执行机构可以利用法庭助手机构进行调查。在撤销缓刑和假释前，应当由法庭助手机构进行调查，除非已经安排了缓刑考察官进行调查。在德国，联邦高等法院在多个刑事案件的判决中强调，评估被告人的人格与确定犯罪的环境同等重要。然而，并非所有的州都承认量刑前个人人格调查的重要性。①

（二）量刑前调查的主体

在美国，缓刑考察官起初只负责监督缓刑者，在 1933 年后，缓刑考察官开始被赋予了撰写量刑前调查报告的职责。②《英国 2003 年刑事审判法》第 158 条规定，在被告人年满 18 周岁或者超过 18 周岁时，由地方缓刑委员会的官员负责完成量刑前报告；在被告人未满 18 周岁时，由地方缓刑委员会的官员、地方当局社会服务部门的社会工作者或者青少年违法犯罪工作组的工作人员负责完成量刑前报告。在加拿大，根据《加拿大刑法典》第 721 条第 1 款的规定，成年人案件中的量刑前调查由缓刑考察官负责。根据《加拿大 2002 年未成年人刑事审判法》第 40 条第 1 款的规定，未成年人案件中的量刑前调查由负责犯罪矫正事务的州级指导官员承担。在澳大利亚，由社区矫正官员（the community correction

---

① Jürgen Mutz, Chapter 13 Germany, http://www.cepprobation.org/uploaded_files/Germany.pdf, 2014-10-30.

② Gary M. Maveal, *Fderal Presentence Reports: Multi-Tasking at Sentencing*, 26 Seton Hall L. Rev. 544.

officer）负责量刑前调查。在英美法系国家，量刑前调查主体主要是负责社区矫正事务的官员，主要原因有四个：一是量刑前调查的专业性决定其应由掌握法学、心理学、行为学和社会学等专业知识的专门人士来负责。在英美法系国家，负责社区矫正事务的官员需要接受法学、心理学、行为学和社会学等方面的培训，具有这方面的专业知识。二是负责社区矫正事务的官员植根于社区，占有地利与人和的优势，便于量刑前调查工作的开展，也易于获得第一手的真实资料。三是负责社区矫正事务的官员具有相对于控辩双方的独立地位，其进行量刑前调查不会受制于控辩双方诉讼立场的影响，具有中立性和超然性。四是负责社区矫正事务的官员拥有司法行政官员的身份，可以保证其具备良好的职业操守和敬业精神，其量刑前调查容易得到法官的信任。

在法国，人格调查由预审法官或接受其委派的司法警察，或者接受其委派的任何有资格的人进行。根据《德国刑事诉讼法典》第463d条的规定，法庭助手和缓刑考察官都是人格调查的主体。根据该规定，法庭助手与缓刑考察官的主要区别是：在没有指定缓刑考察官对被告人进行人格调查的案件中，由法庭助手负责对被告人进行人格调查。在德国的司法实践中，对被告人的人格调查主要由法庭助手负责，这是因为他们经过了良好的心理学训练，具有良好的心理学方面的经验。德国的法庭助手办公室（Gerichtshelfer）建立于1920年代。法庭助手又被称为社会工作者，其基本职责是调查被告人的人格和社会关系，并向法院或公诉人报告。[①]

（三）量刑前调查报告的内容

美国量刑前调查报告的内容经历了从罪犯中心主义模式到犯罪

---

① 公诉人和法院也可以要求法庭助手提供针对被害人的调查报告，了解被害人在犯罪中受到的影响。在有些州，法庭助手还负责组织被害人与被告人之间的调解工作。参见 Jürgen Mutz, Chapter 13 Germany, http://www.cepprobation.org/uploaded_files/Germany.pdf, 2014-10-30.

中心主义模式的转变。传统的量刑前调查报告采用的是罪犯中心主义模式。该种类型的量刑前调查报告意在为法官提供罪犯的个人背景信息，为法官对罪犯进行个别化量刑服务。以罪犯为中心的量刑前报告通常主要包括以下内容：先前的犯罪情况、家庭情况、职业情况、受教育情况、身体和精神健康情况、经济条件等。此种类型的量刑前调查报告不太关注犯罪本身和犯罪对被害人造成的影响。为了规范量刑，限制法官的自由裁量权，美国于20世纪80年代末期制定了《美国联邦量刑指南》。《美国联邦量刑指南》要求法官把他们的量刑建立在以犯罪严重性和被告人犯罪历史为基础的数学计算公式之上。如果法官偏离量刑指南量刑，则必须要陈述书面理由。《美国联邦量刑指南》要求量刑前调查报告中包含体现犯罪严重性和被告人犯罪历史的信息，因此以罪犯为中心的量刑前调查报告模式转变为以犯罪为中心的量刑前调查报告模式。以犯罪为中心的量刑前调查报告除了包含与罪犯相关的信息外，突出了与犯罪相关的信息。《美国联邦刑事诉讼规则》第32条d款规定，量刑前报告必须：计算被告人的犯罪等级和前科类型；陈述可以适用的刑罚的种类和范围；确定与基准刑和偏离基准刑相关的因素。另外，量刑前报告必须还包括下列附加信息：被告人的历史和特征，包括前科记录、被告人的经济状况；影响被告人行为的环境因素；犯罪在经济、社会、心理和医学方面对被害人造成影响的信息；被告人可以获得的非监禁项目和资源；与赔偿被害人损失相关的信息；以及其他法院需要的信息。《美国联邦刑事诉讼规则》第32条d款还规定量刑前报告不得包括下列信息：任何公开可能严重影响被告人回归社会的医学诊断报告；以承诺保密而获得的任何信息；以及公开后可能对被告人或其他人造成身体伤害或其他伤害的任何信息。与成年人案件中的量刑前调查报告相比，未成年人案件中的调查报告更关注未成年人的个人和家庭情况，如《新泽西州少年司法法典》规定，安置报告应涵盖下列内容：实施犯罪行为的情境、犯罪行为给社区造成的影响、未成年人的既往犯罪史、未成年人的家庭境况、未成年人的经济来源、未成年人父母或监护人的经济来源、父母或监护人对未成年人的监护情况等。[①]

英国的量刑前报告的核心内容包括三个方面：第一，与被告人有关的信息，也就是被告人的个人和社会背景；第二，与犯罪有关的信息，并以此为基础，分析其再犯可能性；第三，量刑建议。另外，《英国2003年刑事审判法》还要求在量刑前对特定被告人进行精神状态检查和毒品检测。《英国2003年刑事审判法》第157条规定，如果被告人精神不正常或者显得精神不正常，则法院在判处绝对确定的法定刑以外的监禁刑以前，应当获取并且考虑关于其精神状态的医学报告。根据案件的具体情况，如果法院认为没有必要获取该类医学报告的除外。在对精神不正常或者显得精神不正常的被告人判处绝对确定的法定刑以外的监禁刑以前，法院必须考虑：已经获得的关于该被告人精神状态的任何信息（无论是在医学报告、量刑前报告中提供的信息，还是以其他形式提供的信息），以及所要判处的刑罚对其精神状态以及治疗可能产生的影响。法院未能遵守上述规定并不会导致所判处的监禁刑无效，但是被告人有权以此为由提起上诉，在上诉中，上诉法院必须：在下级法院未获取过该医学报告的情况下获取一份医学报告，并且必须考虑本院或者下级法院所获取的医学报告。第161条规定，当法院考虑判处14周岁以上的被告人社区刑或者缓刑时，可以要求该被告人提供相关样本，以便查明该被告人体内是否有规定的A类毒品。

《加拿大刑法典》第721条规定，副州长可以制定规则，确定量刑前报告适用的犯罪种类，量刑前报告的内容和形式。除了法院另有要求之外，量刑前报告必须尽可能包括下列内容：被告人的年龄、性格、行为方式、态度和矫正意愿；犯罪记录；对被告人适用替代措施的记录及被告人对这些措施的反应等。报告必须还包含法

---

① 张鸿巍：《浅析美国未成年人案件社会调查制度》，载《河北法学》2014年第5期。

院在听取控辩双方辩论之后要求包含的其他信息。《加拿大2002年未成年人刑事审判法》第40条规定，量刑前报告应当以书面形式包括下列内容：会见未成年人被告人、其父母和其他家人所获得的信息；会见被害人所获得的信息；有关各方在多方会议中提出的建议；① 未成年人的年龄、成熟程度、性格、行为方式、态度及其矫正意愿，未成年人提出的改变自己行为的计划、参与相关改造活动的计划或承担相关改造措施的计划，先前的犯罪记录以及未成年人对此的态度；社区服务的适当性及可行性，以及未成年人提供社区服务的意愿；未成年人与其父母的关系，其父母对其的控制和影响程度，未成年人与其他家人的关系，其他家人对其的控制和影响程度，未成年人在学校的表现记录和就业情况记录；任何可以帮助法院决定是否可以适用监禁替代措施的信息；以及负责犯罪矫正事务的州级指导官员认为相关的其他信息和量刑建议。

澳大利亚《1995年西澳大利亚州量刑法》第21条只对量刑前报告的内容作了原则性规定。根据该规定，法院在命令进行量刑前调查时，可以针对应当调查的事项作出说明；如果法院没有对应当调查的事项作出说明，那么量刑调查的内容即为与量刑相关的信息。

根据《法国刑事诉讼法典》第81条第6款的规定，人格调查的内容为被告人的人格、家庭状况、经济状况及社会环境等。同时，《法国刑事诉讼法典》第81条第8款规定，预审法官可以指令为当事人进行医疗检查、心理检查或者采取一切有益措施。根据《法国刑事诉讼法典》第81条第9款和第11款的规定，当事人有权书面请求预审法官命令对其进行医疗检查、心理检查或者采取一

① 少年法庭认定未成年人有罪后，可能召集多方会议，以专门听取有关各方对量刑的意见或建议。除少年法庭法官外，参加多方会议的人员通常还包括负责犯罪矫正事务的州级指导官员、负责调查案件的警察、治安法官、检察官和少年工作者。

切有益措施，如果预审法官不同意当事人的上述请求，最迟应在收到请求之后 1 个月期限内作出说明理由的裁定。如果预审法官在 1 个月内没有对该请求作出裁定，当事人可以直接向预审法庭庭长提出请求。

在德国，人格调查报告应当包含下列内容：被告人的人格，被告人以前的生活状态，被告人的经济状况，被告人的违法犯罪记录，被告人的家庭情况，被告人在犯罪后的行为，特别是其在犯罪发生后为弥补给被害人造成的损失而作出的努力等。在此基础上，法庭助手可以提出其量刑建议。如果被告人不同意人格调查报告的内容，法庭助手应当将被告人的意见写入其评论中。另外，该报告还可以包含对被告人的心理诊断报告。[①]

（四）量刑前调查的程序和期限

在美国、英国、加拿大、澳大利亚、法国和德国六国中，只有《美国联邦刑事诉讼规则》对量刑前调查程序作了简略规定。《美国联邦刑事诉讼规则》第 32 条 c 款对量刑前调查时缓刑考察官会见被告人作出了规定：如果缓刑考察官将会见被告人作为其量刑前调查的一部分，经被告人的律师请求，他必须通知被告人的律师并给其合理的机会参与会见。另外，我们还初步了解到德国人格调查程序的一些信息。在德国司法实践中，公诉人和法官都有权要求对被告人进行人格调查。[②] 在公诉人没有命令对被告人进行人格调查时，法官可以要求法庭助手对被告人进行人格调查。在进行人格调查前，法庭助手需要会见被告人询问其是否同意接受人格调查。被告人没有义务为人格调查提供信息。如果被告人不同意，法庭助手

① Jürgen Mutz, Chapter 13 Germany, http://www.cepprobation.org/uploaded_files/Germany.pdf, 2014-10-30.

② 公诉人在决定不起诉前，可以要求法庭助手对被告人的生活条件、毒品滥用、债务和就业等方面展开调查。

不会继续对被告人进行人格调查。①

关于量刑前调查的期限，在上述六国中，只有美国和澳大利亚的法律作出了明确规定。《美国联邦刑事诉讼规则》第 32 条 e 款和 g 款规定，缓刑考察官必须最迟在量刑听证日 35 天前向控辩双方提供量刑前报告供其审查并听取他们的反对意见，最迟在量刑听证日 7 天前向法院和控辩双方提交最终的量刑前报告。澳大利亚《1995 年西澳大利亚州量刑法》第 22 条规定，社区矫正官员应当在接到法官量刑前调查的命令后 21 天内完成量刑前调查报告。

（五）量刑前调查报告的审查

《美国联邦刑事诉讼规则》对量刑前调查报告审查的规定最为详细，涉及被告人查阅量刑前报告的权利、控辩双方对量刑前报告的庭前审查和法院对量刑前报告的审查程序等。《美国联邦刑事诉讼规则》第 32 条 c 款规定，被告人有权查阅量刑前调查报告，除非：向被告人公开量刑前调查报告的内容会妨碍对被告人的改造；以承诺保密为前提收集的信息；或者向被告人公开量刑前调查报告可能对被告人或者其他人造成危害。② 但是，法院在上述三种情形下不允许被告人查阅量刑前报告时，必须要向被告人提供一份关于量刑前报告内容的书面摘要，以便给予被告人机会对量刑前报告作出回应。《美国联邦刑事诉讼规则》第 32 条 e 款规定，缓刑考察官必须最迟在量刑听证日 35 天前向被告人、被告人的律师和政府律师提供量刑前报告。《美国联邦刑事诉讼规则》第 32 条 f 款接着规定，控辩双方在收到量刑前调查报告后 14 天内，必须以书面形

---

① Jürgen Mutz, Chapter 13 Germany, http://www.cepprobation.org/uploaded_files/Germany.pdf, 2014-10-30.

② 在被告人认罪或被定罪前，缓刑考察官对量刑前报告负有保密的义务。《美国联邦刑事诉讼规则》第 32 条 e 款规定，除非被告人书面同意，缓刑考察官不得在被告人认罪或被判有罪前，将量刑前报告提交给法院或将其内容向其他人公开。

式陈述对量刑前报告中包含的信息和量刑建议的反对意见。控辩双方在提出反对意见时必须告知对方及缓刑考察官其反对意见的内容。缓刑考察官在收到反对意见后，可以会见控辩双方以讨论反对意见，并在做进一步调查的基础上适当修改量刑前报告。《美国联邦刑事诉讼规则》第 32 条 g 款规定，缓刑考察官必须最迟在量刑听证日 7 天前向法院和控辩双方提交最终的量刑前报告和包含没有解决的控辩双方反对意见的附录。该附录中应当写明控辩双方反对意见的根据以及缓刑考察官对这些反对意见的评论。《美国联邦刑事诉讼规则》第 32 条 i 款规定，在量刑时，法院必须确定被告人和其辩护律师已经阅读并讨论过量刑前报告及报告的附录；必须给控辩双方一份书面的根据该规定第 32 条 d 款被排除在量刑前报告外的信息，并给他们合理的机会评论这些信息；[①] 必须允许控辩双方评论缓刑考察官的量刑建议和与该建议相关的事项；可以允许控辩双方在宣告量刑前的任何时候对量刑前报告提出新的反对意见。法院可以允许控辩双方针对上述反对意见提出证据。《美国联邦刑事诉讼规则》第 32 条 i 款还规定，法院可以接受量刑前报告中控辩双方没有争议的部分，将其作为事实予以认定；法院必须对量刑前报告中控辩双方存在争议的部分作出裁判，如果法院认为这些内容不影响量刑或不会在量刑中考虑这些内容，可以作出没有裁决必要的决定。

英国、加拿大和澳大利亚对量刑前调查报告的审查的规定较为简略。《英国 2003 年刑事审判法》第 159 条规定，除了法律另有规定的以外，法院必须向被告人或者其律师和公诉人送达量刑前报告的副本。如果被告人未满 18 周岁，法院还应当将量刑前报告送达其父母或者监护人。但是，在被告人不满 18 周岁的情况下，如果法院认为向被告人、其父母或者监护人披露量刑前报告中包含的

① 《美国联邦刑事诉讼规则》第 32 条 d 款的内容参见上文“量刑前调查报告的内容”部分。

任何信息可能会对被告人产生重大损害时，则不必向被告人、其父母或者监护人送达完整的量刑前报告副本。在量刑听证中，法院应当对量刑前报告进行审查，听取控辩双方的意见和证据。《加拿大刑法典》第721条第5款规定，法院应当向被告人或其辩护人以及公诉人提供量刑前报告的复印件。《加拿大刑法典》第724条第3款规定，法院允许被告人在量刑时对量刑前报告发表意见。对于量刑前报告中有争议的事实，由依赖该事实的当事人承担证明责任。法院可以要求制作量刑前报告的缓刑考察官出庭对量刑前报告予以说明。《加拿大2002年未成年人刑事审判法》第40条规定，法院应当向下列人员送达量刑前报告的副本：未成年人本人；未成年人的父母；未成年人的辩护人；检察官。经法院准许，未成年人、未成年人的辩护律师和公诉人可以对量刑前报告的制作人进行交叉询问。澳大利亚《1995年西澳大利亚州量刑法》第22条第5款规定，法院在认为适当时，可以让控辩双方获得量刑前报告的副本。在澳大利亚，为了确保量刑前报告中所包含的信息的准确性，法院可以要求量刑前报告的制作人出庭接受控辩双方的交叉询问。

《法国刑事诉讼法典》和《德国刑事诉讼法典》没有对人格调查报告的审查作出明确规定。我们只了解到德国对人格调查报告进行审查的初步信息。在德国，人格调查报告属于案卷的一部分，司法机关、被告人的辩护律师和被害人的代理律师都可以查阅该报告。法院可以要求负责人格调查的法庭助手或缓刑考察官出庭说明情况。①

四、我国社会调查报告制度相关问题分析

（一）我国社会调查报告的适用范围和方式问题

我国的社会调查报告在适用范围上存在如下问题：

① Jürgen Mutz, Chapter 13 Germany, http://www.cepprobation.org/uploaded_files/Germany.pdf, 2014-10-30.

第一，我国社会调查报告的适用范围过窄。在未成年人刑事案件中，虽然刑事诉讼法及相关规范性文件都规定，社会调查报告适用于所有的未成年人刑事案件，但是在部分地区社会调查报告只适用于部分特定的未成年人刑事案件。例如，《佳木斯市未成年人刑事案件社会调查实施办法》规定，社会调查报告仅适用于实施被侦查、指控、审判的犯罪时不满 18 周岁，在侦查、逮捕、审查起诉、审判时仍不满 20 周岁的犯罪嫌疑人、被告人。新疆维吾尔自治区阿合奇县《关于对未成年人涉嫌犯罪案件诉前调查评估的实施办法（试行）》规定，社会调查报告只适用于可能被不起诉或被判处管制、拘役等非监禁刑的未成年犯罪嫌疑人、被告人。我们认为，相关地区限制未成年人刑事案件中社会调查报告的适用范围不合理。另外，在成年人刑事案件中，社会调查报告仅适用于拟适用社区矫正的案件，而不适用于其他成年人刑事案件。

我们认为，将社会调查报告仅仅适用于部分未成年人刑事案件和拟适用社区矫正的成年人刑事案件，适用范围过于狭窄。

首先，将社会调查报告仅仅适用于部分未成年人刑事案件，与社会调查报告的功能不符。将社会调查报告的范围限定于实施犯罪时不满 18 周岁，在办理案件时仍不满 20 周岁的犯罪嫌疑人、被告人以及可能被不起诉或被判处管制、拘役等非监禁刑的未成年犯罪嫌疑人、被告人，只看到了社会调查报告在矫治教育、感化帮教未成年人中的作用，没有看到社会调查报告在量刑中的作用。未成年被告人的性格特点、家庭情况、社会交往、成长经历、犯罪原因以及实施被指控的犯罪后的表现等体现了未成年人的人身危险性，应当作为量刑的依据，因此其他未成年人刑事案件同样需要社会调查报告。

其次，将社会调查报告仅仅适用于部分未成年人刑事案件和拟适用社区矫正的成年人刑事案件，与量刑规范化改革的目标不符。量刑规范化改革包括两个方面的内容，一是在程序上，将量刑纳入法庭审理程序，使量刑程序相对独立；二是在实体上，改变传统的量刑方法，使法官的裁量权行使具有更加明确、更加具体、可操作性更强的依据，从而规范法官的自由裁量权。其一，将社会调查报告仅仅适用于部分未成年人刑事案件和拟适用社区矫正的成年人刑事案件，不利于相对独立的量刑程序的实施。《量刑程序意见》确立了相对独立的量刑程序。相对独立的量刑程序赖以存在的前提是丰富的量刑证据。如果控辩双方只是从案卷笔录中遴选量刑信息，是很难获得丰富的量刑情节的，这样针对量刑问题的法庭调查和法庭辩论就会流于形式。当前相对独立的量刑程序在多数案件中没有发挥作用，其根本原因是控辩双方仅仅能够提出案卷笔录中包含的量刑证据，量刑证据十分有限。尽管从理论上说公诉方和辩护人可以通过庭外调查，全面地收集量刑信息，但是在实践中很难实现。具体有以下两方面原因：一是公诉人收集量刑证据的动力不大。二是刑事诉讼法虽然赋予了辩护律师调查取证权，但是由于辩护律师的调查取证权不具有强制力，辩护律师调查取证的难度较大；再加上刑法第 306 条规定的“辩护人、诉讼代理人毁灭证据、伪造证据、妨害作证罪”，辩护律师缺乏取证的积极性。在实践中，不少辩护律师最多也只是提出“被告人主观恶性不深”、“被告人社会危害性不大”、“被告人没有达到罪大恶极的程度”、“被告人不具备再犯新罪的可能性”等量刑意见，缺乏相关量刑证据的证明。其二，将社会调查报告仅仅适用于部分未成年人刑事案件和拟适用社区矫正的成年人刑事案件，不利于为量刑裁量权的行使提供全面的量刑信息。在部分未成年人刑事案件和拟适用社区矫正的成年人刑事案件中，需要考虑社会调查报告。在其他案件中，可能同样有这样的需求。在这些案件中，如果不适用社会调查报告制度，法官可能无法获得较为充分的量刑信息，而量刑信息的不完整和不充分将直接影响量刑规范化的实际效果。量刑规范化改革的目标之一是使各种罪名的量刑种类和量刑幅度更为精密。《人民法院量刑指导意见（试行）》明确要求综合考虑全案情况，依法确定宣告刑。[1]虽然《人民法院量刑指导意见（试行）》第三部分“常见量刑情节的适用”和第四部分“常见犯罪的量刑”中只规定了部分量刑情节，[2] 但是该意见明确规定：“本意见尚未规定的其他量刑情节，在量刑时也要予以考虑，并确定适当的调节比例”；“本意见对常见法定和酌定量刑情节的调节幅度和常见犯罪的量刑作了原则性规定，各省、自治区、直辖市高级人民法院可以结合当地实际，对常见量刑情节及其他尚未规范的量刑情节，以及常见犯罪的量刑起点幅度、增加刑罚量的具体情形和各种量刑情节进行细化，并报最高人民法院备案。”

第二，在部分地区，社会调查报告仅适用于被告人的户籍地在该地区的案件，与法律面前人人平等原则相悖。《浙江省社区矫正审前社会调查实施办法（试行）》规定，社会调查的对象必须具有本地户籍。根据《宁夏回族自治区社区矫正适用前社会调查评估暂行办法（试行）》的规定，社会调查的对象必须具有本区户籍且将在本区执行社区矫正。当前我国犯罪人口的地域分布呈现明显的外向性、流动性特征。以某基层法院为例，该辖区内常住人口为354.5万人，其中外来人员为151.5万人，占常住人口的

---

① 《人民法院量刑指导意见（试行）》规定的量刑步骤为：（1）根据基本犯罪构成事实在相应的法定刑幅度内确定量刑起点；（2）根据其他影响犯罪构成的犯罪数额、犯罪次数、犯罪后果等犯罪事实，在量刑起点的基础上增加刑罚量确定基准刑；（3）根据量刑情节调节基准刑，并综合考虑全案情况，依法确定宣告刑。

② 《人民法院量刑指导意见（试行）》第三部分“常见量刑情节的适用”规定的量刑情节有：未成年人，未遂犯，从犯，自首，立功，退赃、退赔，积极赔偿，谅解，累犯，前科，犯罪对象为未成年人、老人、残疾人、孕妇等弱势人员的，在重大自然灾害、预防、控制突发传染病疫情等灾害期间犯罪的。第四部分“常见犯罪的量刑”中所涉及的量刑情节主要是犯罪情节，只是在故意伤害罪中明确将犯罪起因作为量刑情节。

42.7%；2008年至2010年3年间，外来人员犯罪数共达9998人，占总犯罪人口的70%左右；被判处缓刑的外省市总人数为1059人，占全部缓刑人数的51%；同市外区被判处缓刑的人数为718人，占全部缓刑人数的34%。[①] 以被告人户籍地作为社会调查的取舍因素违背了法律面前人人平等原则。法律面前人人平等原则要求平等量刑。量刑平等性既体现为刑罚分配结果的平等性，也体现为刑罚分配过程的平等性。以被告人户籍地作为社会调查的取舍因素既造成了刑罚分配过程的不平等性，还可能造成刑罚分配结果的不平等，即导致可判处缓刑的人因缺乏社会调查报告而未能被判处缓刑，或不应当判处缓刑的人因缺乏社会调查报告而被判处了缓刑。

第三，没有明确刑事二审程序中是否可以进行社会调查。在关于未成年人刑事案件和拟适用社区矫正案件社会调查相关的所有规定中，只有《重庆市未成年人刑事案件社会调查暂行办法》明确规定了第二审程序中仍然可以进行社会调查。该办法第30条第2款规定："二审法院审理未成年人刑事案件，应当对一审所具有的社会调查报告认真审查。如一审因客观原因没有社会调查报告或报告内容不全面的，可以自行委托未成年被告人住所地所在区、县（自治县）司法行政机关进行社会调查或者补充调查。"没有明确刑事二审程序中是否可以进行社会调查与第二审程序的原则不符。全面审查原则是我国刑事案件第二审的基本原则。对此，刑事诉讼法第222条规定："第二审人民法院应当就第一审判决认定的事实和适用法律进行全面审查，不受上诉或者抗诉范围的限制。共同犯罪的案件只有部分被告人上诉的，应当对全案进行审查，一并处理。"

---

① 万兵、吴小军：《审前社会调查制度之重构与完善——以规范缓刑的适用为视角》，载万鄂湘主编：《建设公平正义社会与刑事法律适用问题研究——全国法院第24届学术讨论会获奖论文集》（下册），人民法院出版社2012年版，第1247页。

另外，我国社会调查报告在适用方式上也存在一定的问题，即关于社会调查报告适用方式的规定不统一。在未成年人刑事案件中，刑事诉讼法及相关规范性规定采用的是“可以适用”模式。从重庆市、河南省、云南省昆明市、黑龙江省佳木斯市、新疆维吾尔自治区阿合奇县和江西省南丰县各地颁布的规定来看，有的地方采用了“可以适用”模式，有的地方采用了“应当适用”模式，还有的地方根据案件性质的不同，适用不同的模式。在社区矫正案件中，情况也是如此。《社区矫正实施办法》采用的是“可以适用”模式，但是在安徽、浙江、湖北、山东、福建、云南、吉林、四川、宁夏、湖南和甘肃等地的规定中，有些地方采用的是“应当适用”模式，有些地方采用的是“可以适用”模式。

（二）我国社会调查的主体问题

在我国的未成年人刑事案件中，社会调查的主体是多元化的。根据刑事诉讼法第268条的规定，公安机关、人民检察院、人民法院都是社会调查的主体。最高人民法院《关于审理未成年人刑事案件的若干规定》将社会调查的主体扩展到辩方和社会团体组织。《配套工作体系的若干意见》将办案机关委托调查的部门具体化为司法行政机关；司法行政机关社区矫正工作部门可联合相关部门开展社会调查，或委托共青团组织以及其他社会组织协助调查。从重庆市、河南省、云南省昆明市、黑龙江省佳木斯市、新疆维吾尔自治区阿合奇县和江西省南丰县等地的规定来看，关于社会调查主体的规定表现为五种类型：司法行政机关作为社会调查的主体；办案机关、辩护人和第三方都可以作为社会调查的主体；办案机关和第三方作为社会调查的主体；公安机关和第三方作为社会调查的主体以及公安机关作为社会调查的主体。与未成年人刑事案件中社会调查主体的多元化不同，在社区矫正案件中，社会调查的主体是单一的，即司法行政机关。上述两类案件中社会调查的主体不同的原因是：第一，司法行政机关负责各地社区矫正工作，由司法行政机关负责对拟适用社区矫正的被告人进行社会调查，实现了社会调查与社区矫正的前后衔接性，而未成年人刑事案件不一定适用社区矫正；第二，社区矫正案件中社会调查报告自审判阶段开始适用，而未成年人刑事案件中社会调查报告的功能更加广泛，还可作为公安机关是否提请批捕、移送起诉的依据以及人民检察院审查逮捕和审查起诉的参考，因此侦查阶段和审查起诉阶段也可以适用社会调查报告。

我们认为，为了确定何种机构可以作为社会调查的主体，应当层层递进地考虑下列因素。第一，社会调查的主体必须是具有刑事诉讼职能的主体。社会调查属于刑事司法活动，应当由具有刑事诉讼职能的主体承担。从这个角度来看，上文中所谈到的公安机关、人民检察院、人民法院、社区矫正部门和辩护人都可以作为调查主体，这是因为它们在刑事诉讼中都承担着一定的职能，其中公安机关承担侦查职能，人民检察院承担起诉职能，人民法院承担审判职能，社区矫正部门承担执行职能，辩护人承担辩护职能。但是上文中所谈到的第三方由于其在刑事司法中不承担任何职能，因此不宜作为社会调查的主体。① 第二，社会调查的主体必须具有中立性。社会调查报告不仅会影响到对被告人的量刑，而且还可能影响到刑罚的执行，因此社会调查主体的中立性非常重要。我国刑事诉讼法第 6 条规定，人民法院、人民检察院和公安机关进行刑事诉讼，必须以事实为根据，以法律为准绳。从该规定可以看出，人民法院、人民检察院和公安机关都具有客观公正的义务。作为司法行政人员的社会矫正机构工作人员，在社会调查中没有自身的利益存在，能

---

① 我国部分地方已经意识到了这一问题。在 2007 年重庆市高级人民法院制定的《审理未成年人刑事案件社会调查工作暂行规定》中，社会调查工作可以由法院委托的社会团体，或者聘请社会调查员来承担，必要时也可以由法院自行调查。2011 年的《重庆市未成年人刑事案件社会调查暂行办法》修改了上述规定。根据该办法，社会调查由未成年犯罪嫌疑人、被告人住所地所在区、县（自治县）司法行政机关负责组织人员实施。

够保障其在社会调查中的中立性。辩护律师的目的在于说服法院被告人不构成犯罪或具有从轻、减轻或免予处罚的事由，容易夸大对被告人有利的内容，中立性不足。综上，只有公安机关、人民检察院、人民法院和社区矫正机构才能够作为社会调查的主体。但是，考虑未成年人的身心特点，在未成年人刑事案件的社会调查中，可以由熟悉未成年人身心特点的专业人士或组织协助社会调查主体进行社会调查。[①]

在美国、英国、加拿大、澳大利亚、法国和德国，量刑前调查的主体体现了上述两项要求，这印证了上述两项要求的合理性。在美国、英国、加拿大和澳大利亚，负责量刑前调查的为社区矫正官员。[②] 在美国，缓刑考察官被认为是代表法官进行调查，其被称为“法院的眼睛和耳朵”。[③] 在法国，人格调查由预审法官或接受其委派的司法警察，或者接受其委派的任何有资格的人进行。在德国，人格调查由法庭助手或缓刑考察官进行。上述人员不仅是具有刑事诉讼职能的机构的工作人员，而且具有中立性。

（三）我国社会调查的内容问题

在未成年人刑事案件中，虽然刑事诉讼法第 268 条规定的社会调查内容较少，仅为未成年犯罪嫌疑人、被告人的成长经历、犯罪原因、监护教育等情况，但是最高人民检察院《关于进一步加强

---

① 这在部分规范性文件中已经有所体现，如《云南省社区矫正调查评估办法》第 24 条规定：“对未成年被告人或罪犯的社区矫正调查评估可以邀请共青团、妇联、教育部门、未成年人保护组织的工作人员参加。”

② 在未成年人刑事案件中，可由专业第三方参与量刑前的调查。《英国 2003 年刑事审判法》第 158 条规定，在罪犯未满 18 周岁时，由地方缓刑委员会的官员、地方当局社会服务部门的社会工作者或者青少年违法犯罪工作组的工作人员负责完成量刑前报告。

③ Nancy Glass, “The Social Workers of Sentencing? Probation Officers, Discretion, and the Accuracy of Presentence Reports Under the Federal Sentencing Guidelines”, Vol. 46 No. 1, *Criminal Law Bullet*, Art 2.

未成年人刑事检察工作的决定》和《配套工作体系的若干意见》充实了社会调查的内容，具体包括未成年犯罪嫌疑人性格特点、家庭情况、社会交往、成长经历、犯罪原因、涉嫌犯罪前后的表现以及是否具备有效监护条件或者社会帮教措施等。最高人民检察院《关于进一步加强未成年人刑事检察工作的决定》和《配套工作体系的若干意见》的规定也体现在了重庆市、河南省、云南省昆明市、黑龙江省佳木斯市和江西省南丰县等地的规定中。

在拟适用社区矫正的案件中，《社区矫正实施办法》对社会调查内容的规定也相对简略。但是，与未成年人刑事案件中的情形不同，在拟适用社区矫正的案件中，安徽、浙江、湖北、山东、福建、云南、吉林、四川、宁夏、湖南和甘肃等地对社会调查内容的规定并不完全是对《社区矫正实施办法》中相关规定的扩展，而是与其存在交叉关系，即这些地区对社会调查内容的规定与《社区矫正实施办法》中的相关规定并不完全一致（参见表1），这违背了制定下位法要遵循上位法的基本原则。

（四）我国社会调查的程序和期限问题

我国的社会调查程序在一定程度上保障了调查内容的真实性。第一，社会调查一般应当由两名社会调查员进行，在司法行政机关作为调查主体的地方，还要求其中至少一名社会调查员为司法行政机关工作人员。第二，社会调查的方法明确、形式规范。调查人员走访被告人家庭、工作单位或就读学校、同事或同学、案件被害人及其家属、社区组织、社区居民、公安派出所等单位和个人，采取个别约谈、查阅索取相关资料、小范围座谈等方式进行调查，并形成书面材料。调查可以采取调查笔录和调查问卷、自书材料等形式。条件允许的，还可以会见未成年犯罪嫌疑人、被告人。调查笔录应当详细记录调查时间、调查地点、被调查人姓名、与被告人关系、身份证号、性别、年龄、家庭住址或工作单位、联系电话、记录人姓名和调查内容，最后由调查人员和被调查人核对后签字确认。被调查人拒绝签字的，须在调查笔录上加以注明，并由调查人员和一名与被调查人无利害关系的见证人签字确认。调查问卷、自书材料应当由被调查人亲笔签名并附有其身份材料和联系方式。调查人员向有关单位收集、调取书面调查材料的，须由提供人签名，并加盖单位印章；调查人员向个人收集、调取书面调查材料的，须由提供人确认无误后签名。书面笔录或者其他能够印证社会调查报告内容的书面材料，应当附在社会调查报告之后。第三，对社会调查的审核程序严格。在社区矫正案件中，社会调查需要经过严格的审核程序。社会调查结束后，需要经过乡镇（街道）社区矫正工作办公室集体研究，提出能否判处非监禁刑的初步意见和建议，并指定专人起草社会调查报告，经调查人员签名，社区矫正工作办公室主要负责人审核同意签署意见后，报县（市、区）社区矫正工作办公室。县（市、区）社区矫正工作办公室须认真审阅调查报告，对有关疑点问题须进一步调查核实。最后，由县级司法行政机关负责人在社会调查报告上签署意见并加盖印章，连同社会调查报告的相关印证材料，一起提交委托进行社会调查的单位。第四，适用回避制度，接受人民检察院的监督。为了保证社会调查人员公正地进行社会调查，相关地方还明确规定了社会调查程序中的回避制度和法律监督制度。在社区矫正案件中，浙江、山东、吉林、宁夏、湖南和湖北等地明确规定调查人员与案件有利害关系的应当回避，安徽、四川、福建、云南、吉林、宁夏、湖南和甘肃等地规定人民检察院有权对社会调查工作实施法律监督，并对法律监督的具体程序作了明确规定。在未成年人刑事案件中，《重庆市未成年人刑事案件社会调查暂行办法》和《佳木斯市未成年人刑事案件社会调查实施办法》也规定了社会调查人员的回避制度。

但是，相关地方关于社会调查期限的规定不能满足司法实践的需求。在未成年人刑事案件中，最长的社会调查期限为《重庆市未成年人刑事案件社会调查暂行办法》规定的20日。最短的社会调查期限为河南省《未成年人刑事案件社会调查实施办法》规定的7日，特殊情况可延长3日。在社区矫正案件中，最长的社会调查期限为《湖北省适用非监禁刑审前社会调查实施办法（试行）》规定的3周。最短的是《云南省社区矫正调查评估办法》规定的简易程序中的社会调查期限，为7个工作日。上述规定中的期限是社会调查机构接受委托到提交社会调查报告的时间，由于社会调查机构接受委托后到具体负责调查的社会调查人员收到委托材料之间存在一定的时间间隔，因此实际上可以用于社会调查的时间更短。北京市朝阳区人民法院的法官曾撰文指出，对于具有本辖区户籍的被告人的审前社会调查，都难以在20日内完成，在部分案件中，在作出判决之后才收到社会调查报告；经统计，7个工作日内完成的社会调查不足1%,[①] 更不用说在实践中存在大量的流动人口犯罪，在这些案件中有时需要进行跨地区的社会调查，20日就更难以满足社会调查的需要了。

在当前的社会调查期限制度下，可能产生下列问题：第一，为了在社会调查期限内完成社会调查，社会调查机构的社会调查可能流于形式，不够细致、深入。第二，为了规避审理期限与社会调查期限的冲突，该适用简易程序的案件不适用简易程序，而适用普通程序，违背简易程序的适用原则。第三，在应当适用社会调查的案件中不进行社会调查，虚置社会调查报告制度。

（五）法院对社会调查报告的审查问题

社会调查报告可能影响对被告人的量刑，因此应当赋予控辩双方在庭审中对社会调查报告的质证权。我国的相关规范性文件对此作出了规定。在未成年人刑事案件中，对于控辩双方质证权的规定表现为两种模式：第一，社会调查人员应当出庭，接受控辩双方质证。例如，2010年最高人民法院、最高人民检察院、公安部、国

① 万兵、吴小军：《审前社会调查制度之重构与完善——以规范缓刑的适用为视角》，载万鄂湘主编：《建设公平正义社会与刑事法律适用问题研究——全国法院第24届学术讨论会获奖论文集》（下册），人民法院出版社2012年版，第1247页。

家安全部和司法部联合制定的《量刑程序意见》第 11 条规定，社会调查报告应当在法庭上宣读，并接受质证。又如《重庆市未成年人刑事案件社会调查暂行办法》规定，控辩双方可以就社会调查报告收集程序及内容提问并发表意见，社会调查员应当如实回答，质证完毕后退庭。第二，只有在必要的时候，社会调查人员才出庭接受控辩双方质证。例如，《佳木斯市未成年人刑事案件社会调查实施办法》只要求在必要时，由调查员到庭，在法庭调查结束后宣读报告并接受控辩双方的质询。在社区矫正案件中，安徽、湖北、山东和甘肃等地采用的是上述第二种模式，都规定人民法院在必要时应通知调查人员出庭接受询问，以决定是否采纳调查报告的意见。

除了庭审调查之外，在社区矫正案件中，安徽、湖北、山东和甘肃等地还规定了对社会调查报告的庭前审查。人民法院对县级司法行政机关提交的社会调查报告应及时审查。审查后如对调查内容有异议，可自行核查或继续委托县级司法行政机关另行指派调查员进行核查；如需要补充调查事项，可委托县级司法行政机关补充调查。

我国的社会调查制度在这方面的不足是没有赋予控辩双方在庭前查阅、摘抄、复制社会调查报告的权利，不利于控辩双方在庭前为质证做好充分的准备工作。

（六）我国社会调查报告的法律性质问题

从相关规范性文件规定的社会调查报告制度来看，对社会调查报告法律性质的认识存在一定分歧。有些规范性文件明确规定了调查人员出庭接受控辩双方质证。但是，也有的规范性文件只规定听取控辩双方对社会调查报告的意见，如河南省《未成年人刑事案件社会调查实施办法》规定，人民法院应当在庭审时出示社会调查报告，听取控辩双方的意见，作为对被告人量刑的参考。另外，有些地方对于社会调查员在庭审中的诉讼地位也存在较大分歧。如在北京市丰台区人民法院，社会调查人员的席位在公诉人旁边；在河南省兰考县人民法院，社会调查员的席位与书记员并列；在上海市长宁区人民法院，调查人员的席位与证人的席位相对应，在被告人席位与被害人席位之间单独设立一个调查人员席位。产生上述分歧的根本原因是我国法律没有对社会调查报告是否属于证据、属于何种证据作出明确规定。

五、我国社会调查报告制度的完善

（一）我国社会调查报告的适用范围和方式的完善

第一，扩大社会调查报告的适用范围，明确适用方式。为了全面发挥社会调查报告的功能，实现量刑规范化改革的目标，我们应当将社会调查报告的适用范围扩大到所有刑事案件。另外，将社会调查报告适用于所有刑事案件还与办案人员的实际需求相符。在研究中，我们分别对法官、检察官、辩护律师和监狱管理人员进行了访谈。被访谈的法官、检察官、辩护律师和监狱管理人员分别为10位。访谈的问题之一是您认为社会调查报告的作用如何？接受访谈的法官、检察官和辩护律师普遍认为，社会调查报告全面提供了关于犯罪行为和被告人的信息，对于量刑规范化改变具有非常重要的价值；接受调查的监狱管理人员也普遍认为，社会调查报告能够为有效地管理罪犯提供参考。

这里需要说明的是，我们主张社会调查报告的适用范围包括所有刑事案件，并不是说在每个案件中都需要进行社会调查。在每个案件中都进行社会调查不仅没有必要，也是有限的司法资源所不能允许的。社会调查报告的适用范围为所有刑事案件，只是为在每个案件中进行社会调查提供了可能，至于具体的案件中是否进行社会调查，与社会调查报告的适用方式有关。这也正是本章第三部分中所介绍的美国、英国、加拿大、澳大利亚和法国处理量刑前调查报告的策略。在上述五国，虽然从适用范围上来看，量刑前调查报告都适用于所有的刑事案件，但是法律通过对量刑前社会调查报告适用方式的规定，明确了何种情形下应当进行量刑前社会调查，何种情形下可以进行量刑前社会调查，何种情形下不需要进行量刑前社会调查。

关于未成年人刑事案件中量刑前调查报告的适用方式，《英国2003年刑事审判法》的规定最为严格，即所有的未成年人刑事案件中都需要量刑前调查报告，不存在任何例外；与英国不同，在美国部分州和加拿大，只有在未成年人可能被判处监禁刑时才应当进行量刑前调查。我们认为，上述各国的量刑前报告适用方式都不适用于我国。首先，在有些未成年人刑事案件中，与未成年人犯罪行为相关的背景情况已经十分清楚，在这种情况下如果仍然进行量刑前调查，不仅没有必要，而且还会浪费有限的司法资源。其次，只要求在未成年人可能被判处监禁刑时才应当进行量刑前调查，没有充分考虑未成年人刑事案件的特点。未成年人的身心发育尚未成熟，与成年人相比，其犯罪的原因更加复杂，更加具有可塑性。在办理未成年人刑事案件时，如果未成年人犯罪的背景情况不明，就应当全面调查其家庭情况、学校情况、社会交往和个人经历等，寻找诱发其犯罪的主客观因素，为公正量刑和矫治教育提供参考，而不应当受可能判处的刑罚的影响。因此，我们认为，我国未成年人刑事案件中社会调查报告的适用方式应当为：在未成年人刑事案件中，应当进行社会调查，但是案卷材料中已经包含了充分的相关信息，没有进行社会调查必要的除外。在将来条件成熟修改刑事诉讼法时，应当以此为原则修改未成年人刑事案件中社会调查报告的适用方式，在此之前，相关规范性文件应当对未成年人刑事案件中社会调查报告的适用方式做必要修改。

在量刑前报告适用于所有刑事案件的美国、英国、加拿大、澳大利亚和法国，关于成年人刑事案件中量刑前报告的适用方式表现为下列两种模式。其一，“应当适用”加“例外”模式。美国、英国和加拿大采用的是该模式。在美国、英国和加拿大，一般情况下在所有案件中都应当进行量刑前调查，例外情形是：法院认为案卷中已经包含了充分的信息，没有必要获取量刑前报告或量刑前报告没有特别意义。另外，《美国联邦刑事诉讼规则》第 32 条 c 款还规定了另一项例外情形，即法律另有规定时除外。其二，“可以适用”与“应当适用”相结合模式。澳大利亚西澳大利亚州和法国采用了该模式。根据《1995 年西澳大利亚州量刑法》第 20 条的规定，一般情况下，法院可以要求进行量刑前调查，但是在可能适用监狱服刑命令或强化监管命令时，法院应当要求进行量刑前调查。根据《法国刑事诉讼法典》第 81 条第 6 款的规定，在重罪案件中，应当进行人格调查；在轻罪案件中，可以进行人格调查。我们认为，上述两种量刑前调查报告适用模式的主要区别在于，采用“应当适用”加“例外”模式时，应当适用量刑前报告的案件量较大，采用“可以适用”与“应当适用”模式时，应当适用量刑前报告的案件量相对较小。考虑到这两种模式的上述区别，我们认为，在社会调查报告的适用范围被扩大到所有成年人刑事案件后，我国可以考虑采用“可以适用”与“应当适用”相结合的模式。一般情况下，如果法院认为社会调查报告有助于量刑，可以进行社会调查。但是在下列两种情况下，法院应当进行社会调查：一是拟适用社区矫正的案件。二是可能判处死刑的案件。我们之所以建议在上述两类案件中应当进行社会调查，原因如下：首先，在决定适用社区矫正前进行社会调查，有助于统筹考虑适用非监禁刑罚是否符合公共利益，是否对社区的安全产生不利影响，是否可以实现有效监管，这有利于社区矫正的依法规范实施，有利于发挥社区矫正制度的作用。其次，死刑是最严厉的刑罚，只适用于罪行极其严重的犯罪分子，在作出死刑裁判前进行社会调查，有助于准确地评估被告人的人身危险性，进而有助于准确地适用死刑，严格限制死刑的适用。

第二，消除被告人户籍地对适用社会调查的影响。为了在社会调查报告的适用上实现法律面前人人平等，将社会调查报告仅适用于本地户籍被告人的部分地区应当消除在适用社会调查时的身份差异，以案件自身情况作为决定是否适用社会调查的唯一标准。在消除了被告人户籍地对适用社会调查的影响后，对于外地户籍被告人的社会调查可考虑做如下分工：一是对于犯罪地系经常居住地的被告人，直接由犯罪地的社会调查机构进行社会调查；二是对于离开户籍地时间不长，在犯罪地居住时间较短的被告人，由犯罪地的社会调查机构调查犯罪行为的后果和影响、被告人的悔罪表现和被害人意见等，委托被告人户籍地的社会调查机构调查被告人的个人情况、家庭背景、犯罪前的表现、矫正条件等；三是对于多地流动的人员，根据案件的具体情况参考上述第二点的方法由犯罪地与户籍地的社会调查机构分别进行调查。

第三，明确第二审程序中可以适用社会调查报告。全面审查原则是我国第二审程序的基本原则，第二审法院应当对第一审判决认定的事实和适用的法律、认定的罪名和适用的刑罚进行全面审理，因此第二审法院应当根据案件的实际情况决定是否进行社会调查。在美国、英国、加拿大、澳大利亚和法国，只有《英国 2003 年刑事审判法》明确规定了上诉程序中应当适用量刑前报告。在我国关于未成年人刑事案件和拟适用社区矫正案件社会调查相关的所有规定中，也只有《重庆市未成年人刑事案件社会调查暂行办法》明确规定了第二审程序中可以进行社会调查。我们可以在参考《英国 2003 年刑事审判法》和《重庆市未成年人刑事案件社会调查暂行办法》的基础上确立第二审程序中社会调查的适用规则。首先，对于第一审法院获取的社会调查报告，第二审法院在审理时应当进行认真审查。其次，如果第一审法院没有进行社会调查缺乏正当理由，第二审法院应当进行社会调查。最后，如果第一审法院获取的社会调查报告内容不全面，第二审法院应当进行补充调查。

（二）我国社会调查主体的完善

在上文中，我们看到只有公安机关、人民检察院、人民法院和社区矫正机构才能够作为社会调查的主体。因此，在未成年人刑事案件中，那些规定辩护人和第三方可以作为社会调查主体的地方应当对相关规定做相应的修改。虽然由于第三方主体不属于承担刑事诉讼职能的主体，不能作为社会调查的主体，但是考虑到第三方主体具有专业知识，可以由其协助公安机关、人民检察院、人民法院和社区矫正机构开展社会调查工作。这里需要指出的是，尽管在当前的社区矫正案件中，社会调查的主体只有社区矫正机构，但是当社会调查适用的案件范围扩大到所有的成年人刑事案件后，社会调查的主体也应当做适当调整。在上文中，只论证了公安机关、人民检察院、人民法院和社区矫正机构可以作为社会调查的主体，那么在具体的办案过程中，由四个机构全部承担社会调查职责，还是只由其中的部分机构承担社会调查职责呢？对此，我们认为，国家相关部门应当在充分调研的基础上，确立全国性的指导规则；在此之前，在不违背上位法规定的情况下，各地可以根据当地公安机关、人民检察院、人民法院和社区矫正机构在人力、财力、物力和工作负担等方面的实际情况，确定适合于当地的规则。

虽然辩护人因不具有中立性而不应当成为社会调查的主体，但是我们认为，应当赋予被告人及其辩护人申请进行社会调查的权利。原因有两个：第一，办案机关对于是否需要进行社会调查的观点完全可能与被告人及其辩护人的观点不同，在办案机关没有决定进行社会调查的情况下，被告人及其辩护人通过向办案机关提出申请，阐述在该案中进行社会调查的重要性，有可能改变办案机关的态度。第二，符合我国刑事诉讼法关于取证方式的规定。刑事诉讼法第50条规定："审判人员、检察人员、侦查人员必须依照法定程序，收集能够证实犯罪嫌疑人、被告人有罪或者无罪、犯罪情节轻重的各种证据……"第41条规定，辩护律师可以申请人民检察院、人民法院收集、调取证据。根据上述规定，办案机关除了依职权收集证据之外，辩护律师还可以申请办案机关收集、调取证据。这意味着除了办案机关依职权进行社会调查之外，辩护人应当有权申请办案机关决定进行社会调查。

在社会调查的主体方面，我们还需要完善下列制度。第一，明确社会调查人员的身份地位。刑事诉讼法第106条规定，"诉讼参与人”是指当事人、法定代理人、诉讼代理人、辩护人、证人、鉴定人和翻译人员。从该规定来看，社会调查人员不属于诉讼参与人，在刑事诉讼中没有合法的诉讼地位。因此，在将来修改刑事诉讼法时，应当将社会调查人员纳入“诉讼参与人”的范围。第二，修改《看守所条例》关于提讯的规定。社会调查主体在社会调查过程中，有时候需要提讯在押的犯罪嫌疑人、被告人。当前，有些地方已经对此作了明确规定，如《重庆市未成年人刑事案件社会调查暂行办法》第 12 条规定，社会调查员可以会见犯罪嫌疑人、被告人。但是根据《看守所条例》的规定，作为社会调查主体的社区矫正机构不能提讯在押犯罪嫌疑人、被告人。《看守所条例》第 19 条第 1 款规定：“公安机关、国家安全机关、人民检察院、人民法院提讯人犯时，必须持有提讯证或者提票。提讯人员不得少于二人。”根据该规定，只有公安机关、国家安全机关、人民检察院和人民法院可以提讯犯罪嫌疑人、被告人。因此，为了使社区矫正机构提讯在押犯罪嫌疑人、被告人有合法的依据，应当对《看守所条例》做适当修改。

（三）我国社会调查内容的完善

在未成年人刑事案件中，我国刑事诉讼法与其他规范性文件关于社会调查内容的规定不完全相同。从比较法的角度来看，不同地区对于未成年人刑事案件中量刑前调查内容的规定也不完全相同。例如，美国《新泽西州少年司法法典》规定，安置报告应涵盖下列内容：实施犯罪行为的情境、犯罪行为给社区造成的影响、未成年人的既往犯罪史、未成年人的家庭境况、未成年人的经济来源、未成年人父母或监护人的经济来源、父母或监护人对未成年人的监护情况等。又如，根据《加拿大 2002 年未成年人刑事审判法》第 40 条的规定，量刑前调查的内容如下：会见未成年人被告人、其父母和其他家人所获得的信息；会见被害人所获得的信息；未成年人的年龄、成熟程度、性格、行为方式、态度及其矫正意愿，未成年人提出的改变自己行为的计划、参与相关改造活动的计划或承担相关改造措施的计划，先前的犯罪记录以及未成年人对此的态度；社区服务的适当性及可行性，以及未成年人提供社区服务的意愿；未成年人与其父母的关系，其父母对其的控制和影响程度，未成年人与其他家人的关系，其他家人对其的控制和影响程度，未成年人在学校的表现记录和就业情况记录；任何可以帮助法院决定是否可以适用监禁替代措施的信息；以及负责犯罪矫正事务的州级指导官员认为相关的其他信息。

与我国各地社区矫正案件中社会调查内容的不一致相似，美国、英国、加拿大、澳大利亚、法国和德国关于量刑前调查内容的规定也不一致。《美国联邦刑事诉讼规则》第 32 条 d 款规定，量刑前调查的内容是：被告人的历史和特征，包括前科记录、被告人的经济状况；影响被告人行为的环境因素；犯罪在经济、社会、心理和医学方面对被害人造成影响的信息；被告人可以获得的非监禁项目和资源；与赔偿被害人损失相关的信息；以及其他法院需要的信息。英国量刑前需要调查与被告人有关的信息和与犯罪有关的信息，另外《英国 2003 年刑事审判法》还要求在量刑前对特定被告人进行精神状态检查和毒品检测。根据《加拿大刑法典》的规定，一般情况下，量刑前调查的内容有：被告人的年龄、性格、行为方式、态度和矫正意愿；犯罪记录；对被告人适用替代措施的记录及被告人对这些措施的反应等。澳大利亚《1995 年西澳大利亚州量刑法》只对量刑前报告的内容作了原则性规定：法院在命令进行量刑前调查时，可以针对应当调查的事项作出说明；如果法院没有对应当调查的事项作出说明，那么量刑调查的内容即为与量刑相关的信息。《法国刑事诉讼法典》第 81 条规定，人格调查的内容为被告人的人格、家庭状况、经济状况及社会环境等；另外，预审法官可以指令为当事人进行医疗检查、心理检查或者采取一切有益措施。在德国，人格调查的内容为：被告人的人格，被告人以前的生活状态，被告人的经济状况，被告人的违法犯罪记录，被告人的家庭情况，被告人在犯罪后的行为，特别是其在犯罪发生后为弥补给被害人造成的损失而作出的努力等。另外，人格调查的内容还可以包含对被告人的心理诊断报告。

社会调查报告的主要任务是收集评估被告人人身危险性的信息。社会调查内容上的差异，其根本原因是对如何评估被告人人身危险性存在不同认识。当前，对人身危险性的评估主要有三种方法：直觉法、临床法和统计法。直觉法是司法工作者根据自己的经验评估被告人人身危险性的方法，带有很大的主观色彩；临床法是犯罪心理学家或精神病学家在对行为人进行访谈、观察的基础上评估被告人人身危险性的方法；统计法是在运用统计学分析发现行为人人身危险性的影响因素的基础上，对被告人人身危险性进行评估的方法。运用统计法时，如果被告人符合的影响因素越多，那么其人身危险性就越高；反之，其人身危险性就越低。很明显，无论是我国的相关规定，还是国外的相关规定，在调查内容的设置上，采用的都是直觉法。直觉法完全依赖经验。由于不同的规则制定者在评估被告人人身危险性上的经验不同，因此不同的规范性文件规定不同的调查内容是十分正常的现象。众所周知，统计法是当今最科学的评估行为人人身危险性的方法。因此，我们应当采用统计法分析被告人人身危险性的影响因素，这样不仅能够消除不同规范性文件在调查内容上的分歧，还能够使对被告人人身危险性的评估更加准确。[①]

（四）我国社会调查程序的完善

解决社会调查期限不能满足司法实践需求这一问题，人们最先想到的方案肯定是延长社会调查期限。我们认为，延长社会调查期

---

① 笔者已经尝试运用统计学方法对“逮捕必要性”进行研究。参见张吉喜、梁小华：《美国司法部审前风险评估模型及其对我国的启示》，载《中国刑事法杂志》2010 年第 1 期；张吉喜：《如何客观地评估“逮捕必要性”》，载《人民检察》2012 年第 7 期；张吉喜：《统计学方法在评估“逮捕必要性”中的运用》，载《广东社会科学》2014 年第 6 期。

限虽然能够解决社会调查期限不够用的问题，但是会带来另外的问题，即诉讼的及时性问题和简易程序的适用问题。第一，诉讼及时性问题。诉讼及时性是一项国际通行的刑事诉讼基本原则，也是公正审判权的基本要求。[①] 虽然我国刑事诉讼法没有将诉讼及时性作为一项基本原则，但是我国刑事诉讼法第 2 条的规定体现了诉讼及时性在我国刑事诉讼中的重要地位。刑事诉讼法第 2 条规定："中华人民共和国刑事诉讼法的任务，是保证准确、及时地查明犯罪事实……"虽然我国刑事诉讼法规定的普通程序的审理期限相对较长，而且在符合一定条件的情况下还可以进行延长，[②] 但是如果仅仅是为了进行社会调查而将审理期限运用到最大限度，或延长审理期限，则有违诉讼的及时性。第二，简易程序的适用问题。关于简易程序的审理期限，刑事诉讼法第 214 条规定："适用简易程序审理案件，人民法院应当在受理后二十日以内审结；对可能判处的有期徒刑超过三年的，可以延长至一个半月。"由此可见，在简易程序中，如果延长社会调查的期限，会产生社会调查期限与审理期限的冲突问题。

我们认为，解决社会调查期限不能满足司法实践需求这一问题

---

① 张吉喜著：《刑事诉讼中公正审判权——以〈公民权利和政治权利国际公约〉为基础》，中国人民公安大学出版社 2010 年版，第 69 页。

② 刑事诉讼法第 202 条第 1 款规定："人民法院审理公诉案件，应当在受理后二个月以内宣判，至迟不得超过三个月。对于可能判处死刑的案件或者附带民事诉讼的案件，以及有本法第一百五十六条规定情形之一的，经上一级人民法院批准，可以延长三个月；因特殊情况还需要延长的，报请最高人民法院批准。"第 232 条规定："第二审人民法院受理上诉、抗诉案件，应当在二个月以内审结。对于可能判处死刑的案件或者附带民事诉讼的案件，以及有本法第一百五十六条规定情形之一的，经省、自治区、直辖市高级人民法院批准或者决定，可以延长二个月；因特殊情况还需要延长的，报请最高人民法院批准。最高人民法院受理上诉、抗诉案件的审理期限，由最高人民法院决定。"

的最佳方案为调整进行社会调查的诉讼阶段。既然在审判阶段进行社会调查会产生上述问题，那么我们可以选择在审前阶段，即在侦查阶段或审查起诉阶段进行社会调查。根据刑事诉讼法第 169 条的规定，除了重新计算审查起诉期限的案件以外，一般情况下，审查起诉阶段的期限为一个月，重大、复杂的案件，可以延长半个月。由此可见，如果在审查起诉阶段进行社会调查，社会调查的期限也存在一定的问题。因此，我们建议，应当将社会调查的启动时间前置，建立以公安机关为主，人民法院、人民检察院为辅的社会调查程序。即公安机关认为案件符合社会调查条件的，应当启动社会调查；人民检察院和人民法院在审查起诉和审判阶段发现公安机关没有启动社会调查的案件确实需要进行社会调查的，应当启动社会调查。

从比较法的角度来看，虽然在美国、英国、加拿大和澳大利亚，量刑前调查都发生在审判阶段，但是由于其审判方式和关于量刑前调查期限的规定与我国不同，因此不会产生与我国社会调查期限相似的问题。在这些国家，刑事审判明确分为定罪审判与量刑听证这两个独立的诉讼程序，在定罪与量刑之间有一段时间间隔。量刑前调查人员在这一段时间内进行量刑前调查。关于量刑前调查的期限，《美国联邦刑事诉讼规则》并没有明确予以规定，而是以量刑听证日为参照。《美国联邦刑事诉讼规则》第 32 条 e 款和 g 款规定，缓刑考察官必须最迟在量刑听证日 35 天前向控辩双方提供量刑前报告供其审查并听取他们的反对意见，最迟在量刑听证日 7 天前向法院和控辩双方提交最终的量刑前报告。在这种规定方式中，法院可以根据量刑前调查的难易程度不同，调整量刑听证的日期，从而改变量刑前调查的期限。

以公安机关启动社会调查为主，不仅解决了社会调查的期限问题，而且为人民检察院准确地提出量刑建议奠定了基础。量刑建议是检察机关公诉权的一项重要内容。最高人民检察院 2010 年颁布的《人民检察院开展量刑建议工作的指导意见（试行）》第 4 条规定："提出量刑建议的案件应当具备以下条件：（一）犯罪事实清楚，证据确实充分；（二）提出量刑建议所依据的各种法定从重、从轻、减轻等量刑情节已查清；（三）提出量刑建议所依据的重要酌定从重，从轻等量刑情节已查清。"第8条规定："公诉部门承办人在审查案件时，应当对犯罪嫌疑人所犯罪行、承担的刑事责任和各种量刑情节进行综合评估，并提出量刑的意见。"社会调查报告中包含许多量刑情节，对于准确地提出量刑建议具有重要的作用。

（五）法院对社会调查报告的审查程序的完善

美国联邦最高法院大法官斯卡利亚（Scalia）指出，量刑前报告的准确性非常重要；由于量刑前报告中包含的信息具有传闻性，[①] 因此需要以两种方式确保其内容的准确性：一是在庭前向控辩双方开示；二是在庭审中对其进行审查。[②] 上述两种方式在美国、英国、加拿大、澳大利亚和德国都得到了一定体现。《美国联邦刑事诉讼规则》第32条、《英国2003年刑事审判法》第159条和《加拿大刑法典》第721条明确规定了控辩双方有权在量刑前知悉量刑前报告，控辩双方有权在庭审中对量刑前报告提出反对意见和相关证据。《加拿大2002年未成年人刑事审判法》规定，控辩双方不仅在庭前有权知悉量刑前报告的内容，而且还可以在量刑听证中对量刑前调查人员进行交叉询问。澳大利亚的情况与《加拿大2002年未成年人刑事审判法》的规定相似。在德国，人格调查报告属于案卷的一部分，司法机关、被告人的辩护律师和被害人的代理律师都可以查阅该报告。法院可以要求负责人格调查的法庭

---

① *U.S. v. Booker*, 543 U.S. 220, 304, 125 S. Ct. 738, 160 L. Ed. 2d 621 (2005).

② Nancy Glass, "The Social Workers of Sentencing? Probation Officers, Discretion, and the Accuracy of Presentence Reports Under the Federal Sentencing Guidelines", Vol. 46 No. 1, *Criminal Law Bullet*, Art 2.

助手或缓刑考察官出庭说明情况。

在我国，相关规范性文件已经对庭审中审查社会调查报告作出了相应规定，但是未对在庭前向控辩双方公开社会调查报告的内容作出任何规定。如果是在审查起诉阶段或侦查阶段进行了社会调查，不存在公诉人查阅、摘抄、复制社会调查报告的问题，因为公诉人依职权就可以获得社会调查报告。在这种情况下，也不存在辩护人查阅、摘抄、复制社会调查报告的问题，因为辩护人可以根据刑事诉讼法第 38 条的规定查阅、摘抄、复制社会调查报告。刑事诉讼法第 38 条规定："辩护律师自人民检察院对案件审查起诉之日起，可以查阅、摘抄、复制本案的案卷材料。其他辩护人经人民法院、人民检察院许可，也可以查阅、摘抄、复制上述材料。"这方面的问题主要出现在审判阶段进行了社会调查的案件中。我们认为，为了使控辩双方能够为对社会调查报告的质证做好充分的准备工作，应当明确规定控辩双方可以在庭前查阅、摘抄、复制社会调查报告。在当前相关规范性文件没有明确规定控辩双方可以在庭前查阅、摘抄、复制社会调查报告的情况下，可以参照《法院解释》的相关规定准许控辩双方查阅、摘抄、复制社会调查报告。《法院解释》第 52 条规定，人民法院向有关单位收集、调取书面证据材料后，应当及时通知辩护律师查阅、摘抄、复制，并告知人民检察院。第 66 条规定，合议庭对证据有疑问的，在庭外调查核实证据时，发现对定罪量刑有重大影响的新的证据材料的，可以直接提取，并及时通知检察人员、辩护人、自诉人及其法定代理人查阅、摘抄、复制。

除了控辩双方有权在庭前知悉量刑前调查报告外，《美国联邦刑事诉讼规则》第 32 条 f 款还规定了控辩双方有权在量刑前审查量刑前调查报告。《美国联邦刑事诉讼规则》第 32 条 f 款规定，控辩双方在收到量刑前调查报告后 14 天内，必须以书面形式陈述对量刑前报告中包含的信息和量刑建议的反对意见。控辩双方在提出反对意见时必须告知对方及缓刑考察官其反对意见的内容。缓刑考察官在收到反对意见后，可以会见控辩双方以讨论反对意见，并在做进一步调查的基础上适当修改量刑前报告。我们认为，我国不需要借鉴该规定，即确立控辩双方在庭前审查社会调查报告的程序，原因是除了庭审调查之外，在社区矫正案件中，安徽、湖北、山东和甘肃等地已经规定了人民法院对社会调查报告的庭前审查。如果在此之外再确立控辩双方在庭前审查社会调查报告的程序，会叠床架屋，影响诉讼效率。

最后需要指出的是，如果人民法院发现了社会调查报告中有不准确的信息，应当予以更正。我们认为，《美国联邦刑事诉讼规则》第32条i款的规定不合理。《美国联邦刑事诉讼规则》第32条i款规定，法院可以接受量刑前报告中控辩双方没有争议的部分，将其作为事实予以认定；法院必须对量刑前报告中控辩双方存在争议的部分作出裁判，如果法院认为这些内容不影响量刑或不会在量刑中考虑这些内容，可以作出没有裁决必要的决定。上述规定不合理的原因是：量刑前报告不仅是量刑的依据，还在刑罚执行中发挥作用。如果法院认为量刑前报告中不准确的部分不影响量刑就不予以修改，量刑前调查报告在将来不会再有机会得到修改，这会导致刑罚执行部门根据不准确的量刑前报告执行刑罚。①

（六）明确社会调查报告的法律性质

在理论上，对于社会调查报告是否属于证据存在两种截然不同的观点。第一，否定说。否定说认为，社会调查报告的内容与案件事实没有相关性，因此不具有证据属性。② 第二，肯定说。肯定说认为，刑事诉讼法规定“能够证明案件真相的一切事实都是证据”，社会调查报告的内容可以归入“一切事实”，所以，社会调

---

① Gregory W. Carman, “Fairness At The Time Of Sentencing: The Accuracy Of The Presentence Report”, 78 *St. John's L. Rev.* 1.

② 赵国玲主编：《未成年人司法制度改革研究》，北京大学出版社2011年版，第241~242页。

查报告属于证据的范畴。[1]

我们认为，社会调查报告具有一定的复合性，既包括属于量刑证据的内容，也包括不属于量刑证据的内容。其中，事实描述部分属于证据，如被告人的家庭情况、个人情况、犯罪行为的后果和影响、犯罪前后的表现等。这是因为根据《法院解释》第 64 条的规定，与定罪量刑有关的所有事实都属于应当运用证据证明的案件事实，社会调查报告的事实描述部分反映了被告人的人身危险性，与量刑具有相关性。[2] 在社会调查报告中的意见和建议部分，与“宣告缓刑对所居住社区没有重大不良影响”相关的内容属于证据，如居住地村（居）民委员会和被害人意见、被告人的人身危险性的评估意见等。这是因为刑法第 72 条规定的“宣告缓刑对所居住社区没有重大不良影响”是宣告缓刑的条件之一，是案件中的证明对象；与“宣告缓刑对所居住社区没有重大不良影响”相关的内容用以证明该证明对象，当然属于证据。而其他内容则不属于证据，如拟禁止的事项等。

对于审前社会调查报告中属于证据的内容应当归入何种证据，我们认为，应当归入证人证言。社会调查报告中属于证据的内容是社会调查人员凭借自己的感觉器官直接感知的案件事实。只不过从证据来源的角度来看，其属于传来证据，而不属于原始证据。这里面临的一个问题是，在我国的刑事证据理论中，证人只能是自然人，单位不能作为证人，而社会调查报告却要加盖社会调查机构的印章，以社会调查机构的名义作出。我们认为，社会调查报告的上述形式要件并不影响其在证据法上的属性，因为在对社会调查报告进行法庭调查时，参加庭审的是自然人——社会调查员。关于社会

① 高维俭：《少年刑事司法之社会人格调查报告制度论要》，载《环球法律评论》2010 年第 3 期。

② 我国的证据理论认为，证据具有客观性、相关性和合法性三大特征，其中相关性是证据的本质特征。

调查报告的证据种类，有观点认为属于品格证据。[①] 我们认为，该观点不能成立。首先，品格证据不是证据种类，而是证据类型。其次，品格证据不能涵盖社会调查报告的全部内容。品格证据是指有关证明个人性格特点和在一定社区范围内公众对个人名誉、道德方面评价的证据。社会调查报告中除了包含体现被告人品格的内容外，还包含被告人的家庭情况、犯罪行为的后果和影响等不属于被告人品格的内容。

社会调查报告的证据地位及其证据种类影响着对其的庭审审查方式。例如，对于社会调查报告中属于证据的内容应当在法庭调查阶段由控辩双方进行质证；对于社会调查报告中属于意见或建议的内容应当在法庭辩论阶段由控辩双方进行辩论。因此，我国在将来制定或修改相关规范性文件时，应当明确社会调查报告的证据地位及其证据种类。

① 刘立霞、张晶：《未成年人恢复性司法中引入品格证据的原因》，载《贵州社会科学》2009 年第 5 期。

第六章　被害人影响陈述

被害人影响陈述（Victim Impact Statement，简称 VIS），是指被害人就犯罪行为对其在身体、经济和精神上的影响向法院所作的书面或口头陈述。从比较法的角度来看，被害人影响陈述是被害人参与量刑的主要方式，也是非常重要的量刑证据。① 本章将在对被害人影响陈述制度进行系统考察的基础上，阐明被害人影响陈述制度的程序背景和价值，分析在我国确立被害人影响陈述制度的正当性，提出在我国构建被害人影响陈述制度的设想，探讨在我国确立被害人影响陈述制度需要解决的问题。

---

① 被害人影响陈述主要运用的领域除了量刑程序外，还包括假释、减刑程序。在美国，布什总统于 2004 年 10 月签署的《犯罪被害人权利法案》（The Crime Victims′ Rights Act）要求，在量刑、假释等程序中听取被害人影响陈述。当前，美国多数州允许在假释程序中使用被害人影响陈述。例如，《乔治亚州刑事诉讼法》第 10 章第 1.1 条规定，被害人可以在被告人的假释程序中向州假释委员会提交被害人影响陈述。《马里兰州刑事诉讼法》第 402 条规定，在符合下列条件的案件中，假释和缓刑委员会应当考虑被害人影响陈述：（1）被告人在实施重罪或可能成为重罪的过失犯罪时给被害人造成了身体、心理损害或经济损失；或者（2）被告人在实施轻罪时造成了被害人严重的身体伤害或死亡。在英国和加拿大，被害人也可以在假释委员会的听证中口头或书面提出被害人影响陈述。另外，在部分司法区，被害人影响陈述还被运用于减刑程序中，如《怀俄明州刑事诉讼法》第 21 章第 102 条规定，被害人有机会在减刑听证中进行陈述。《南达科他州刑事诉讼法》第 27 章第 1.2 条规定，在减刑时，公诉人应当通知被害人参加听证；经被害人申请并经法院准许，被害人可以作影响陈述并对减刑发表意见。

一、被害人影响陈述制度比较法考察

被害人影响陈述最早于20世纪70年代中期出现在美国。1976年，在美国加州弗雷斯诺审理的查尔斯·曼森和曼森派（Charles Manson and the Manson Family）谋杀案中出现了最早的被害人影响陈述。1982年，加州成为美国首个通过成文法承认被害人影响陈述的州。当前，《美国联邦刑事诉讼规则》和50个州的相关法律都规定了被害人影响陈述制度。与其他国家不同，英国使用的是被害人个人陈述（Victim Personal Statement，简称VPS）这一术语。英国内政部于20世纪90年代后期对被害人个人陈述制度进行了三年的试点，最终的评估肯定了该制度。2001年，英国内政部正式实施被害人个人陈述计划（Victim Personal Statement Scheme）。2013年12月10日生效的《英国犯罪被害人操作法案》对被害人个人陈述制度作了详细的规定。《加拿大刑法典》第722条于1988年引入了被害人影响陈述制度，规定法庭在量刑阶段可以考虑被害人影响陈述，1996年该条被修改为法庭在量刑阶段必须考虑被害人影响陈述。为了提高被害人影响陈述的作用，加拿大于1999年再次对该条进行了修改。1988年的澳大利亚《南澳大利亚州刑法（量刑）法案》第2章第1节第7A条对被害人影响陈述作了规定，澳大利亚的其他部分州随后也以此为范本在本州实施被害人影响陈述制度。以下我们从七方面考察上述国家的被害人影响陈述制度。

（一）被害人影响陈述的适用范围

在不同的司法区，被害人影响陈述的适用范围不尽相同。在多数司法区，被害人影响陈述适用于所有案件。但是，在部分司法区，被害人影响陈述只适用于部分刑事案件。如在美国的弗吉尼亚州和阿拉斯加州，被害人影响陈述只适用于重罪案件。在美国的特拉华州，被害人影响陈述适用于重罪和造成被害人身体伤害或死亡的轻罪。在美国的马里兰州，被害人影响陈述适用于下列两类案件：被告人在实施重罪或可能成为重罪的过失犯罪时给被害人造成了身体、心理损害或经济损失；或者被告人在实施轻罪时造成了被害人严重的身体伤害或死亡。在澳大利亚的南澳大利亚州，被害人影响陈述适用于被害人因可正式起诉的犯罪而遭受身体伤害或财产损失的案件。另外，在有些司法区，尽管被害人影响陈述适用于所有案件，但是在不同案件中对被害人影响陈述的要求不同。美国南达科他州便是其中的典型代表。《南达科他州刑事诉讼法》第27章第1.1条规定，如果被告人被判的是重罪，经被害人向法院请求，在量刑前，被害人有权发表被害人影响陈述；如果被告人被判是轻罪，经被害人向法院请求，在量刑前，经法院准许，被害人可以发表被害人影响陈述。

（二）被害人影响陈述的内容

被害人影响陈述的内容包括两个方面：可以包含的内容和不应当包含的内容。首先，被害人影响陈述可以包含的内容。各司法区关于被害人影响陈述可以包含的内容的规定基本相似，被害人影响陈述的内容一般是犯罪对被害人在身体、经济和精神方面产生的影响以及与此相关的其他信息。美国《阿拉斯加州刑事诉讼法》第55章第22条规定，被害人影响陈述应当记载下列信息：该犯罪对被害人造成的经济、精神和医学方面的影响；被害人获得赔偿的需求；以及法院要求的其他任何信息。美国《特拉华州刑事诉讼法》第4331条e款规定，被害人影响陈述应当包含：犯罪对被害人的身体、心理和经济方面造成的影响；被害人身体伤害的程度和该伤害持续的时间；犯罪对被害人个人幸福或家庭关系产生的影响；被害人对心理咨询服务的需求及由此而产生的费用；以及与犯罪对被害人或其他人员造成影响相关的其他信息。英国、加拿大和澳大利亚的法律虽然没有对被害人影响陈述包含的内容作出明确规定，但是在司法实践中，被害人影响陈述的内容与美国的相关规定相似。其次，被害人影响陈述不应当包含的内容。在各司法区，被害人影响陈述都不应当包含侮辱性的语句、关于犯罪的细节问题、被告人的品格以及其他不准确的事实。①

（三）被害人影响陈述的主体

被害人影响陈述的主体在一般情况下为被害人。如果被害人死亡或没有完成被害人影响陈述的能力，多数司法区允许由其代理人、监护人或其他人员完成被害人影响陈述。例如，《美国联邦刑事诉讼规则》第32条i款规定，无论被害人是否出庭，下列人员可以出庭代被害人行使向法庭陈述的权利：如果被害人未满18岁或没有陈述的能力，其父母或监护人；如果被害人死亡或丧失行为能力，法院指定的一名或多名家庭成员或亲属。美国《特拉华州刑事诉讼法》第4331条f款规定，在下列情况下，被害人的代理人、监护人、家庭成员、治疗人员和儿童保护组织可以作被害人影响陈述：被害人死亡，被害人是未成年人，被害人在精神、身体或法律上无行为能力，或被害人因其他原因不能作被害人影响陈述。美国《乔治亚州刑事诉讼法》第10章第1.1条a款规定，如果被害人死亡，应当通知被害人家人有权提交被害人影响陈述；如果被害人因精神、情感或身体原因无法完成被害人影响陈述，或因年龄原因无法完成被害人影响陈述，被害人的律师或家庭成员可以代表被害人完成被害人影响陈述。《英国犯罪被害人操作法案》第2章B部分第1.7条规定，不适宜出庭作陈述的被害人或18岁以下的被害人由父母代为完成被害人影响陈述，除非其父母被认为不能代表该不适宜出庭作陈述的被害人或未成年被害人的利益。甚至在部分司法区，法律将被害人的代理人、监护人或其他人员纳入被害人的范畴。例如，美国《南达科他州刑事诉讼法》第27章第1.1条规定，被害人指实际被害人；在实际被害人因年龄、身体状况、死亡或其他原因不能完成被害人影响陈述时，被害人还包括实际被害

---

① 因为犯罪的细节问题是被害人在定罪程序中应当陈述的内容，被告人的品格属于量刑前调查报告（Presentence Investigation Report）中应当包含的内容。

人的父母、配偶、近亲属、监护人、代理人、精神健康顾问等。《加拿大刑法典》第722.1条第4款规定，被害人是指因犯罪行为而遭受身体或精神伤害的人；当上述人员因死亡、患病或其他原因不能够完成被害人影响陈述时，被害人包括任何在法律上或事实上对该人进行监护、抚养该人或被该人抚养的人。

（四）被害人发表影响陈述的方式

有些司法区没有明确规定被害人影响陈述的方式。在对被害人影响陈述的方式作出明确规定的司法区，被害人影响陈述的方式包括两种模式：第一，提交书面被害人影响陈述、当庭发表口头被害人影响陈述或以其他形式发表被害人影响陈述皆可；第二，必须在量刑前提交书面被害人影响陈述，但是被害人可以选择是否在法庭上宣读或以其他形式发表该影响陈述。[①] 美国多数州采用第一种模式。例如，《阿拉斯加州刑事诉讼法》第55章第23条b款规定，被害人可以向法院提交书面影响陈述，可以以宣誓的方式在量刑听证中作证，也可以不以宣誓的形式在量刑听证中作证；如果被害人没有提交书面影响陈述，也没有以宣誓或非宣誓的形式在量刑听证中作证，被害人的代理人可以代表被害人提交书面影响陈述，或在量刑听证中以非宣誓的方式作证。《蒙大拿州刑事诉讼法》第18章第115条第4款和《怀俄明州刑事诉讼法》第21章第102条都规定，根据被害人的选择，被害人可以在量刑听证前准备书面影响陈述，也可以在量刑听证时作口头陈述，或以上述两种方式作被害人影响陈述。英国和澳大利亚采用的也是第一种方式。《英国犯罪被害人操作法案》第2章A部分第1.12条规定，被害人有权在向警方提供证人证言时发表被害人个人陈述；在量刑听证中，被害人有权选择宣读书面被害人个人陈述或播放被害人个人陈述的录音；如果被害人选择宣读书面被害人个人陈述，其有权决定是自己宣读

① 被害人以口头形式发表影响陈述又被称为“被害人告谕”（Victim Allocution）。

还是由他人代为宣读（一般是皇家检察官代为宣读）。第 1.21 条接着规定，无论被害人影响陈述是否被宣读或播放，其对量刑的影响都是一样的。澳大利亚的《南澳大利亚刑法（量刑）法案》第 2 章第 1 节第 7A 条规定，被害人可以向法院提交书面被害人影响陈述，可以在法庭上宣读被害人影响陈述，也可以以音频或视频的方式在法庭上播放被害人影响陈述。美国乔治亚州和加拿大采用的是第二种方式。在乔治亚州，被害人影响陈述必须在量刑前以书面形式提交法院。《加拿大刑法典》第 722 条第 2 款规定，被害人影响陈述必须根据法定的形式和程序以书面形式向法院提交。第 722 条第 2.1 款规定，根据被害人的请求，法院应当允许被害人宣读提交的被害人影响陈述，或以音频或视频等方式播放被害人影响陈述。在加拿大和美国乔治亚州，要求被害人在量刑前提供书面影响陈述的原因是，保障控辩双方在量刑前了解被害人影响陈述的内容。美国《乔治亚州刑事诉讼法》第 10 章第 1.1 条 e 款规定，应当至迟在开庭前 5 日向公诉人、被告人提供被害人影响陈述的复印件。《加拿大刑法典》第 722.1 条规定，在定罪后，法院书记员应当向被告人、辩护人以及公诉人提供被害人影响陈述的复印件。与此不同，在采取第一种模式的司法区，只有被害人在量刑前提交了书面被害人影响陈述的情况下，被告方才可以在量刑听证前了解该陈述。例如，《英国犯罪被害人操作法案》第 2 章 A 部分第 1.18 条规定，检察官、辩方都可以在量刑听证前看到被害人个人陈述。美国《蒙大拿州刑事诉讼法》第 18 章第 115 条第 4 款规定，在被害人提交了书面影响陈述的情况下，法院应当保障公诉人和被告人获得该书面陈述的复印件。

（五）被告人的交叉询问权

在量刑听证中，被告人是否可以对作影响陈述的被害人进行交叉询问，各司法区的态度分歧较大。在美国，只有少数州明确允许被告人在量刑程序中对被害人进行交叉询问。北达科他州和乔治亚州规定，被告人在量刑程序中有不受限制的对被害人进行交叉询问的权利。俄克拉荷马州和马里兰州规定，在特定情形下可以在量刑程序中对被害人进行交叉询问。《俄克拉荷马州刑事诉讼法》第984.1条规定，在量刑程序中，辩护律师不应当对被害人或其近亲属进行交叉询问；只有在被害人或其近亲属的陈述涉及案件事实时，才应当保障辩方的交叉询问权。《马里兰州刑事诉讼法》第11章第403条规定，如果被害人或其代理人在量刑时发言，被告人可以对其进行交叉询问，但是交叉询问限定于被害人或其代理人向法院所作的事实陈述。越来越多的州通过法律或判例反对在量刑听证中对被害人进行交叉询问。目前，至少有8个州通过判例法禁止在量刑程序中对被害人进行交叉询问，另外还有3个州通过修改法律，禁止在量刑程序中对被害人进行交叉询问。[①] 在英国，被害人应当回答与个人陈述相关的问题。加拿大最高法院认为，尽管被告人有对被害人进行交叉询问的权利，但是该权利受到一定的限制。[②] 在加拿大的司法实践中，被告人在量刑听证中对被害人进行交叉询问的情况十分罕见。在加拿大学者2006年进行的一项调查中，97%的受访法官表示，在量刑程序中对作影响陈述的被害人进行交叉询问从来没有或几乎没有发生过。一位好的辩护律师一般不会直接对被害人影响陈述提出质疑，更不会轻易对被害人进行交叉询问，因为这可能会产生不好的效果。[③]

（六）被害人影响陈述的自愿性

在上述所有司法区与被害人影响陈述相关的规定中，都使用了“有权”或“可以”等术语，这意味着被害人有发表影响陈述的权

① Paul G. Cassell, “Victim Impact Statements and Ancillary Harm: The American Perspective”, 15 *Can. Crim. L. Rev.* 149 (2011).

② K. Roach, “The Role of Crime Victims Under the *Youth Criminal Justice Act*”, 40 *Alta. L. Rev.* 965(2003).

③ Julian V. Roberts and Allen Edgar, *Victim Impact Statements at Sentencing: Judicial Experiences and Perceptions*, Research Report for the Department of Justice Canada, 2006, p. 10.

利，但没有发表影响陈述的义务，即被告人发表影响陈述具有自愿性。有部分司法区的法律对于被害人影响陈述自愿性的规定更加具体，如美国《威斯康星州刑事诉讼法》第 972. 14 条规定，在定罪后，公诉人应当联系被害人，通知其有作出影响陈述的权利；法院应当确定被害人是否愿意作影响陈述；如果被害人愿意，法院应当允许被害人当庭口头陈述或提交书面影响陈述。《英国犯罪被害人操作法案》第 2 章 A 部分第 1. 14 条规定，被害人作影响陈述是其权利，而不是义务；但是一旦被害人选择不作被害人个人陈述，他将没有机会再作该陈述，因为案件可能会以快速的方式得到处理。

（七）被害人影响陈述的效力

被害人影响陈述的效力表现在两方面：一是对量刑的效力；二是法院没有遵循被害人影响陈述的法律后果。关于第一方面，各司法区都明确规定，法院在量刑时应当考虑被害人影响陈述，即虽然被害人是否提出影响陈述是自愿的，但是法官考虑被害人影响陈述却是强制性的。关于第二方面，虽然有些司法区未作规定，但是作出规定的司法区的态度都是一致的，即法院没有考虑被害人影响陈述不会导致量刑无效，这是因为被害人影响陈述中所包含的内容属于酌定量刑事实。例如，美国《马里兰州刑事诉讼法》第 11 章 402 条 d 款和《蒙大拿州刑事诉讼法》第 18 章第 115 条第 4 款规定，法院应当在决定刑罚和赔偿时考虑被害人影响陈述。美国《乔治亚州刑事诉讼法》第 10 章第 1. 1 条 e 款、《威斯康辛州刑事诉讼法》第 972. 14 条和《怀俄明州刑事诉讼法》第 21 章第 103 条都规定，法院应当在量刑或决定赔偿数额前考虑被害人影响陈述，但是不能因为没有遵守与被害人影响陈述相关的规定而使量刑无效，即与被害人影响陈述相关的规定不能被解释为诉讼的原因或上诉的理由。澳大利亚《南澳大利亚州刑法（量刑）法案》第 2 章第 1 节第 7A 条第 4 款规定，没有遵守或没有完全遵守与被害人影响陈述相关的规定，不会影响量刑的效力。《加拿大刑法典》第 722 条第 1 款规定，法院在量刑时应当考虑被害人影响陈述。

二、被害人影响陈述制度的程序背景和价值

（一）被害人影响陈述制度的程序背景

被害人影响陈述制度立基于对被害人的尊重和定罪与量刑程序分离的诉讼模式。前者促成了被害人参与包括量刑在内的刑事诉讼活动，后者使被害人影响陈述制度具有可行性和必要性。

第一，对被害人的尊重。在历史上，随着犯罪观念的变化，犯罪从最初被视为对私人利益的侵犯，发展为被视为对社会秩序的破坏和对国家利益的侵犯，对犯罪的追诉亦成为国家的权力和职责，进而刑事案件被定性为“被告人与国家”而非“被告人与被害人”之间的纠纷。在这种观念下，被害人被视为一种证据来源，在国家利益和社会利益前被边缘化，成为“另外一个证人”、“旁边的人”、“被遗忘的人”。[①] 人们认为，在被告人得到惩罚和被害人获得赔偿的情况下，被害人的权利便得到保护，但是，对被害人心理的研究发现，被害人有比惩罚被告人和获得赔偿更大的愿望，那就是受到尊重的愿望和参与刑事司法的愿望。[②] 为了尊重和关注被害人，保障被害人参与刑事司法，在 20 世纪七八十年代，在世界范围内掀起了一场被害人权利运动，挑战将被害人仅仅作为证人的不合理现象。[③] 学者们一致认为，被害人理应有权参与刑事诉讼全过程，有权就案件处理发表意见并始终保持其尊严。在被害人权利运

---

① William Frank McDonald, “Towards a Bicentiennial Revolution in Criminal Justice: The Return of the Victim”, 13 *American Crim. L. Rev.* 649, 650 (1975-1976).

② Mary Margaret Giannini, “Equal Rights for Equal Rites?: Victim Allocution, Defendant Allocution, and the Crime Victims´ Rights Act”, 26 *Yale L. & Pol´y Rev.* 431 (2008).

③ Kerstin Braun, “Giving Victims A Voice: On The Problems Of Introducing Victim Impact Statements In German Criminal Procedure”, 14 *German L. J.* 1889 (2013).

动的推动下，1985 年 12 月 11 日联合国大会通过了第 40/34 号决议，即《关于公正对待犯罪和滥用权力的被害人的基本原则宣言》。该宣言第 6 条 b 款规定："允许在被害人的利益受到影响的程序阶段展示和考虑被害人的意见，但是展示和考虑被害人的意见应当遵守国内的刑事司法制度，且不应当对被告人产生偏见。"被害人权利运动对相关国家和地区的刑事诉讼法也产生了重大影响，被害人的地位在相关国家和地区的刑事诉讼中得到了不同程度的提升，其中标志之一是被害人在刑事诉讼中的参与权得到了充分的保障。例如，《德国刑事诉讼法典》专门规定了被害人程序参与的内容，在法律上赋予了其参与庭审的权利。《日本刑事诉讼法典》第 292 条规定："如果被害人希望在法庭上就自己受害的经过和受害的情况作陈述，应该允许。如果被害人死亡，被害人的配偶、直系亲属或者兄弟姐妹也可以陈述。"《俄罗斯联邦刑事诉讼法典》第 292 条第 7 项规定，被害人及其代理人，在控辩双方辩论结束到法庭退入评议室之前，有权以书面形式向法庭提交他们对解决本法典第 299 条第 1 款第 6 项所列问题措辞的建议。这里的"本法典第 299 条第 1 款第 6 项所列问题措辞的建议"即为量刑建议。我国台湾地区"刑事诉讼法"第 271 条第 2 款也明确规定："审判期日，应传唤被害人或其家属并予陈述意见之机会。但经合法传唤无正当理由不到场，或陈明不愿到场，或法院认为不必要或不适宜者，不在此限。"

第二，定罪与量刑程序分离的诉讼模式。被害人权利运动促成了被害人参与包括量刑在内的刑事诉讼活动，定罪与量刑程序分离的诉讼模式使被害人影响陈述制度具有可行性和必要性。综观各国对定罪与量刑程序的设置，大致可以分为以英美法系为代表的定罪与量刑程序分离的模式和以大陆法系为代表的定罪与量刑程序合一的模式。

在定罪与量刑程序分离的诉讼模式中，定罪与量刑是分开进行的、独立的程序，具体的做法一般是在被告人认罪或由陪审团或法官认定被告人构成犯罪后，再由陪审团或法官举行独立的量刑听证程序来决定被告人的刑罚。定罪与量刑程序分离的诉讼模式促成了被害人影响陈述制度，原因有三个：一是定罪程序解决的是被告人的罪与非罪问题，被害人只能就其遭受犯罪行为侵害的过程及与犯罪分子有关的情况进行陈述，而犯罪行为给被害人造成的身体、经济和精神方面的影响，由于其与定罪不具有相关性，因此不能在定罪程序中被提出；二是独立的量刑程序为被害人单独提出犯罪行为给其造成的身体、经济和精神方面的影响提供了空间，即独立的量刑程序使得独立提出被害人影响陈述具有可行性；三是独立的量刑程序需要以量刑证据为基础，否则独立的量刑程序便会成为无本之木、无源之水，而犯罪行为给被害人造成的身体、经济和精神方面的影响是非常重要的量刑证据，其在量刑程序中被独立提出具有必要性。在被害人权利运动的大潮中，美国专门建立了研究被害人状况的美国犯罪被害人总统工作组（US President´s Task Force on Victims of Crime），一位被害人向该工作组抱怨说：为什么法院在量刑时不问我？被绑架的人是我，而不是弗吉尼亚州。该工作组根据美国定罪与量刑程序分离的诉讼模式提出了被害人影响陈述制度，用来弥补被害人参与的不足。[①] 实践证明，被害人影响陈述既满足了被害人在刑事诉讼中表达意见的权利，又符合定罪与量刑程序分离的诉讼模式。[②]

在定罪与量刑程序合一的诉讼模式中，定罪与量刑程序相混同，在法庭调查、法庭辩论中所涉及的案件事实既包括定罪事实，也包括量刑事实。虽然在有被害人的犯罪案件中，犯罪行为给被害

---

① President´s Task Force on Victims of Crime, *Final Report (1982)*, US Government Printing Office, Washington, DC, p. 9.

② Kerstin Braun, "Giving Victims A Voice: On The Problems Of Introducing Victim Impact Statements In German Criminal Procedure", *14 German L. J.* 1889 (2013).

人造成的身体、经济和精神方面的影响都是客观存在的，但是在定罪与量刑程序合一模式中，没有让被害人独立提出犯罪行为给其造成的身体、经济和精神方面影响的空间，这是因为被害人可以在陈述遭受犯罪行为侵害的过程及与犯罪分子有关的情况时，附带描述犯罪行为给其造成的身体、经济和精神方面的影响。甚至在定罪与量刑程序合一模式中，由于法官过于关注被告人是否构成犯罪、构成何种犯罪，而忽视被害人是否陈述了犯罪行为给其造成的身体、经济和精神方面的影响。也就是说，在采用定罪与量刑程序合一模式的国家可能存在被害人影响陈述，但是不会形成独立的被害人影响陈述制度。

本章第一部分所提到的四个国家，即美国、英国、加拿大和澳大利亚等英美法系国家，在刑事诉讼中都运用定罪与量刑分离模式，同时它们的被害人影响陈述制度也是全球最具代表性的。这进一步印证了定罪与量刑程序分离的诉讼模式与被害人影响陈述制度之间的关系。

（二）被害人影响陈述制度的价值

1. 有助于准确量刑

犯罪的本质特征是行为的社会危害性，其直接表现为犯罪行为对社会秩序的破坏和对被害人个人法益的损害。即社会危害性的评价是一个综合体系，而被害人的法益损害是这一体系的重要组成部分。虽然刑法在区分犯罪等级及规定量刑情节方面已经考虑到了个罪对被害人个人法益的损害，但是这仅具有抽象意义且主要是从立法者的角度出发的，难免具有片面性。而被害人影响陈述则能够从被害人个体角度具体、全面地反映犯罪的社会危害性，有利于全面地评估犯罪的社会危害性，从而为刑罚的准确适用奠定基础。美国犯罪被害人总统工作组曾指出，被害人有权在程序中表达意见；如果法官不知道犯罪给被害人造成的影响，则不能够评价被告人行为的严重性。[①]

在刑事案件中，受到犯罪行为侵害的人可以被划分为两种类型：首要被害人和从属被害人（secondary victim）。[②] 首要被害人，又称直接被害人，是指直接受到犯罪行为伤害的人，这种伤害包括肉体、心理、精神或经济上的伤害。被谋杀、强奸或诈骗的人便属于首要被害人。从属被害人，又称附加被害人（ancillary victim），是指那些因为与直接被害人之间具有特殊关系而受害的人，如直接被害人的亲属、朋友及与直接被害人具有其他关系的人员。犯罪行为给直接被害人造成的危害被称为直接危害；犯罪行为给附加被害人造成的危害被称为附加危害。[③] 虽然在相似的案件中，犯罪行为造成的直接危害结果相似，但是造成的附加危害结果则往往存在较大的区别。例如，在两件故意杀人案中，被害人分别是一位没有亲属、朋友的隐居者和一位大家庭中的唯一收入来源者。假设在这两件案件中，其他所有方面都相同，但是这两件案件中的附加危害却不相同。在第一件案件中，被杀害的隐居者是唯一被害人；在第二件案件中，被杀害的人并非唯一被害人，犯罪产生了超出被害人死亡之外的危害，犯罪还危害到与直接受害者密切相关的人，使他们在经济上和身心上受到了伤害。很明显，在第二件案件中，犯罪产生的社会危害性更严重。这表明，没有两个完全相同的杀人案件，虽然死亡是相同的要素，但是量刑的决定因素则具有复合性。承认犯罪产生的附加危害并不是说刑罚应当反映被害人的社会地位，而是遵循了罪刑相适应原则。也就是说，为了实现罪刑相适应，除了应当获取犯罪行为造成的直接危害的信息外，还应当获取犯罪行为

---

① President´s Task Force on Victims of Crime, *Final Report*(1982), US Government Printing Office, Washington, DC, 1982, pp. 76-77.

② 关于被害人的更多类型，参见本书第七章。

③ Paul G. Cassell, "Victim Impact Statements and Ancillary Harm: The American Perspective",15 *Can. Crim. L. Rev.* 149(2011).

造成的附加危害的信息。被害人影响陈述是确定犯罪行为所造成的直接危害和附加危害的最直接信息来源。甚至在某种意义上说，被害人影响陈述是确定犯罪行为所造成的附加危害的唯一信息来源。因此，如果不考虑被害人影响陈述，则意味着没有遵循罪刑相适应的基本原则。

当然，犯罪的附加危害必须是被告人在实施犯罪时能够预见的，这是主客观相一致原则的基本要求。在有些情况下，被害人的特征是被告人无法预见的。例如，被告人抢劫被害人，造成被害人受到精神伤害而不敢出门。在这里，被害人的身体伤害是被告人可以预见的，但是精神伤害却往往是被告人不可预见的，因此被害人受到的精神伤害不能够作为量刑的依据。

以上从理论上论证了被害人影响陈述对量刑的重要价值。那么，在实践中被害人影响陈述对于量刑是否确实有意义呢？在美国，对法官的调查发现，法官们认为，被害人影响陈述是量刑时有用的信息来源，提供了通过其他途径无法获知的信息。其中包含的关于经济损失、身体伤害和心理影响的客观信息特别有用。其中，4/5 的法官认为，被害人影响陈述对量刑确实产生了影响。① 美国的相关研究发现，在非死刑案件中，虽然被害人影响陈述没有大幅度地加重被告人的监禁刑，但是被害人影响陈述带来了量刑其他方面的改变，如影响缓刑的条件、禁止令等。② 在加拿大，有学者曾做过调查，结果显示，被害人影响陈述是法官量刑不可或缺的一种独立信息来源。在该项调查中，60%的法官认为被害人影响陈述在几乎所有的案件中都有用；47%的法官指出被害人影响陈述常常或有时包含通过其他途径无法获得的有用信息；19%的法官认为被害

① Ashworth, A.. "Victim impact statements and sentencing", *Crim. L. Rev*, 498-509 (1993).

② Paul G. Cassell, "Victim Impact Statements and Ancillary Harm: The American Perspective", 15 *Can. Crim. L. Rev.* 149 (2011).

人影响陈述只在部分案件中有用，只有21%的法官认为被害人影响陈述几乎不包含对量刑有用的信息。[①] 在南澳大利亚的研究发现，被害人影响陈述对于缓刑的适用有着较大的影响。[②]

2. 有助于满足被害人的心理需求和提升被害人对司法裁判的认同感

被害人影响陈述不仅仅是准确量刑的手段，其还具有满足被害人的心理需求和提升被害人对司法裁判的认同感方面的作用。正如一位法官所言：我为了满足被害人心理需求和提升被害人认同感而使用被害人影响陈述；公诉人可以表达被害人的身体伤害和经济损失，但是被害人影响陈述在满足被害人心理需求和提升被害人认同感方面特别有效。[③]

第一，被害人影响陈述有益于满足被害人的心理需求。在刑事案件中，被害人不仅受到了身体或经济上的重大损害，而且其心理时常也会感受到不同程度的痛苦。心理学研究表明：人越是痛苦时越需要一个宣泄感情、排除积怨的渠道。即被害人有向法官陈述犯罪给其造成危害的需要。[④] 在美国的调查显示，被害人影响陈述对于许多被害人而言确实具有心理意义上的治疗效果。正如一位被害人所言：当我在法庭上宣读被害人影响陈述，告诉被告人其伤害我

---

① Julian V. Roberts and Allen Edgar, *Victim Impact Statements at Sentencing: Judicial Experiences and Perceptions*, Research Report for the Department of Justice Canada, 2006, p. vii.

② Erez, E. & Tontodonato, P., "The Effect of Victim Participation in Sentencing on Sentence Outcome", *Criminology*, vol. 28, no. 3, pp. 451-474 (1990).

③ Erez, E. & Tontodonato, P., "The Effect of Victim Participation in Sentencing on Sentence Outcome", *Criminology*, vol. 28, no. 3, pp. 451-474 (1990).

④ S. Szmania and M. Gracyalny, "Addressing the Court, the Offender and the Community: A Communiction Analysis of Victim Impact Statements in a Non-Capital Sentencing Hearing", *Int'l Rev. of Criminology* 13 at 231 (2006).

的严重性时，我受到的伤害得到了部分治愈。[①] 2006 年美国联邦第九上诉法院在凯纳诉美国（Kenna v. U.S.）案中也指出，被害人影响陈述确保法院不忽视犯罪对被害人的影响，能够使被害人重新获得尊严和尊重，而不是感到无助和羞辱。[②] 在英国，一项针对被害人的调查发现，在英格兰和威尔士有 60%的被害人，在苏格兰有 44%的被害人表示想用被害人影响陈述的方式倾诉自己的痛苦，一吐心中的怨气。[③] 在加拿大的研究也发现，被害人期望官方认可他们受到的伤害。在加拿大六个城市进行的调查表明，被害人影响陈述被认为对被害人有治疗作用，大多数被害人发现完成被害人影响陈述的经历是具有肯定性的，他们想在案件中再一次作被害人影响陈述。正因为如此，在加拿大，法官们十分关注在量刑理由中提及被害人影响陈述。一项针对加拿大法官的问卷调查发现，39%的法官几乎总是在量刑理由中提及被害人影响陈述，80%的法官常常在量刑理由中提及被害人影响陈述。[④]

这里需要指出的是，在实践中并非所有被害人都认为向法官陈述犯罪行为对其造成的影响有助于宣泄感情，有些被害人认为向法官陈述犯罪行为对其造成的影响可能会加重其痛苦经历。但是，这些被害人不会因为被害人影响陈述制度而受到负面影响，因为被害人没有作影响陈述的义务，相反被害人作影响陈述是其权利，他们可以选择是否提供影响陈述。

第二，有利于提升被害人对司法裁判的认同感。被害人在量刑

---

① Paul G. Cassell, "Balancing the Scales of Justice: The Case for and the Effects of Utah's Victims' Rights Amendment", *Utah L. Rev.* at 1395 n. 107 (1994).

② *Kenna v. U.S.* Dist. Ct., 435 F.3d 1011 (9th Cir. 2006).

③ 康黎:《英美法系国家量刑程序中的"被害人影响陈述"制度介评》,载《环球法律评论》2010 年第 6 期。

④ Julian V. Roberts and Allen Edgar, *Victim Impact Statements at Sentencing: Judicial Experiences and Perceptions*, Research Report for the Department of Justice Canada, 2006, p. viii.

程序中作影响陈述，会使其感觉到自己的陈述会对量刑产生影响，从而有助于其认同司法裁判。美国最近一项研究发现，被害人影响陈述与被害人对司法裁判的满意度之间具有正相关性，许多被害人表示，该陈述提升了其对刑事司法的满意程度，帮助他们从犯罪中得到恢复。① 加拿大的学者普遍认为，被害人影响陈述的目的之一是增进被害人对量刑程序的满意度。在加拿大针对法官、检察官和律师的问卷调查发现，32%的受调查者认为，提交被害人影响陈述的被害人常常或总是对程序更为满意。②

3. 有助于帮助犯罪人认识到自己行为所产生的危害

有些犯罪人在实施犯罪行为后，对犯罪行为给被害人造成的危害结果缺乏深刻的认识。被害人影响陈述给了犯罪人全面认识自己的犯罪行为给被害人造成的危害的机会，有助于促使犯罪人认识到其行为所造成的危害，对于促进其自我反省、改过自新和回归社会具有积极的作用。③ 在确立了被害人影响陈述制度的国家，犯罪人在听完被害人影响陈述后，认识到自己行为所产生的危害，并当庭深刻忏悔的事例比比皆是。例如，在克利恩斯案（Cleans v. State）的量刑程序中，因交通肇事致被害人死亡的克利恩斯在听完被害人影响陈述后，深刻忏悔，承诺他将用自己人生的大部分时间去阻止他人犯类似的罪行。④ 虽然我国法律尚未规定被害人影响陈述制度，但是在司法实践中也曾出现过被害人或其近亲属当庭发表影响陈述的情形。2008 年，北京市第一中级人民法院在审理被告人宋

---

① J. Chalmers et al., "Victim Impact Statements: Can Work, Do Work (For Those Who Bother to Make Them)", Crim. L. Rev. 360 (2007).

② Julian V. Roberts and Allen Edgar, *Victim Impact Statements at Sentencing: Judicial Experiences and Perceptions*, Research Report for the Department of Justice Canada, 2006, p. 23.

③ Trey Hill, "Victim Impact Statements: A Modified Perspective", 29 *Law & Psychol. Rev.* 211 (2005).

④ *Clemans v. State*, 680 *P. 2d* 1179, 1186 *n.* 5 (1984).

晓明故意伤害一案时，被害人母亲梁建红当庭讲述了自己失去独生子的痛苦，并请求法庭从轻处罚被告人宋晓明。在听完被害人母亲梁建红的陈述后，宋晓明深刻地认识到了自己行为的危害性，泪流满面，连声喊被害人母亲梁建红“妈妈”，并承诺将用自己的余生给被害人母亲梁建红尽一个儿子的孝道。[①] 上述两个案例生动地诠释了被害人影响陈述在帮助犯罪人认识自己行为所产生的危害方面的作用。

三、在我国确立被害人影响陈述制度的正当性分析

（一）被害人量刑意见需要被害人影响陈述

在我国刑事诉讼中，被害人一直有参与刑事审判的机会。在1979年刑事诉讼法中，虽然被害人不是当事人，只是一般的诉讼参与人，但是其享有在刑事审判中发表意见的机会。[②] 1996年修改刑事诉讼法时，在被害人权利运动的推动下，被害人的诉讼地位被提升为当事人，理所当然地在刑事审判中享有发表意见的机会。[③] 但是无论是1979年刑事诉讼法，还是1996年刑事诉讼法只是为被

---

① 房建浩、池皓：《被害人母亲为凶手求情　法院对被告人从轻处罚》，载《燕赵晚报》2008年7月28日A8版。

② 1979年刑事诉讼法第58条规定：“本法下列用语的含意是：……（二）‘当事人’是指自诉人、被告人、附带民事诉讼的原告人和被告人；……（四）‘诉讼参与人’是指当事人、被害人、法定代理人、辩护人、证人、鉴定人和翻译人员；……”第118条规定：“法庭调查后，应当由公诉人发言，被害人发言，然后由被告人陈述和辩护，辩护人进行辩护，并且可以互相辩论。审判长在宣布辩论终结后，被告人有最后陈述的权利。”

③ 1996年刑事诉讼法第82条规定：“本法下列用语的含意是：……（二）“当事人”是指被害人、自诉人、犯罪嫌疑人、被告人、附带民事诉讼的原告人和被告人；……”第160条规定：“经审判长许可，公诉人、当事人和辩护人、诉讼代理人可以对证据和案件情况发表意见并且可以互相辩论。审判长在宣布辩论终结后，被告人有最后陈述的权利。”

害人参与量刑提供了空间，并没有明确规定被害人参与量刑的方式。在量刑规范化改革中，被害人参与量刑才得到了具体、明确的规定。为了规范量刑裁量权，将量刑纳入法庭审理程序，增强量刑的公开性和透明度，实现量刑公正和均衡，维护社会公平正义，最高人民法院近年来推动了量刑规范化改革。量刑规范化改革有两部纲领性文件：一是最高人民法院、最高人民检察院、公安部、国家安全部和司法部联合颁布的《量刑程序意见》；二是最高人民法院颁布的《人民法院量刑指导意见（试行）》。《量刑程序意见》第4条规定了被害人有提出量刑意见的权利，该条规定："在诉讼过程中，当事人和辩护人、诉讼代理人可以提出量刑意见，并说明理由。"第14条更加具体地规定了被害人发表量刑意见的程序，该条规定："量刑辩论活动按照以下顺序进行：（一）公诉人、自诉人及其诉讼代理人发表量刑建议或意见；（二）被害人（或者附带民事诉讼原告人）及其诉讼代理人发表量刑意见；（三）被告人及其辩护人进行答辩并发表量刑意见。"第16条规定了人民法院应当考虑被害人的量刑意见，即："人民法院的刑事裁判文书中应当说明量刑理由。量刑理由主要包括：（一）已经查明的量刑事实及其对量刑的作用；（二）是否采纳公诉人、当事人和辩护人、诉讼代理人发表的量刑建议、意见的理由；（三）人民法院量刑的理由和法律依据。"2012年的《法院解释》第230条肯定了《量刑程序意见》，规定："……当事人及其辩护人、诉讼代理人可以对量刑提出意见并说明理由。"

通过上述相关规范性文件的规定，我们可以看出，在我国当前的刑事审判中，被害人可以提出量刑意见。这里需要探讨的问题是，什么是量刑意见，被害人的量刑意见在实践中有哪些表现形式？

从语义上来看，量刑意见指的是对量刑的法律判断，即是否应当对被告人从重、从轻、减轻或免除处罚，应当判处何种刑罚等。这里需要指出的是，在庭审中，被害人往往也会反驳被告人及其辩护人提出的从轻、减轻或免除处罚的量刑意见。我们认为，被害人反驳被告人及其辩护人的量刑意见不属于被害人量刑意见的一种表现形式，因为这是被害人作为当事人应当享有的法庭辩论权的体现，本质上不属于提出量刑意见的权利。《量刑程序意见》第4条要求被害人在提出量刑意见时，应当说明理由，即量刑意见依据的事实和法律。在司法实践中，被害人的量刑意见主要有以下两种表现形式。第一种是以被告人积极赔偿或谅解被告人为理由，提出对被告人从轻处罚的意见。被害人提出此类量刑意见的依据是《人民法院量刑指导意见（试行）》的相关规定。《人民法院量刑指导意见（试行）》规定，对于积极赔偿被害人经济损失的，综合考虑犯罪性质、赔偿数额、赔偿能力等情况，可以减少基准刑的30%以下；对于取得被害人或其家属谅解的，综合考虑犯罪的性质、罪行轻重、谅解的原因以及认罪悔罪的程度等情况，可以减少基准刑的20%以下。第二种是提出对被告人从重处罚的量刑意见。在提出该种意见的被害人中，多数被害人只是提出了从重处罚、坚决要求判处死刑等量刑意见，没有立足于犯罪对其自身产生的影响说明从重处罚的理由。只有部分被害人能够立足于犯罪对其产生的影响，论证被告人行为的社会危害性，提出从重处罚的量刑意见。在药家鑫故意杀人一案中，被害人家属提出的量刑意见书便是其中的典型代表。该量刑意见书首先表达了被告人的故意杀人行为对被害人家庭造成的影响，“被害人张妙与人无冤无仇，却遭遇如此横祸，令我们陷入了巨大的悲痛之中，现张妙之母因为张妙逝去的原因已经出现精神错乱的症状。张妙之父现在也几近精神崩溃。张妙年幼的孩子虽不懂事，但是他将失去自己最亲爱的妈妈，这对一个刚开始的人生是怎样一种无情的打击。张妙之夫也因为张妙的逝去卧病在床一个多月，被害人所遭受的精神、物质损失是很难用金钱来衡量的，而作为药家鑫的父母在知道其子的所作所为后，对被害人家属的冷漠、自私，深深的再次伤透了被害人家属已经破碎的身心”。最后，该量刑意见书提出了被害人家属的量刑意见，“我们被害人家属认为法律不应被药家鑫这样用心恶毒的人玩弄，处以死刑立即执行，方才体现我国法律的威慑性和惩罚性，才能让我们被害人家属心里得到慰藉，才能使张妙的灵魂得到安息”。

从当前我国被害人量刑意见的实践状况来看，存在的一点不足是被害人在提出从重处罚的量刑意见时，往往不能立足于犯罪对其自身产生的影响说明从重处罚的理由。造成这种状况的根本原因是我国缺乏引导被害人陈述犯罪对其产生的影响的机制。与此不同，《人民法院量刑指导意见（试行）》关于被告人积极赔偿或谅解被告人的规定能够引导被害人对符合该规定的被告人提出从轻处罚的意见。正因为如此，该类量刑意见被法院采纳的比例较高。对某中级人民法院的调研发现，在131件已审结的刑事附带民事诉讼案件中，其中对127名被告人的量刑采纳了被害人从轻处罚被告人的量刑意见。[①]

被害人影响陈述与被害人量刑意见是本与末的关系。被害人量刑意见与被害人影响陈述之间的逻辑关系为，先有被害人影响陈述，被害人再基于此提出量刑意见；被害人影响陈述为本，被害人量刑意见为末。如果只强调被害人的量刑意见，没有被害人影响陈述制度的引导，那么便如同有末而无本。在澳大利亚和美国的一些州，如密歇根州、肯塔基州、明尼苏达州、宾夕法尼亚州、南达科他州、怀俄明州和蒙大拿州，被害人的量刑意见都是建立在被害人影响陈述基础之上的。这些司法区认为，被害人的量刑意见是从被害人影响陈述中自然延伸出来的，二者密切相关，不能截然分开。因此，我国当前的被害人量刑意见制度迫切需要与之相配套的被害人影响陈述制度。有了被害人影响陈述制度，被害人才能够在被害人影响陈述制度的引导下，立足于犯罪对其自身产生的影响提出量刑意见。

---

① 潘从武、刘学军：《宁夏：量刑建议权新探索——被害方有权“发言”》，载《法制日报》2010年1月28日。

这里需要指出的是，对于被害人量刑意见制度存在一些反对观点和相反的实践。有学者指出，提出量刑意见不仅超出了被害人的能力范围，而且对法官参考意义不大。由于被害人受文化水平、法律知识的限制，其对量刑情节、量刑方法和量刑步骤较为陌生，通常不能就被告人所应判处的刑罚提出准确的量刑意见。与此不同，量刑是法官的职责，法官精通量刑方法和量刑步骤，熟悉案件中的量刑情节。① 另外，英国、加拿大和美国的爱达荷州等司法区明确禁止被害人提出量刑意见。例如，《英国犯罪被害人操作法案》第2章A部分第1.11条规定："被害人不应当表达量刑意见，因为这是法庭决定的内容。"其理由是：与被害人个人陈述不同，被害人或其近亲属所发表的关于被告人应当被判处何种刑罚的意见与量刑没有关联。被害人应被告知这一点。如果被害人在已经被告知的情况下，仍将其量刑意见纳入个人陈述之中，那么法庭应当忽略被害人的量刑意见。② 那么，我们是否应当废除被害人量刑意见制度，而以被害人影响陈述制度取而代之呢？对此，我们持否定态度，理由是：第一，虽然被害人的量刑意见对法官量刑的参考意义不大，但是被害人量刑意见的程序功能是不容忽视的。被害人的量刑意见彰显了被害人作为当事人的诉讼地位。根据《量刑程序意见》第4条的规定，被告人享有提出量刑意见的权利，从基本法理上来说，作为当事人的被害人应当享有与被告人相对等的提出量刑意见的权利。第二，相关国家的实践表明，即使在制度上禁止被害人提出量刑意见，也无法在实践中禁止被害人提出量刑意见。被害人具有提出量刑意见的冲动，反对被害人提出量刑意见不仅会伤害被害人，而且也不会取得实际效果。尽管在相关司法区不允许被害人提出量

---

① Paul G. Cassell, "In Defense of Victim Impact Statement", 6 *Ohio St. J. Crim. L.* 611.

② 康黎：《英美法系国家量刑程序中的"被害人影响陈述"制度介评》，载《环球法律评论》2010年第6期。

刑意见，但是在司法实践中被害人常常提出量刑意见。以加拿大为例，尽管加拿大法律禁止被害人提出量刑意见，但是在司法实践中，2/3 的被害人在作影响陈述时提出了量刑意见。[①]

（二）在我国确立被害人影响陈述制度的其他理由

除了被害人量刑意见需要被害人影响陈述外，在我国确立被害人影响陈述制度还具有其他方面的正当性根据。

第一，相对独立的量刑程序为被害人影响陈述提供了空间，也需要被害人影响陈述。《量刑程序意见》确立了我国相对独立的量刑程序。根据《量刑程序意见》的规定，在被告人对起诉书指控的犯罪事实和罪名没有异议，自愿认罪且知悉认罪的法律后果的案件中，法庭审理主要围绕量刑和其他有争议的问题进行。对于被告人不认罪或者辩护人做无罪辩护的案件，在法庭调查阶段，应当先查明定罪事实，再查明有关的量刑事实；在法庭辩论阶段，审判人员引导控辩双方先辩论定罪问题，再围绕量刑问题进行辩论，发表量刑建议或意见，并说明理由和依据。从《量刑程序意见》的规定可以看出，无论是在被告人认罪的案件中，还是在被告人不认罪或者辩护人做无罪辩护的案件中，庭审程序都包含专门的量刑程序。虽然我国相对独立的量刑程序和定罪与量刑程序分离的诉讼模式存在较大差异，但是它们在包含专门的量刑程序这一点上是相同的。相对独立的量刑程序为被害人影响陈述制度的确立提供了空间。另外，相对独立的量刑程序需要以量刑证据为基础，否则相对独立的量刑程序便会形同虚设。由于犯罪行为给被害人造成的身体、经济和精神方面的影响是非常重要的量刑证据，因此相对独立的量刑程序需要构建被害人影响陈述制度。

第二，公诉机关的量刑理由无法替代被害人影响陈述。《量刑

---

① Julian V. Roberts and Allen Edgar, *Victim Impact Statements at Sentencing: Judicial Experiences and Perceptions*, Research Report for the Department of Justice Canada, 2006, p. 16.

程序意见》第3条规定："对于公诉案件，人民检察院可以提出量刑建议……"虽然最高人民检察院公诉厅颁布的《人民检察院开展量刑建议工作的指导意见（试行）》第2条规定，公诉人应当从案件的实际情况出发，客观、全面地审查证据，严格以事实为根据，提出公正的量刑建议，但是由于多方面的原因，公诉人很难掌握犯罪对被害人造成的切实影响。与公诉人不同，被害人对犯罪对其造成的影响感受最为深刻。被害人影响陈述能够从被害人个体角度具体、全面地反映犯罪所造成的直接危害和附加危害，有利于全面地评估犯罪的社会危害性，从而为刑罚的准确适用奠定基础。

第三，被害人影响陈述制度有助于化解被害人对人民法院的裁判不满的现象。在当前我国的刑事司法中，存在一些被害人对人民法院的裁判不满的现象，甚至有些被害人通过信访、网络、自残、制造群体性事件等方式表达自己的不满。被害人对刑事裁判不满的部分原因是法院在量刑时没有考虑自己遭受的严重伤害，部分原因是法院没有给予被害人充分参与程序的机会。被害人影响陈述对于化解上述问题能够起到一定的作用。首先，被害人影响陈述能够从被害人个体角度具体、全面地反映犯罪的社会危害性，有利于准确量刑。其次，被害人影响陈述能够强化被害人量刑意见制度在满足被害人的心理需求和提升被害人对刑事裁判的认同感方面的功能。被害人量刑意见制度能使被害人在法庭审理过程中充分表达其对量刑的观点，通过表达量刑观点，被害人能够获得一定的心理安慰和对刑事裁判的认同感。① 通过上文第二部分的介绍，我们知道被害人影响陈述也能够满足被害人的心理需求和提升被害人对刑事裁判的认同感。在被害人量刑意见制度外，建立被害人影响陈述制度，能够进一步强化被害人量刑意见制度的上述功能。

第四，实证研究表明，与被害人量刑意见相比，法官们更希望

---

① 黎伟文、卢传新：《被害人量刑建议权研究》，载《人民检察》2008年第22期。

获得被害人影响陈述。在美国，学者们对法官进行的问卷调查得出结论，与被害人提出的量刑意见相比，他们更关注被害人影响陈述。[①] 在我国，我们对30位刑庭法官进行了问卷调查。接受问卷者的平均年龄为41岁，平均从事刑事审判工作12年。问卷在介绍了相关国家的被害人影响陈述制度后，列出的第一个问题是，“被害人影响陈述（a）和被害人的量刑意见（b），您更关注（　），原因是________。”问卷的回复率为80%。问卷调查的结果是，79%的法官认为被害人影响陈述能够让他们更加深刻、准确地把握犯罪的社会危害性，比被害人量刑意见更有价值；在实践中，他们几乎不会把被害人的量刑意见作为量刑的依据。

四、我国被害人影响陈述制度的构建

从比较法的角度来看，相关司法区的被害人影响陈述制度包括被害人影响陈述的适用范围、被害人影响陈述的内容、被害人影响陈述的主体、被害人影响陈述的方式、被告人的交叉询问权、被害人影响陈述的自愿性和被害人影响陈述的效力等内容。我国应当在借鉴相关司法区被害人影响陈述制度的基础上，结合我国的具体情况，构建我国的被害人影响陈述制度。除了上述内容之外，我们认为被害人影响陈述的撤回和修改也应当是我国在构建被害人影响陈述制度时需要考虑的内容。

（一）被害人影响陈述的适用范围

我们认为，我国不应当对被害人影响陈述的适用范围作出限制。理由有两个：第一，这是平等保护所有被害人的需要；第二，这与我国的被害人量刑意见制度相一致，我国的被害人量刑意见制度适用于所有案件。但是需要注意的是，被害人影响陈述并不是在

---

① Hillenbrand S. W. & Smith B. E. *Victim Rights Legislation*: *An Assessment of its Impact on Criminal Justice Practitioners and Victims*, Report of the American Bar Association to the National Institute of Justice, 1989.

所有案件中都同等重要。加拿大的学者研究发现，被害人影响陈述在特定犯罪，如暴力犯罪、性犯罪、财产犯罪中最重要，轻微案件中不需要被害人影响陈述。[①] 如果在不同的案件中对被害人影响陈述等量齐观，会不利于司法资源的合理分配。我们在针对 30 名刑庭法官的问卷调查中，包括了下列问题：被害人影响陈述是否在特定的案件中更有作用，您认为包括哪些案件？75%的受调查者给出了肯定回答，认为这些案件包括侵犯公民人身权罪和侵犯财产权罪，与加拿大学者的研究结果相似。上述研究成果告诉我们，即使被害人影响陈述适用于所有刑事案件，但是法官应当更加关注侵犯公民人身权罪和侵犯财产权罪中的被害人影响陈述。

（二）被害人影响陈述的内容

被害人影响陈述的内容一般包括犯罪对被害人在身体、经济和精神方面产生的影响以及与此相关的其他信息。身体方面的影响包括：已经花了多长时间治疗身体上的伤害，还需要多长时间继续治疗，已经用了何种治疗措施，将来需要何种治疗措施，身体上的伤害对生活、工作和学习产生了何种影响等。经济方面的影响包括：因犯罪而误工的时间，因犯罪而支出的治疗费用，犯罪对工作能力的影响等。精神方面的影响包括：犯罪对自己和家人的心理和生活造成的改变；犯罪造成的人际关系的改变等。我们认为，我国的被害人影响陈述在内容上还应当包括是否获得了被告人赔偿和是否谅解被告人等内容。虽然获得被告人赔偿和谅解被告人不是犯罪对被害人造成的直接影响，但是它们在一定程度上显示了犯罪对被害人造成的影响的变化，这符合被害人影响陈述的特征，因此应当包括在被害人影响陈述之中。

同时，被害人影响陈述中不应当包括下列三类内容：第一，与

---

① Julian V. Roberts and Allen Edgar, *Victim Impact Statements at Sentencing: Judicial Experiences and Perceptions*, Research Report for the Department of Justice Canada, 2006, p. 27.

被害人影响陈述无关的内容，如侮辱性的语句、被告人的品格；第二，应当在被害人陈述中阐明的内容，如关于犯罪的细节问题；第三，不准确的事实。

（三）被害人影响陈述的主体

被害人影响陈述的主体包括两种情形。第一，在一般情况下，被害人影响陈述的主体是直接受到犯罪行为侵害的被害人。第二，在直接受到犯罪行为侵害的被害人死亡或因年龄、身体状况或其他原因不能完成被害人影响陈述时，由被害人的法定代理人或近亲属完成被害人影响陈述。

（四）被害人影响陈述的方式

在对被害人影响陈述的方式作出明确规定的司法区，被害人影响陈述的方式包括两种模式：第一，提交书面被害人影响陈述、当庭发表口头被害人影响陈述或以其他形式发表被害人影响陈述皆可；第二，必须在量刑前提交书面被害人影响陈述，但是被害人可以选择是否在法庭上宣读或以其他形式发表该影响陈述。在上述第一种模式中，被害人影响陈述表现为三种方式：第一，被害人在庭前提交书面影响陈述，不当庭宣读被害人影响陈述。第二，被害人没有在庭前提交书面被害人影响陈述，当庭口头发表被害人影响陈述。第三，被害人在庭前提交书面被害人影响陈述后，又当庭宣读被害人影响陈述。我们认为，我国在确定被害人影响陈述的方式时应当考虑两点：第一，不给被害人增加额外负担，即不是必须提交书面被害人影响陈述；第二，给予被告人反驳的机会，即必须当庭发表或宣读被害人影响陈述。虽然要求被害人在庭前提交书面影响陈述，能够保障被告人提前了解被害人影响陈述的内容，但是这样会增加被害人的负担。我们认为，辩方不提前了解被害人影响陈述的内容，并不会实质性地影响其质证权的行使，因为辩方能够预见到被害人影响陈述的出现，从而可以有针对性地在庭前进行调查取证。因此，被害人并非必须提交书面被害人影响陈述。但是，如果被害人提交了书面影响陈述，应当根据刑事诉讼法第 38 条的规定，保障辩方查阅、摘抄、复制该影响陈述。据此，我们认为应当在上述第一种被害人影响陈述模式的基础上考虑上述两点因素确立我国的被害人影响陈述方式。具体来说，我国被害人影响陈述的方式应当包括以下两种：第一，被害人在庭前提交书面被害人影响陈述后，当庭宣读或由被害人的代理人或公诉人代为宣读该影响陈述。第二，被害人没有在庭前提交书面被害人影响陈述，当庭口头发表被害人影响陈述。

（五）被告人的质证权

从证据理论上来说，被告人对被害人影响陈述的质证包括两种方式：第一，对出庭作影响陈述的被害人进行交叉询问；第二，通过其他方式反驳被害人影响陈述。从比较法的角度来看，对当庭发表影响陈述的被害人的交叉询问表现为三种模式：不受限制的交叉询问、受限制的交叉询问和禁止交叉询问。我们认为，我国应当采用第三种模式，理由是：如果允许对被害人进行交叉询问，不仅会严重损害被害人当庭作影响陈述的积极性，还会妨害被害人影响陈述满足被害人心理需求和提升被害人对司法裁判认同感等价值的实现，甚至还会使被害人受到二次伤害。即使在被告人的交叉询问权保障最为充分的美国，也不全面保障被告人对作影响陈述的被害人进行交叉询问。《美国联邦证据规则》第 1101 条 d 款规定，刑事审判中的证据规则不适用于量刑程序。其原理是量刑需要尽可能多的信息，不能对量刑的信息来源做严格限制。如果强制被害人接受交叉询问的折磨，有些被害人可能不会向法官提供影响陈述。美国联邦最高法院也多次强调，对抗的权利不覆盖量刑程序。① 拒绝被

① See, e. g. , *U. S. v. Navarro*, 169 F. 3d 228 at p. 236 (5th Cir. 1999); *U. S. v. Kirby*, 418 F. 3d 621 at p. 627-28 (6th Cir. 2005); *Szabo v. Walls*, 313 F. 3d 392 at p. 398 (7th Cir. 2002); *U. S. v. Fleck*, 413 F. 3d 883 at p. 894 (8th Cir. 2005); *U. S. v. Powell*, 973 F. 2d 885 at p. 893 (10th Cir. 1992); *U. S. v. Cantellano*, 430 F. 3d 1142 at p. 1146 (11th Cir. 2005).

告人在量刑程序中交叉询问被害人，不会侵犯被告人的正当程序权利。因为被告人有充分的方法对被害人影响陈述中的事实问题进行回应，而不需要交叉询问。[1] 例如，在爱达荷州诉格雷罗（State v. Guerrero）案中，上诉法院指出，被告人不需要对作影响陈述的被害人进行交叉询问，因为被告人可以通过传唤本方证人的方式反驳被害人影响陈述。[2]《蒙大拿州刑事诉讼法》第 18 章第 115 条第 4 款也规定，虽然被告人不能够对作影响陈述的被害人进行交叉询问，但是法院应当允许被告人有充分的机会对被害人影响陈述作出回应。我们认为，上述美国立法和司法关于被告人对作影响陈述的被害人进行交叉询问的态度值得我们借鉴，即被告人不能对作影响陈述的被害人进行交叉询问，但是被告人可以对被害人影响陈述发表质证意见。

（六）被害人影响陈述的自愿性和效力

被害人有发表影响陈述的权利，但没有发表影响陈述的义务，即被告人发表影响陈述具有自愿性。但是，只要被害人发表了影响陈述，无论其是通过本部分第四点所谈的何种方式发表的，法院都应当在量刑中将其作为证据予以考虑。我们不赞同本章第一部分所谈到的相关司法区的法律规定，即法院没有考虑被害人影响陈述不能成为推翻原判刑罚的理由。我们认为，虽然被害人影响陈述中所包含的事实属于酌定量刑情节，但是如果法院明显滥用裁量权，应当推翻原判刑罚，这不仅是罪刑相适应原则的体现，也能够鼓励被害人发表影响陈述。

（七）被害人影响陈述的撤回和修改

如果被害人提交了书面影响陈述，在当庭发表前，其可以撤回或修改其影响陈述。由于被害人发表影响陈述具有自愿性，因此在当庭发表前，其可以随时撤回其提交的书面影响陈述。另外，犯罪

---

① *Williams v. People of State of N. Y.* , 337 U. S. 241 at p. 246 (1949) .

② *State v. Guerrero* , 940 P. 2d 419 at p. 420 (1997) .

对被害人造成的影响可能随着时间的推移而发生变化，因此应当准许被害人在当庭发表影响陈述前修改其先前提交的书面影响陈述或当庭以口头方式修改其先前提交的书面影响陈述。

五、在我国确立被害人影响陈述制度需要解决的问题

在我国确立被害人影响陈述制度后，需要解决下列问题：

（一）被害人影响陈述的证据种类问题

在本章第一部分所谈到的相关司法区，被害人影响陈述本身就属于一种证据，不存在被害人影响陈述在证据种类上的争议，因为这些司法区的法律没有对证据的种类进行限定性列举。与上述司法区不同，我国刑事诉讼法第48条对证据的种类做了限定性列举，即证据包括：物证，书证，证人证言，被害人陈述，犯罪嫌疑人、被告人供述和辩解，鉴定意见，勘验、检查、辨认、侦查实验等笔录以及视听资料、电子数据。当法律对证据的种类进行限定性列举时，被害人影响陈述应当归属于何种证据便存在一定的问题了。正如德国法学家拉伦茨所言："无论立法者对此进行多么详细的列举，以此方式他依然永远难以穷尽所有可能的具体情况。因此，个案列举式的规定总是有遗漏的；列举得越详细，就越会漏洞百出。"① 在我国刑事诉讼法第48条所列举的八种证据中，与被害人影响陈述最接近的是被害人陈述。但是被害人影响陈述无法被归入被害人陈述，这是因为被害人影响陈述与被害人陈述之间存在一定的区别。第一，主体不完全相同。被害人陈述的主体为被害人，被害人影响陈述的主体除了包括被害人外，还可能包括被害人的法定代理人和近亲属等。第二，内容不同。被害人陈述的内容是被害人遭受犯罪行为侵害的过程及与犯罪分子有关的情况，而被害人影响陈述的内容则是犯罪行为给被害人造成的身体、经济和精神方面的

---

① ［德］拉伦茨著：《德国民法通论》，谢怀栻等译，法律出版社2003年版，第34页。

影响。第三，适用的诉讼阶段和法律意义不同。被害人陈述不仅适用于审判阶段，而且还适用于侦查阶段和审查起诉阶段，其既可影响定罪，也可影响量刑。被害人影响陈述只能适用于审判阶段，只可影响量刑。

我们认为，在我国确立被害人影响陈述制度后，可以通过对被害人陈述的解释将被害人影响陈述归入被害人陈述。我们可以将被害人陈述划分为广义的被害人陈述和狭义的被害人陈述。广义的被害人陈述是指被害人及其法定代理人和近亲属就被害人遭受的侵害情况和其他与案件有关的情况向公安司法机关所作的陈述。狭义的被害人陈述是指被害人就其遭受犯罪行为侵害的过程及与犯罪分子有关的情况向公安司法机关所作的陈述。这样，被害人影响陈述便可被归入广义的被害人陈述。

（二）被害人影响陈述夸大犯罪对其造成的影响问题

部分学者担忧，为了让被告人获得更重的量刑，被害人往往夸大犯罪对他们造成的影响，尤其是犯罪对其造成的精神影响，其大小和程度完全出自被害人之口。这些学者认为，这种被害人影响陈述可能使量刑失去客观性。① 甚至有研究表明，善于表达的被害人与不善于表达的被告人相比，更容易让被告人获得更严厉的刑罚。② 部分学者认为，这违背了罪刑相适应的基本量刑原则：罪犯的刑罚应当由其罪行决定，而不应当由被害人的宽容或苛刻来决定。③

在美国的死刑案件中，美国联邦最高法院曾经存在与上述学者

---

① Amy K. Phillips, "Thou Shall Not Kill Any Nice People: The Problem of Victim Impact Statements in Capital Sentencing", 35 *Am. Crim. L. Rev.* 99, 102-104 (1997).

② James Luginbuhl & Michael Burkhead, "Victim Impact Evidence in a Capital Trial: Encouraging Votes for Death", 20 *Am. J. Crim. Just.* 2, 1 (1995).

③ Edna Erez, "Victim Participation in Sentencing: And the Debate Goes On …", 3 *Int'l Rev. Victimology* 17, 17 (1994).

相似的担忧。在美国保留死刑的州由陪审团而不是法官决定是否适用死刑，美国联邦最高法院担心夸大犯罪影响的被害人影响陈述容易使陪审团的注意力从被告人的罪行转向犯罪对被害人造成的影响，容易造成死刑的滥用。由于在非死刑案件中，主要由职业法官负责量刑，而职业法官一般能够识别夸大犯罪影响的被害人影响陈述，因此不存在上述担忧。正因为如此，美国法院在普通案件量刑中运用被害人影响陈述已经非常普遍的情况下，对于死刑案件中的被害人影响陈述仍然非常慎重，经历了一个曲折的过程。20 世纪 90 年代以前，为了杜绝夸大影响的被害人影响陈述造成死刑的滥用，美国的死刑案件原则上禁止使用被害人影响陈述。美国联邦最高法院在 1987 年的布斯案（Booth）和 1989 年的盖日尔斯案（Gathers）中指出，被害人影响陈述容易导致死刑适用的恣意性，因而违反宪法第八修正案的精神。[①] 但是随着部分新法官的上任，美国联邦最高法院的态度发生了变化。在 1991 年的佩尼诉田纳西州（Payne v. Tennessee）案中，美国联邦最高法院指出，宪法第八修正案本身并未禁止死刑案件中的陪审团获知有关被害人个体特征及谋杀对被害人家庭造成影响的证据，其实被害人影响陈述不过是用以表达犯罪社会危害性的另一种方式，其正当性无可置疑。在佩尼案中，美国联邦最高法院将分析的重点从宪法第八修正案转移到了宪法第十四修正案，即从罪刑相适应原则转移到了正当程序原则。在该案中，美国联邦最高法院在讨论被害人影响陈述的可采性时指出，如果被害人影响陈述夸大犯罪影响，就会有不公正偏见、混淆争议或误导陪审团的危险，就会违反宪法第十四修正案规定的正当程序，进而不具有可采性。[②] 在佩尼案中，美国联邦最高法院通过可采性规则制约夸大犯罪影响的被害人影响陈述。这不仅有宪

---

① *Booth v. Maryland*, 482 U. S. 496 (1987); *South Carolina v. Gathers*, 490 U. S. 805 (1989).

② *Payne v. Tennessee*, 501 U. S. 808 (1991).

法第十四修正案作为依据，也符合《美国联邦证据规则》第403条的规定。《美国联邦证据规则》第403条规定："虽然证据具有关联性，但是若其证明价值实质上被下列因素超过，即导致不公正偏见、混淆争议或误导陪审团的危险，或者考虑到不适当拖延、浪费时间或不必要的出示重复证据，则仍然可排除该证据。"

我们认为，上述学者和美国联邦最高法院对夸大犯罪影响的被害人影响陈述的担忧不适用于我国，这是因为我国的法庭结构与美国的不同。我国不存在陪审团审判，非死刑案件和死刑案件中的法庭都是由职业法官或职业法官与人民陪审员组成。相对于陪审团而言，职业法官不会受到夸大犯罪影响的被害人影响陈述的左右，因为职业法官在这方面更有经验，能够区分被害人影响陈述中与事实相符的内容和夸大影响的内容。那么，我国是否应当借鉴美国佩尼案确立被害人影响陈述的可采性规则，即夸大犯罪影响的被害人影响陈述不具有可采性？我们认为，我国不需要建立被害人影响陈述的可采性规则，这是因为《美国联邦证据规则》第403条规定的证据可采性规则只适用于陪审团审判，在职业法官审判的案件中没有存在的必要。当然，这里需要指出的是，虽然被害人夸大犯罪对其造成的影响的陈述不会成为我国公正量刑的障碍，但是此类陈述可能会引起被告人与被害人在情感上的对立，不利于双方矛盾的化解，因此审判人员应当适当引导被害人作出与事实相符的被害人影响陈述。

（三）被害人提出影响陈述的比率低问题

在确立了被害人影响陈述制度的国家，被害人的参与率不高一直是它们面临的问题。在加拿大，学者们对被害人的参与率进行了调研。在1996年，6400多名被害人被通知有权提出被害人影响陈述。在这些人中，只有947人选择提出被害人影响陈述。[①] 也就是

① Victims' Programs Assistance Committee. *Annual Report* 1996-1997. Edmonton: Alberta Justice, 1997.

说，在被通知提出被害人影响陈述的被害人中，只有15%的被害人提出了被害人影响陈述。与加拿大的情况相似，美国的调研数据显示，只有15%左右的被害人提交了书面被害人影响陈述，不到9%的被害人在量刑听证中作了口头陈述。[①] 在我国，虽然相关法律规定被害人有权参与量刑调查和量刑辩论，但在实践中，只有一小部分被害人参与了量刑调查和量刑辩论。2009年6月至2010年2月，陕西省咸阳市秦都区法院适用量刑规范化方法审理案件共160件232人。其中，被害人出庭的案件共32件，出庭率仅为20%。[②] 可以预见，在我国确立了被害人影响陈述制度后，被害人提出影响陈述的比率也不会太高。被害人提出影响陈述的比率不高，即只有部分被害人通过被害人影响陈述向法院提供量刑信息，这有损量刑的统一性。

我们认为，造成被害人提出影响陈述的比率不高的原因可能有两个。第一，并非所有的被害人都方便向法院提交被害人影响陈述，或当庭作被害人影响陈述。第二，部分被害人没有选择提出被害人影响陈述，与其对刑事司法不满有关。在本章第二部分，我们谈到被害人影响陈述能够提升被害人对司法裁判的认同感。但是这只是一般情形，并非适用于所有被害人。美国学者的研究表明，部分被害人在提出影响陈述后，不仅没有提升他们对司法裁判的满意度，反而加剧了他们对刑事司法的不满。这是因为所有提出影响陈述的被害人都期望其影响陈述能够影响量刑，但是34%提交了影响陈述的被害人感到他们的影响陈述没有对量刑产生他们所期望的影响。虽然实证研究发现，只有一小部分被害人在提交被害人影响陈述时会提高他们对量刑的期待，当他们觉得自己的影响陈述对量

① Erez, E. & Tontodonato, P., "The Effect of Victim Participation in Sentencing on Sentence Outcome", *Criminology*, vol. 28, no. 3, pp. 451-474(1990).

② 冯卫国、张向东：《被害人参与量刑程序：现状、困境与展望》，载《法律科学》2013年第4期。

刑没有影响时，会产生对刑事司法的不满意感，[1] 但是不应当忽视被害人影响陈述对这部分被害人产生的负面影响，因为他们的这种不满意感会影响其他被害人和潜在被害人。

为了提高被害人提出被害人影响陈述的比率，我们应当针对上述两点原因采取相应的对策。首先，提供多样化的提出被害人影响陈述的方式。除了本章第四部分第四点所提出的被害人提出影响陈述的两种方式外，应当允许被害人通过电话、网络等方式向法院提出影响陈述。在条件允许的情况下，对于书写被害人影响陈述不便又不能够亲自到庭发表被害人影响陈述的被害人，还可以允许当庭播放他们影响陈述的录音或录像。其次，做好判后答疑工作。对于那些影响陈述没有被采信或对量刑没有产生他们所期望的影响的案件中的被害人，审判人员应当耐心地向他们讲解法院在量刑时考虑的因素，讲解他们的影响陈述没有被采信或对量刑没有产生他们所期望的影响的原因。研究表明，对刑事司法制度的理解有助于提高被害人对司法的满意度。[2]

---

① Erez, E. & Tontodonato, P. , "The Effect of Victim Participation in Sentencing on Sentence Outcome", *Criminology*, vol. 28, no. 3, pp. 451 – 474 (1990) .

② Hagan, J. "Victims before the Law: A Study of Victims´ Involvement in the Criminal Justice Process", *Journal of Criminal Law and Criminology*, vol. 73, pp. 317-329 (1982) .

第七章　社区影响陈述

在刑事诉讼中，社区影响陈述（Community Impact Statement，简称CIS）是指受到犯罪行为影响的社区民众就犯罪行为对其在经济、心理或其他方面产生的影响所作的陈述。[①] 从比较法的角度来看，部分司法区允许社区民众在量刑中发表影响陈述。[②] 在我国司法实践中，民众常常通过请求信、请愿信和联名请愿书等方式向法院发表量刑意见。那么，我国刑事诉讼中的这些量刑请愿书是否属于社区影响陈述呢？如果不是，是否应当在我国构建社区影响陈述制度呢？围绕上述问题，本章从多元化的被害人入手，考察相关司法区的社区影响陈述制度，接着列举我国司法实践中的量刑请愿书样本并分析其与社区影响陈述之间的关系，最后在阐明我国建立社区影响陈述制度的必要性及其价值的基础上，提出构建我国社区影响陈述制度的设想。

一、多元化的被害人

犯罪行为产生的危害是多层次的。犯罪行为的发生会对很多主

① 社区影响陈述这一术语也用于立法和政府决策中，向立法机关和政府表达社区民众关注的问题及对相关问题的态度。

② 社区影响陈述除了在量刑方面的价值外，对于被告人的改造和控制犯罪也有一定的价值。首先，通过社区影响陈述，被告人知晓了社区对其的态度，有助于其改过自新。其次，社区影响陈述有助于确定滋生犯罪的社区环境，从而有助于控制犯罪。

体产生不利影响，与犯罪行为的关系越近，受到的危害越大，与犯罪行为的关系越远，受到的危害越小。形象地说，犯罪行为的发生就像往平静的水面上扔了一块石子，会由里往外产生一层层的水波。离石子落水点越近的地方，水波越大；离石子落水点越远的地方，水波越弱。从这个角度来看，被害人也包括不同的层次。以被害人与犯罪行为的关系为标准，可以将被害人划分为直接被害人（direct victim）、从属被害人（secondary victim）、间接被害人（indirect victim）和社会被害人（societal victim）四种类型。[①] 直接被害人，又称首要被害人，是指直接受到犯罪行为伤害的人，这种伤害包括身体、经济或心理上的伤害。直接被害人就是我们通常意义上的被害人。被杀害、强奸或诈骗的人便属于直接被害人。从属被害人，又称附加被害人（ancillary victim），是指那些因为与直接被害人之间具有特殊关系而在经济或心理上受害的人。可能成为从属被害人的人员包括直接被害人的亲属、朋友以及与直接被害人具有其他关系的人员。犯罪行为给直接被害人造成的危害被称为直接危害；犯罪行为给附加被害人造成的危害被称为附加危害。犯罪行为不仅侵害了直接被害人和从属被害人，而且还可能影响到发生犯罪行为的社区。犯罪行为对社区的危害表现为两种形式。一是社区民众因犯罪行为而在经济上遭受损失。例如，夜晚发生在步行街的抢劫行为，使得很多人不敢在晚间到步行街购物，步行街的商家在经济上遭受损失。二是社区民众因犯罪行为而受到精神上的伤害。例如，社区在白天发生入室盗窃行为，这使得社区民众在上班时因担心家里被盗窃而感到焦虑。此时，社区民众都成为了间接被害人。最后，犯罪还可能造成更广泛的危害，即对全社会造成的危害。从一般意义上说，犯罪的发生会造成财政支出的增加，这是因为侦查机关、检察机关、审判机关和刑罚执行机关办理案件和执行刑罚会

---

① Katie Long, "Community Input At Sentencing: Victims Right or Victim's Revenge?" 75 *B. U. L. Rev.* 187.

产生一定的开支。另外，有些影响重大的案件还会在较大范围内造成一定的恐慌。例如，周克华抢劫案造成了民众不敢去银行提取大额现金。

为了将犯罪行为的直接危害和附加危害作为量刑的依据，相关国家确立了被害人影响陈述制度。这在第六章中已经做了非常详细的介绍。虽然全社会从最广义上来说也是被害人，全体民众都会在某种程度上受到犯罪行为的危害，但是刑事诉讼没有将全体民众作为被害人对待。另外，刑事诉讼也不需要全体民众的影响陈述，这是因为立法在确定刑罚时已经考虑到了犯罪的这种危害，他们的影响陈述不能为量刑提供有用的信息。①

与犯罪对整个社会造成的危害不同，在有些案件中，法官并不当然知晓犯罪对社区造成的危害，犯罪行为对社区造成的影响对于准确认定犯罪的社会危害性具有重要的价值。在美国西雅图的某小学附近白天发生了枪战，起初法官并没有意识到该枪战对学生造成的危害。但是后来法院收到了该学校的学生家长和老师的信件，这些信件称该学校的学生不敢上学，家长和老师也对学生的安全感到担忧。法官这才意识到该枪战对学生、家长和老师造成的危害。法官认为该枪战造成的危害远远超出了直接被害人和从属被害人，还在精神上给学生、家长和老师造成了伤害，使他们产生了不安全感，据此对被告人作了从重处罚。② 另外，因为每个社区都具有一定的独特性，所以相似的犯罪对不同的社区产生的危害可能不同，了解社区的特征有助于法官评估犯罪的危害性。以组织卖淫为例，在有些社区，卖淫行为可能对社区居民造成不良影响，尤其是会影响未成年人的成长。但是，在有些社区，卖淫行为可能会给其他商

① Donald. J. Hall, “Victim’s Voices in Criminal Court: The Need for Restraint”, 28 *Am. Crim. L. Rev.* 233, 247 (1991).

② *State v. Johnson*, 849 P. 2d 662, 667 (Wash. Ct. App. 1993), aff‘d, 873 P. 2d 514 (Wash. 1994).

家带来更多的商业机会。在美国加利福尼亚州澳特拉斯（Alturas）的一个偏远沙漠游猎社区发生了一起强奸案件，当法官了解了该社区的特征后，对被告人做了从重量刑，因为在该沙漠社区，虽然民众分散居住，但是他们在睡觉时几乎不锁门，而不用担心犯罪行为；该强奸案的发生打破了他们这样的安宁生活。[①] 由此可见，犯罪行为对社区产生的影响以及社区的特征对法官准确地评估犯罪行为的社会危害性具有重要的价值。

简言之，犯罪行为的直接危害和附加危害从个体角度反映了犯罪行为的社会危害性，犯罪行为对社区产生的危害从集体角度反映了犯罪行为的社会危害性；两者相结合能够更加全面地反映犯罪行为的社会危害性。

二、社区影响陈述制度比较法考察

在刑事诉讼的历史上，曾经在相当长的一段时间里，被告人在刑事诉讼中的地位不断得到提升，被害人却没有受到应有的重视。为了尊重和关注被害人，保障被害人参与刑事司法，在20世纪七八十年代，在世界范围内掀起了一场被害人权利运动。[②] 被害人权利运动不仅催生了被害人影响陈述制度，也催生了社区影响陈述制度。被害人权利运动在法律中的体现之一是，被害人有权在量刑中发表被害人影响陈述，让法官知道被告人的行为给被害人造成的影响。由于社区不属于传统意义上的被害人，因此刑事诉讼对社区的关注晚于对被害人的关注。直到20世纪八九十年代，人们才逐渐意识到社区影响陈述有助于准确地认定犯罪行为的社会危害性，社

---

① David Margolick, “Rapist Isn’t Exiled Far Enough for a Community in Wilderness”, *N. Y. Times*, Mar. 27, 1994, at 18.

② Kerstin Braun, “Giving Victims A Voice: On The Problems Of Introducing Victim Impact Statements In German Criminal Procedure”, 14 *German L. J.* 1889 (2013).

区在刑事司法中的地位才得到确认，很多司法区开始明确规定社区影响陈述制度。①

在1991年的佩尼诉田纳西州（Payne v. Tennessee）案中，美国联邦最高法院伦奎斯特（William Rehnquist）大法官和欧康娜（Sandra O´Connor）大法官建议，被害人所在社区可能受到犯罪的伤害，该社区的影响陈述在量刑时具有可采性。该案的判决书写道，“州可以决定，陪审团在决定是否判处犯谋杀罪的罪犯死刑前，知晓犯罪造成的全部伤害，包括对被害人家庭和社区造成的伤害。”② 在立法层面，美国许多州通过立法吸收了联邦最高法院在佩尼案中的意见，将犯罪对社区产生的影响引入量刑程序。根据《哥伦比亚特区刑事诉讼法》第1904条的规定，除了被害人之外，受到犯罪行为影响的社区的代表有权在量刑前提交社区影响陈述，法院在量刑时应当考虑社区影响陈述。如果受到犯罪行为影响的社区不止一个，那么每个社区都可以提交社区影响陈述。《乔治亚州刑事诉讼法》第10章第1.2条规定，法院应当允许被害人、被害人的家庭或其他知悉犯罪的人证明犯罪对被害人、被害人家庭或社区造成的影响。根据《蒙大拿州刑事诉讼法》第18章第112条的规定，量刑时法院应当考虑犯罪行为对被害人、被害人家庭和社区产生的危害。在澳大利亚，1988年的澳大利亚《南澳大利亚州刑法（量刑）法案》第2章第1节第7B条也专门规定了“社区影响陈述”。该条第2款规定，在任何量刑程序中，公诉人或被害人权利委员会可以向量刑法庭提供关于某一具体的犯罪或某一类犯罪对于社区所产生的影响的书面陈述。另外，部分司法区规定社区影响陈述仅适用于特定的刑事案件。例如《加拿大刑法典》第380.4条专门规定了“社区影响陈述”。该条第1款规定，对于第380条

① Katie Long, “Community Input At Sentencing: Victims Right or Victim´s Revenge?” 75 *B. U. L. Rev.* 187.

② *Payne v. Tennessee*, 501 U.S. at 830-833.

第1款规定的诈骗罪，为了确定对罪犯的量刑或罪犯应否根据第730条被释放时，法院可以考虑社区代表所作的陈述，描述犯罪对社区造成的伤害、损失。美国《爱达荷州刑事诉讼法》第2515条规定，在可能判处死刑的案件中，与被害人死亡对社区产生的损失相关的信息在量刑时具有相关性和可采性。

社区影响陈述制度涉及社区的界定、社区影响陈述的类型、社区影响陈述的形式及书面社区影响陈述的形成与提交、社区影响陈述的内容、法院对社区影响陈述的审查及社区影响陈述的效力等内容。由于相关司法区对社区影响陈述制度的规定较为原则，下面结合相关学者的研究，对社区影响陈述制度的内容做简要介绍：

第一，社区的界定。一般意义上的社区是指在同一片区域居住或工作的群体，即地理意义上的社区。社区影响陈述意义上的社区不仅包括在空间上相邻的群体，还包括具有共同特征的群体。① 也就是说，社区可以被划分为两种类型。一是地理意义上的社区。二是基于具有共同特征而形成的社区。共同的特征使来自不同的地理意义上社区的人们关联在一起而形成一个群体。罪犯可能以某种特征来选择被害人，如针对特定宗教信仰或特定种族的人实施犯罪。因此，在刑事诉讼中，应当将具有共同特征的群体视为社区。这里的共同特征涉及范围很广，包括文化传统、宗教信仰、种族民族、身体状况、生活经历和兴趣爱好等。上述对社区的理解得到了相关司法区立法的认可，如《哥伦比亚特区刑事诉讼法》第1905条规定："社区是指非正式或正式的社团或在同一个地方或同一片区域居住、工作或求学的群体，他们因社会、商业、宗教、政治、学术或娱乐关系而有着共同的特征。"

第二，社区影响陈述的类型。社区影响陈述包括两种类型：具体的社区影响陈述和一般的社区影响陈述。首先，具体的社区影响

---

① Robert M. MacIver, *The Primacy of Community*, in On Community, Society, and Power 29, 29-30 (Leon Bramson ed., 1970).

陈述。具体的社区影响陈述针对的是特定的刑事案件，阐明该特定案件给社区造成的影响和危害，只能作为该特定案件中被告人的量刑证据。其次，一般的社区影响陈述。① 一般的社区影响陈述针对的是某一类犯罪，阐明该类犯罪对社区产生的影响和危害。与具体的社区影响陈述仅适用于特定的刑事案件不同，一般的社区影响陈述适用于在该社区发生的同一类所有刑事案件。由于一般的社区影响陈述不与特定的案件相关，因此其不能提及特定的被告人姓名。当符合该一般社区影响陈述的案件发生后，法官应当结合该影响陈述考虑该案件对社区的影响。一般的社区影响陈述说明了特定社区在一定时期内关注的刑事案件类型。为了表明某类犯罪在该社区的发生率较高，一般的社区影响陈述必须包含从警方获取的关于该社区发生此类犯罪的统计数据，并且将其与其他地区发生同种犯罪的数据做对比，以表明该社区发生的此类犯罪比其他地区发生的同种犯罪更多。② 由于一般的社区影响陈述适用于某一类刑事案件，因此其中包含的信息会在某一段期间内都有效，直到得到更新。考虑到社区的环境和犯罪的情况都在不断发生变化，有学者建议，一般社区影响陈述至少一个季度更新一次。③ 虽然上述两类社区影响陈述对法院量刑都有参考价值，但是只有澳大利亚的南澳大利亚州规定了一般的社区影响陈述，其他司法区认为，社区影响陈述只能针对特定案件，不能适用于多个案件中不同被告人实施的犯罪。因此，下面关于社区影响陈述制度的内容都针对的是具体的社区影响陈述。

---

① 一般的社区影响陈述可以为所有执法部门提供与犯罪有关的信息，可以被运用于整个刑事司法系统，而不仅仅限于量刑程序。

② 由于警方能够直接获得犯罪数据，且知晓当地社区关注的刑事案件，因此由警方负责完成并管理一般的社区影响陈述。

③ *Community Impact Statements - Adult*，http：//www. cps. gov. uk/legal/a_ to_ c/community_ impact_ statement_ -_ adult/，2014-11-10.

第三，社区影响陈述的形式及书面社区影响陈述的形成与提交。当犯罪行为对社区在经济、心理或其他方面产生影响时，居住和工作在该社区的民众有权提交社区影响陈述。在有些司法区，有专门的机构负责判断相关社区是否符合提交社区影响陈述的条件。在美国，由警方或检察官办公室帮助确认需要提交社区影响陈述的案件，当案件符合提交社区影响陈述的条件时，警方或公诉部门应当告知相关社区有提出社区影响陈述的权利。如果社区民众想要在相关案件中提交影响陈述，应当联系警方或检察官办公室，以确定该案是否符合提交社区影响陈述的条件。①

一般认为，社区影响陈述既可以用书面形式，也可以用口头形式。在允许以口头形式提交社区影响陈述的司法区，如果社区选择以口头形式作影响陈述，必须选派社区代表在量刑听证时出庭。在实践中，多数社区影响陈述是以书面形式作出的。在部分司法区，也只允许以书面形式提交社区影响陈述，如《加拿大刑法典》第380.4条规定，社区影响陈述必须以书面形式并向法院提交；1988年的澳大利亚《南澳大利亚州刑法（量刑）法案》第2章第1节第7B条第2款也要求以书面形式提交社区影响陈述。在社区民众准备书面社区影响陈述过程中，警方或公诉部门应当提供帮助。一般情况下，有以下几种方式准备书面社区影响陈述：其一，由社区民众共同起草社区影响陈述；其二，由社区民众分别撰写犯罪行为对其造成的影响，然后整合为一份完整的社区影响陈述；其三，由社区民众分别撰写犯罪行为对其造成的影响，然后装订成册；其四，由社区指定的代表撰写社区影响陈述。有观点认为，以第四种方式准备书面社区影响陈述比其他三种方式更好，因为：其一，第四种方式克服了第一种方式的难以操作性；其二，第四种方式克服了第二种方式和第三种方式中社区民众意见的不一致性，用同一个

---

① *Victim Impact Statement*, http://www.madd.org/victim-services/finding-support/victim-resources/victim-impact-statement.pdf, 2014-11-10.

声音表达社区影响陈述。[①] 为了给社区提交影响陈述提供方便，社区除了可以用传统的书面形式提交社区影响陈述外，还可以通过邮件、录音和录像等形式提交社区影响陈述。一般情况下，书面社区影响陈述由社区代表直接提交法院。但是，在部分司法区，书面社区影响陈述必须由控方提交法院，法院只接受控方或通过控方提交的书面社区影响陈述。书面社区影响陈述必须在量刑听证前尽快提交给法院，这样不仅能够保证法院和被告人在量刑听证前有足够的时间审查社区影响陈述，而且也不会因为没有及时提交社区影响陈述而使案件的处理被拖延。《哥伦比亚特区刑事诉讼法》第 1904 条规定，上诉法院的首席法官（the Chief Judge of the Superior Court）应当确定提交社区影响陈述的时间。有些司法区要求，应当至迟在量刑听证前 10 天内提交社区影响陈述。[②] 另外，社区影响陈述在被提交后，如果社区的情形发生了改变，可以提交补充陈述，更新先前陈述的内容。

第四，社区影响陈述的内容。社区影响陈述的内容涉及应当包括的内容和不应当包括的内容两方面。社区影响陈述首先必须明确受到犯罪行为影响的社区，并解释其是如何反映社区民众的观点的。例如，《加拿大刑法典》第 380.4 条规定，社区影响陈述必须确认所代表的社区，解释该陈述是如何反映社区的观点的。社区影响陈述的重点是突出犯罪行为对社区产生的负面影响。与抽象的描述相比，用具体的事例来描述犯罪行为对社区产生的危害更具有说服力。为了指引社区民众完成社区影响陈述，相关司法区设计了下列问题供他们在完成社区影响陈述过程中参考：（1）该犯罪行为对社区民众在心理上产生了负面影响吗？如该犯罪是否导致了社区

① *Community Impact Statements*, http: //www. justice. gov/usao/dc/programs/cp/cp_ outreach_ programs. html, 2014-11-10.

② *Community Impact Statements*, http: //www. justice. gov/usao/dc/programs/cp/cp_ outreach_ programs. html, 2014-11-10.

民众感到愤怒、恐惧、沮丧等。（2）该犯罪行为改变了社区民众的日常生活方式吗？如社区民众是否不敢让儿童在户外独自玩耍、是否在家里采取了更多的防盗安全措施等。（3）该犯罪行为对社区产生了经济方面的影响吗？如该犯罪行为是否导致了社区的商业经营额下滑。[①] 另外，社区影响陈述不能包括下列内容：描述犯罪的过程；与本案无关的内容。[②] 对于社区影响陈述是否可以包含量刑意见，不同的司法区态度存在分歧。有些司法区认为，社区影响陈述中不应当包含量刑意见，也有些司法区认为，社区影响陈述可以从社区的角度表达对量刑的意见，如要求法院颁布不准许被告人接触该社区的不接触令、判处被告人监禁刑等。[③]

第五，法院对社区影响陈述的审查及社区影响陈述的效力。在社区提交了书面影响陈述的情况下，法院应当保障被告人及其辩护人获得社区影响陈述的复印件。例如，《加拿大刑法典》第 380.4 条第 3 款规定，在定罪后，法院书记员应当向被告人及其辩护人提供社区影响陈述的复印件。在量刑听证中，被告人及其辩护人有权对社区影响陈述进行质证。被告人及其辩护人对社区影响陈述进行质证的方式包括两种：一是通过发表质证意见等方式反驳社区影响陈述；二是对出庭作影响陈述的社区代表进行交叉询问。基于下列两点原因，在多数司法区，被告人及其辩护人只能通过上述第一种方式对社区影响陈述进行质证。其一，在部分司法区的量刑听证中，由控方而非社区代表宣读社区影响陈述。例如，澳大利亚《南澳大利亚州刑法（量刑）法案》第 2 章第 1 节第 7B 条第 3 款

---

① *Community Impact Statements*, http://www.justice.gov/usao/dc/programs/cp/cp_outreach_programs.html, 2014-11-10.

② 社区影响陈述不能描述犯罪的过程，这是因为描述犯罪的过程是定罪程序中的证据问题。

③ *Community Impact Statements - Adult*, http://www.cps.gov.uk/legal/a_to_c/community_impact_statement_-_adult/, 2014-11-10.

规定，在量刑听证时，法院应当让检察官宣读社区影响陈述，除非法院认为不适宜当庭宣读该陈述或当庭宣读该陈述太浪费时间。由于是由控方代为宣读社区影响陈述，因此《哥伦比亚特区刑事诉讼法》第 1904 条 f 款特别要求，在控方提交社区影响陈述时，应当向法院证明：第一，提交该陈述的主体属于《哥伦比亚特区刑事诉讼法》第 1904 条和第 1905 条规定的社区；第二，制作该陈述的人是该社区的有效代表。其二，如果允许对社区代表进行交叉询问，可能有损社区提出影响陈述的积极性。只有美国《乔治亚州刑事诉讼法》明确规定被告人及其辩护人有权对出庭作社区影响陈述的社区代表进行交叉询问。《乔治亚州刑事诉讼法》第 10 章第 1.2 条规定，社区代表应该在被告人在场的情况下提供影响陈述，应当接受被告人及其辩护人的交叉询问，如果法院认为交叉询问会给其带来身体或精神上的痛苦或压抑的除外。

对于社区影响陈述的效力，虽然澳大利亚《南澳大利亚州刑法（量刑）法案》第 2 章第 1 节第 7B 条第 4 款规定，没有遵守或没有完全遵守上述规定，不会影响量刑的效力，但是不可否认社区影响陈述可能对量刑产生的重要影响。《哥伦比亚特区刑事诉讼法》第 1904 条规定，在量刑时，法院应当考虑社区影响陈述。美国检察官办公室称，不能保证社区影响陈述在法院量刑时的分量，但是从过去的判例来看，其有助于法院关注特定的犯罪对特定的社区产生的特定影响。①

三、我国司法实践中的量刑请愿书及其与社区影响陈述之间的关系

在我国司法实践中，民众常常通过量刑请愿书的方式向法院发表量刑意见。那么，我国刑事诉讼中的量刑请愿书是否属于社区影

---

① *Community Impact Statements*, http：//www. justice. gov/usao/dc/programs/cp/cp_ outreach_ programs. html, 2014-11-10.

响陈述呢？在下文中我们首先考察六份量刑请愿书样本，然后分析这些量刑请愿书与社区影响陈述之间的关系。

（一）量刑请愿书样本

样本1：在复旦大学学生林森浩投毒杀害室友黄洋案中，上海市第一中级人民法院一审以故意杀人罪，判处被告人林森浩死刑，剥夺政治权利终身。被告人林森浩不服，提起上诉。在二审期间，案件发生地复旦大学的177名学生向上海市高级人民法院提交了集体签名的《关于不要判林森浩同学“死刑”请求信》，请求上海市高级人民法院不要判处林森浩死刑。该请求信的主要内容有三项：第一，表达了对林森浩的谴责和对黄洋遇害的惋惜。请求信中谈到，林森浩投毒，导致同学黄洋死亡，其罪行严重，后果惨重。林森浩本人必须痛彻心扉地忏悔，如果得以生存，应以一切办法为受害者父母尽孝、赎罪。复旦大学师生对受害同学黄洋的死极为难过、极为悲痛、极为同情。第二，描述了林森浩的一贯表现。请求信中谈到，林森浩除此次涉案的严重行为以外，并非一贯凶残。恰恰相反，他平时的表现良好，如学习踏实，对学弟学妹热心，乐于助人，对病人态度热情且认真负责。在四川汶川大地震发生时，家境贫寒的他，在每月生活费仅有200多元的情况下，省吃俭用，从生活费中向灾区捐款800元，是同学中捐款最多的人之一。林森浩的学习和科研能力也很强，发表过8篇学术论文，还获得过国家奖学金。第三，提出不判处林森浩死刑的请求。在请求信中，复旦大学的师生表示，他们认为林森浩不是多次杀人、多次伤人的极为凶残的人，建议法院不要判处林森浩死刑立即执行，给林森浩一条生路，让他洗心革面，并在将来有机会照顾受害人黄洋的父母。

样本2：2010年12月8日，广东省茂名市中级人民法院以强奸罪、故意杀人罪判处被告人林江勇死刑，缓期二年执行，剥夺政治权利终身。被害人家属不服该判决，请求茂名市人民检察院提起抗诉。2011年1月4日，茂名市人民检察院以茂名市中级人民法院一审判决适用刑罚明显不当、量刑畸轻为由提起抗诉，广东省人民检察院经审查，决定支持抗诉，广东省高级人民法院于2011年3月13日立案。广东省茂名市中级人民法院的一审判决也引起了案件发生地村民的不满。2011年6月，案件发生地信宜市池洞镇岭砥村的数百位村民在请愿信上签名，岭砥村村委会也在请愿信上盖章。该请愿信的内容包括两部分。第一，陈述了林江勇的罪行。“2009年4月，罪犯林江勇强奸本村的7岁幼女罗某某。2010年4月26日，罪犯林江勇将本村村民冯有全7岁的孙女冯某某强奸，同月28日中午，林江勇再次将冯某某强奸，强奸后因怕小女孩告状，便将冯某某丢入强奸地旁的深枯井中，杀人灭口。以上种种罪行令人发指。”第二，表达了对茂名市中级人民法院轻判林江勇的不满，请求判处其死刑立即执行。“林江勇强奸幼女，强奸后又将被害人残忍杀害，手段极其凶残。故意杀人后，其无任何悔罪表现，对死者家属又不进行任何赔偿。不知道为什么茂名市中级人民法院没有判处林江勇死刑立即执行。我们村民对茂名市中级人民法院的判决议论极大，特联合上书请愿，请求司法机关判处罪犯林江勇死刑立即执行，还受害者一个公道，以平村民之愤慨。”

样本3：2012年7月，在六安市金安区孙岗镇高杭村钟老庄组，因农业用水纠纷，村民曹华清持刀杀害了村民刘良文。在该案中，案件发生地村民向办案机关提交了《关于要求依法严惩杀人凶手曹华清的联名请愿书》。该请愿书包括以下内容。第一，详细叙述了曹华清杀害被害人刘良文的经过。第二，陈述了曹华清的一贯表现。“曹华清在地方横行霸道，无恶不作，心狠手辣。对本组村民小辄恫吓辱骂，动辄出手伤人，影响极其恶劣，村民对他的霸道敢怒不敢言。”另外，请愿书还列举了曹华清在当地的六项违法事例，以表明其作恶多端。第三，被害人的一贯表现。“刘良文为人本分，勤劳诚恳，在村里口碑极好。”第四，对曹华清严惩的意见。“曹华清丑陋凶恶，犯罪气焰嚣张到极点，随身携刀，其杀人心机天地昭然。他在光天化日下行如此毒手，赤裸裸地草菅人命，可见其人性泯灭、道德不存。曹华清目无国法，为所欲为，肆意掠夺他人生命，除造成刘良文被杀身亡的事实，之前还有附案在身。在铁的事实下，对于这种罪大恶极的歹徒，若不予以严厉惩处，还刘良文家人一个公道，将不足以平民愤，安民心。”

样本4：2014年5月，甘肃省兰州市的个体医生韩平生因琐事被叛逆的儿子手持斧头追打，韩平生夺过斧头砍死了自己的儿子。在韩平生故意杀人案的庭审中，韩平生的辩护人出示了一份由近千人签名的请愿书，请求法院对韩平生从轻量刑。在请愿书上签名的人包括韩平生的亲属、邻居、曾接受过他医治的病人及曾得到过他帮助的人。该请愿书提出了对韩平生从轻处罚的两点理由：第一，韩平生的一贯表现。请愿书写到，虽然韩平生今日作为罪人站在被告席上接受审判，但他一直是个医德高尚、人品不错的好人。在他行医的过程中，帮助过许多需要帮助的人，也经常接济生活贫困的人。第二，案发的原因。请愿书写道，由于韩平生对失去母爱的儿子过分溺爱，致使儿子不服管教，不但对辛苦抚养他的奶奶极不尊敬，而且对父亲也非打即骂，且在外惹是生非。此案是韩平生在激愤之下的冲动之举。

样本5：2012年8月，经常殴打妻子余红的姜国再一次因琐事殴打妻子余红，在打斗中，姜国不幸被余红用剪刀失手刺死。江苏省靖江市人民法院在审理余红过失致人死亡案时，收到了一封来自案件发生地村委会和300名村民的联名请愿信，请求对被告人余红从轻处罚。该请愿信提出了对余红从轻处罚的两点理由：第一，余红的一贯表现。请愿信写到，被告人余红平时勤俭持家，邻里关系和谐。第二，案发原因。被害人姜国平时不务正业，喜欢吃喝玩乐、赌博，不承担家庭责任，而且经常殴打妻子余红。

样本6：2008年12月，孙伟铭在醉酒的情况下无证驾驶机动车发生交通事故，致4人死亡1人重伤。2009年7月，成都市中级人民法院认定孙伟铭的行为构成以危险方法危害公共安全罪，且情节特别恶劣、后果特别严重，依法判处其死刑，剥夺政治权利终身。孙伟铭不服一审判决提出上诉。在二审庭审结束后，法院尚未宣判前，四川成都太平园家私广场的18位职工给四川省高级人民法院写了一封请求信，请求不要判处孙伟铭死刑，给孙伟铭一个改过自新、重新做人的机会。该请愿信阐述了不判处孙伟铭死刑的两点理由：第一，孙伟铭家人积极赔偿。该请求信写道："事件发生后，我们能看到孙林为弥补儿子过错所做出的努力，他举家借债，以一位父亲的坚毅凑足了100万元，也换来了受害者家属的谅解书，孙家积极赔偿的举动让人动容。因此，谅解的取向应该能够争取法律的宽容，对一审死刑的判决进行改判。"第二，彰显司法人性化。该请求信写道："观孙家的态度和行动，听受害者家属的声音，我们内心无法平静，也理解受害者家属的心情，但逝者已矣，何必再用杀人的方法去弥补呢。给孙伟铭一次生的机会，通过社会的洗礼，他总会对人类有一点贡献吧，这既彰显司法中的人性，也是中国司法进程中不小的进步！"

（二）上述量刑请愿书与社区影响陈述之间的关系

上述量刑请愿书与社区影响陈述之间存在一定的不同之处：

第一，主体不完全相同。上述量刑请愿书的提出主体既包括社区民众，也包括社区外的民众。具体而言，样本1、样本2、样本3和样本5中的主体为犯罪发生地的社区民众，样本4中的主体除了犯罪发生地的社区民众外，还包括社区外的民众，如被告人亲属、曾接受过被告人医治的病人及曾得到过被告人帮助的人。样本6中的主体为社区外的民众。[①] 而社区影响陈述的主体应当是社区民众。

第二，内容不同。上述量刑请愿书样本在内容上包括两个方面：一是量刑意见；二是量刑理由。就量刑意见而言，样本1、样本4、样本5和样本6是请求从轻处罚，样本2和样本3是请求从

① 有学者对50份量刑请愿书样本进行分析后发现，提出量刑请愿书的主体多数为社区民众。参见张建国、王庆廷：《直接民意与司法回应——以刑事个案中的联名信为切入点》，载《上海法学研究》2010年第2期。

重处罚。就量刑理由而言，样本 1 中提出了上诉人的一贯表现，[①]样本 2 提出了原审被告人的罪行，样本 3 提出了被告人的罪行、被告人的一贯表现和被害人的一贯表现，样本 4 和样本 5 提出了被告人的一贯表现和案发的原因，样本 6 提出了上诉人家属已经积极赔偿了被害人和需要彰显司法人性化。社区影响陈述的内容与上述量刑请愿书样本的内容不同。上文中谈到，社区影响陈述的主要内容是犯罪行为对社区产生的危害。同时，有些司法区还明确规定，社区影响陈述中不能描述犯罪的过程和对被告人的量刑发表意见。

第三，是否必须经过庭审审查不同。我国刑事诉讼法及相关规范性文件没有对量刑请愿书的性质作出任何规定。在理论上，对量刑请愿书的性质存在两种截然不同的观点：一种观点认为，量刑请愿书属于证据；另一种观点认为，量刑请愿书是民意的一种形式。[②] 正因为如此，我国不同法院针对量刑请愿书是否需要经过庭审审查的做法不同。[③] 有些法院，由审判人员当庭宣读量刑请愿书，或准许控辩双方宣读量刑请愿书，并听取控辩双方或对方的意见，甚至会在判决书中提及量刑请愿书。而有些法院则不将量刑请愿书作为庭审审查的对象，有时承办法官只是在办理案件的内部文

---

① 另外，样本 1 还提出了与量刑无关的内容，如对被告人林森浩的谴责和对被害人黄洋遇害的惋惜。

② 《复旦 177 名学子为凶手求情》，载《信息时报》2014 年 5 月 8 日 A35 版。

③ 在司法实践中，量刑请愿书可能对部分被告人的量刑产生影响。众所周知，任何对定罪量刑产生影响的事实都必须在法庭上听取控辩双方的意见，这是正当程序的基本要求。量刑请愿书可能对量刑产生影响，但是却不一定能成为庭审审查的对象，这违背了程序的正当性要求。从上述 6 份量刑请愿书样本来看，量刑请愿书中包含有属于量刑证据的内容，如被告人的一贯表现、被害人的一贯表现。因此，我们认为，对于这些属于量刑证据的内容，法院应当将其作为庭审审查的对象，应当给予控辩双方在庭审中对其进行质证的机会。

书中说明量刑请愿书的内容。简言之，在我国，法院并非必须要将量刑请愿书作为庭审审查的对象。与此不同，在设立社区影响陈述制度的司法区，法院不仅应当保障被告人及其辩护人在量刑听证前获得社区影响陈述的复印件，被告人及其辩护人还有权对社区影响陈述进行质证，甚至相关司法区还允许被告人及其辩护人对出庭作社区影响陈述的社区代表进行交叉询问。

综上，我国刑事诉讼中的量刑请愿书与相关司法区的社区影响陈述存在较大的区别，不属于社区影响陈述。

四、在我国构建社区影响陈述制度的必要性及价值

（一）在我国构建社区影响陈述制度的必要性

刑法第 61 条规定："对于犯罪分子决定刑罚的时候，应当根据犯罪的事实、犯罪的性质、情节和对于社会的危害程度，依照本法的有关规定判处。"犯罪行为给社区造成的危害是犯罪行为社会危害性的一部分，因此将社区影响陈述作为量刑的依据之一，本身就是罪刑均衡的题中应有之义。另外，刑法中某些条款还明确要求将犯罪对社区造成的影响作为量刑依据。[①] 如在刑法第 292 条规定的聚众斗殴罪中，"聚众斗殴人数多，规模大，社会影响恶劣"是对首要分子和其他积极参加者处 3 年以上 10 年以下有期徒刑的量刑情节之一；刑法第 293 条将"纠集他人多次实施寻衅滋事行为、严重破坏社会秩序"作为从重处罚的量刑情节。由于社区的情况不同，同样的犯罪行为完全可能对不同的社区产生不同的影响。社区影响陈述是将犯罪对于社会的危害程度具体化的方法之一，对犯罪行为社会危害性的认定需要社区影响陈述。

---

① 刑法中还有些条款将犯罪对社区造成的影响作为犯罪构成要件。例如，刑法第 294 条将"通过实施违法犯罪活动，或者利用国家工作人员的包庇或者纵容，称霸一方，在一定区域或者行业内，形成非法控制或者重大影响，严重破坏经济、社会生活秩序"规定为黑社会性质组织的特征之一。

（二）在我国构建社区影响陈述制度的价值

在我国构建社区影响陈述制度，除了有助于实现罪刑均衡外，还具有以下价值：

第一，为区别社区民众和其他民众在量刑中的法律地位提供了依据。在司法实践中，不仅社区民众会有向法院发表量刑意见的冲动，社区外的其他民众也会有向法院发表量刑意见的冲动。

从与犯罪行为的关系来看，社区民众往往受到了犯罪行为的切实影响，有时能够提供对认定犯罪行为的社会危害性有价值的证据；而社区外的其他民众受犯罪行为的影响较小，且几乎不能提供对认定犯罪行为的社会危害性有价值的证据，因此在量刑程序中应当区别对待社区民众和其他民众。但是，人们往往将上述民众对量刑的意见统称为民意，没有区分社区民众和其他民众在量刑中的不同法律地位。民意（public opinion）是指特定范围内的公众对相关的公共事务或现象所持有的大体相近的意见。[①] 的确，社区民众和其他民众对量刑的意见都属于民意。从民意的角度来看，它们确实不存在实质的区别，都表达了一定数量的民众对案件处理的意见。

在我国构建社区影响陈述制度，为区别社区民众和其他民众在量刑中的法律地位提供了依据。其一，社区影响陈述与其他民众的量刑意见的性质不同。社区影响陈述属于证据，应当在庭审时对其进行审查，并应当将其写入裁判文书；而其他民众的量刑意见不属于证据。其二，社区影响陈述与其他民众的量刑意见的权利来源不同。社区民众受到了犯罪行为的侵害，其提出社区影响陈述，源于诉讼权；其他民众仅仅出于自己对案件的关注提出量刑意见，源于表达自由权。

第二，通过社区影响陈述在量刑中考虑民意，有助于消除民意的弊端。关于民意与刑事司法的关系在理论上争论较大，存在两种

---

① 李唯：《浅析舆情民意与死刑存废的命运》，载《法学研究》2007 年第 1 期。

截然相反的观点。一种观点认为，刑事司法应当考虑民意。另一种观点认为，在刑事司法中，应当从根本上排除民意，罪刑法定、平等适用刑法和罪刑均衡原则不能容忍民意。① 最高人民法院2009年发布的《关于进一步加强民意沟通工作的意见》（法发〔2009〕20号），肯定了民意。该意见指出，进一步加强民意沟通工作是发挥好审判执行职能、完善司法公开、优化司法决策、实现案结事了的重要保障。该意见要求，各级人民法院要按照科学、畅通、务实、有效、便捷的要求，不断改进和创新工作机制，拓宽民意沟通渠道，最大限度地了解和把握社情民意，最大限度地方便人民群众行使权利、表达意见、监督司法，使民意成为司法决策的重要参考依据和检验工作成效的重要标准，使各项决策顺应群众要求，符合司法规律。

但是，民意具有其自身固有的不足。一般认为，民意具有下列弊端：首先，民意依赖的信息不一定准确。民众所了解的案件信息往往来自互联网。被害方可能利用公众同情弱者的心理，通过网络夸大犯罪的危害。对社会不满的人士为了发泄心中的不满，可能通过网络捏造案件情节。媒体为了吸引眼球，可能对案件事实进行不实的渲染。互联网上的信息来源错综复杂，民众常常难以辨别真假。其次，民众往往不够理性。民众具有仇富、仇官，同情弱者的倾向。部分民众甚至将对社会的不满或个人不理想的境遇发泄到被告人的身上，对案件发表非理性的言论。另外，民众易受意见领袖的影响，而部分意见领袖并不了解案件事实。

社区影响陈述是民意的一种形式，是以证据的形式体现的民意。通过社区影响陈述在量刑程序中考虑民意，不仅满足了最高人民法院《关于进一步加强民意沟通工作的意见》的要求，还有助于消除作为民意可能存在的上述两点弊端，这是因为社区影响陈述

---

① 孙万怀：《论民意在刑事司法中的解构》，载《中外法学》2011年第1期。

属于庭审审查的对象，被告人及其辩护人有权在庭审中对其进行质证。

第三，为非直接被害人在刑事诉讼中发表意见提供了更恰当的理论依据。为了给在刑事司法中考虑非直接被害人的意见提供理论支撑，有学者从刑事诉权的角度进行了尝试。该学者认为，刑事诉权的研究是在民事诉权理论基础上发展起来的，但是刑事诉权的理论研究尚未跟上民事诉权理论发展的步伐。刑事诉权理论尚处于“直接利害关系”阶段。应当突破传统所谓“直接利害关系人”的思维定式，将“诉的私益”改造为“诉的公益”。这样，在刑事诉讼中，没有直接利害关系的人也有权参与诉讼，表达对刑事裁判的意见。[①] 我们认为，诉权理论并不能为刑事司法中考虑非直接被害人的意见提供理论支撑，因为诉权理论涉及的是起诉问题，而非直接被害人在刑事诉讼中发表意见与起诉无关。与之相比，社区影响陈述为非直接被害人在刑事诉讼中发表意见提供了更恰当的理论依据。

五、我国社区影响陈述制度的构建

社区影响陈述包括两种类型：具体的社区影响陈述和一般的社区影响陈述。一般的社区影响陈述不仅仅适用于某一具体的刑事案件，而且还适用于在该社区发生的同一类其他刑事案件。我们认为，即使在相同的社区发生相同的犯罪，被告人和被害人的情况不同，对社区产生的影响也可能不同。因此，将一般的社区影响陈述适用于同一社区发生的同一类刑事案件不够合理。我们应该只选择具体的社区影响陈述。我国的社区影响陈述制度应当包括以下内容：

第一，社区影响陈述的性质。在本章第二部分所谈到的相关司

① 彭海青：《试论刑事裁判与民意冲突的司法程序内解决》，载《西南政法大学学报》2011 年第 2 期。

法区，社区影响陈述本身就属于一种独立的证据，因为这些司法区的法律没有对证据的种类进行限定性列举。与上述司法区不同，我国刑事诉讼法第48条对证据的种类做了限定性列举，即证据包括：物证，书证，证人证言，被害人陈述，犯罪嫌疑人、被告人供述和辩解，鉴定意见，勘验、检查、辨认、侦查实验等笔录以及视听资料、电子数据。当法律对证据的种类进行限定性列举时，社区影响陈述应当归属于何种证据便存在一定的问题了。在我国刑事诉讼法第48条所列举的八种证据中，与社区影响陈述最接近的是被害人陈述。但是社区影响陈述与被害人陈述之间仍然存在着一定的区别。第一，从陈述的主体上看，前者的主体是社区，即间接被害人，而后者的主体是直接受到犯罪行为伤害的人，即直接被害人；第二，从陈述的内容上看，前者的内容是犯罪行为给社区民众造成的经济、心理或其他方面的影响，后者的内容是被害人遭受犯罪行为侵害的过程及与犯罪分子有关的情况。

我们认为，在我国确立社区影响陈述制度后，被害人的外延便得到了扩张，这是因为社区影响陈述制度是以多元化的被害人理论为依据的。根据该理论，犯罪行为的被害人除了包括直接被害人和从属被害人外，还包括间接被害人，即社区。因此，将社区影响陈述归入被害人影响陈述便没有了主体上的障碍。另外，可以通过对被害人陈述的解释消除将社区影响陈述归入被害人陈述在内容上的障碍。对此，本书第六章已经做了论述，在此不再赘述。

第二，提出社区影响陈述的主体范围。我国应当采用本章第二部分对社区的理解，即社区包括两种类型：地理意义上的社区和基于具有共同特征而形成的社区。这样，在任何一个案件中都可能存在数个受到犯罪行为影响的社区。除了地理意义上的社区外，在宗教信仰、种族、性别或年龄等方面与直接被害人具有相同特征的群体也属于这里所说的社区。如在某个针对女性实施的系列抢劫、强奸案中，犯罪行为不仅造成了犯罪地的民众缺乏安全感，也造成了其他地方的女性缺乏安全感。在该案中，犯罪地的民众属于地理意义上的社区，其他地方的女性属于基于具有共同特征而形成的社区。当一个案件涉及多个社区时，这些社区都可以提出社区影响陈述。

第三，社区影响陈述适用的案件范围。社区影响陈述适用于下列三类案件。首先，民众提出了量刑请愿书的部分案件。虽然量刑请愿书不属于社区影响陈述，但是民众提出量刑请愿书，表明他们可能受到了犯罪行为的影响。民众提出量刑请愿书的案件可以被划分为三类：第一类是社区民众提出了量刑请愿书，且他们能够为认定犯罪行为的社会危害性提供新的信息的案件。第二类是社区民众提出了量刑请愿书，但是他们不能够为认定犯罪行为的社会危害性提供新的信息的案件。第三类是非社区民众提出了量刑请愿书的案件。人民法院、人民检察院和公安机关应当审查收到量刑请愿书的案件，并对这些案件进行分类。如果属于第一类案件，应当获取社区影响陈述。对于第二类案件，由于社区民众不能够为认定犯罪行为的社会危害性提供新的信息，因此不需要获取社区影响陈述。对于第三类案件，由于其不符合社区影响陈述的主体要求，因此不需要获取社区影响陈述。其次，在没有量刑请愿书的案件中，人民法院、人民检察院和公安机关在必要时也可以主动获取社区影响陈述。有学者在研究量刑请愿书时发现，提出量刑请愿书的案件涉及的罪名绝大多数是自然犯，即侵害或威胁的法益明显违反伦理道德的传统型犯罪。就案件涉及的法益来看，76.9%的案件涉及的是侵犯公民人身权利，如故意杀人罪、故意伤害罪、绑架罪、强奸罪、抢劫罪、拐卖妇女罪等。其中，在67.3%的案件中，犯罪致使被害人死亡。[①] 由此可见，自然犯因与伦理道德的密切相关性和较低的认识门槛更容易引起民众的关注，另外与财产权利、社会秩序等法益相比，人身权利更容易引起民众的关注。由于量刑请愿书涉及

① 张建国、王庆廷：《直接民意与司法回应——以刑事个案中的联名信为切入点》，载《上海法学研究》2010年第2期。

的案件类型是十分有限的，因此人民法院、人民检察院和公安机关在办理案件时，如果认为为了充分把握犯罪的社会危害性，需要了解犯罪对社区造成的危害的，在民众没有提出量刑请愿书的情况下，也可以获取社区影响陈述。最后，人民法院、人民检察院和公安机关还需要特别关注民众通过量刑请愿书以外的其他方式反映强烈民意的案件。除了量刑请愿书外，民众还往往通过网络或其他媒体发表对案件的处理意见。人民法院、人民检察院和公安机关应当关注并收集民意反映强烈的案件，分析在这些案件中是否需要社区影响陈述。

第四，社区影响陈述的形成。我们认为，人民法院、人民检察院和公安机关在确定了应当获取社区影响陈述的案件后，应当确定社区代表人提供社区影响陈述。对于地理意义上的社区，社区代表人的产生方式可以参照民事诉讼中确定诉讼代表人的方式。在人数不确定的代表人诉讼中，确定诉讼代表人通常有三种方式：一是推选，即由向法院登记的当事人推选诉讼代表人；二是协商，即在推选不出诉讼代表人时，可以由人民法院提出人选，与当事人协商；三是指定，即与当事人协商不成的，可由人民法院指定诉讼代表人。与地理意义上的社区民众不同，与直接被害人具有相同特征的民众在数量上较为庞大，在空间上较为分散，按照上述方式产生社区代表人不具有可操作性，因此可以考虑由与该类社区相关的社团组织指派社区代表人提供社区影响陈述。社区代表人产生后，为了防止他们提出与事实不符的、煽动性的影响陈述，人民法院、人民检察院和公安机关应当根据刑事诉讼法的规定向他们解释如实作证的义务，引导他们如实陈述犯罪对社区产生的危害。人民法院、人民检察院和公安机关获取了社区影响陈述后，如果社区的情形发生了改变，社区代表人可以提交补充陈述，更新先前陈述的内容。

第五，社区影响陈述的形式和内容。社区代表人可以用口头或书面形式向人民法院、人民检察院和公安机关陈述，但是最终形成的社区影响陈述必须是书面形式。社区影响陈述应当详细陈述被告人的犯罪行为给社区造成的影响。在没有社会调查报告的案件中，[①] 如果被告人也属于该社区的成员，社区代表人也可以陈述其知晓的被告人的一贯表现。被告人的一贯表现虽然与犯罪对社区造成的危害无关，而是涉及被告人的人身危险性，但是从上述量刑请愿书样本来看，社区民众热衷于陈述被告人的一贯表现，且被告人的一贯表现对于量刑具有一定价值，因此可以将其包括在社区影响陈述中。另外，社区影响陈述不应当包括下列内容：描述犯罪的过程；对被告人的量刑发表意见；与本案无关的内容。描述犯罪的过程属于被告人供述、狭义的被害人陈述和证人证言的内容，不应当作为社区影响陈述的内容。对被告人的量刑属于法官的职责，社区代表人往往缺乏对法律问题进行分析的专业能力，因此也不应当将其作为社区影响陈述的内容。

第六，法院对社区影响陈述的审查。社区影响陈述应当归入案卷，辩护人可以查阅、摘抄和复制社区影响陈述。人民法院获取了社区影响陈述后，必须在开庭前一定时间告知人民检察院和辩护人，这样能够保证人民检察院和辩护人在开庭前有足够的时间审查社区影响陈述，为庭审做准备。为了保障诉讼程序的公正性，对于控辩双方有异议且对量刑有重大影响的社区影响陈述，人民法院应

---

① 被告人的一贯表现属于社会调查报告的内容之一。当前，我国刑事诉讼中的社会调查报告适用于两类案件：一是未成年人刑事案件；二是拟适用社区矫正的案件。关于未成年人刑事案件中社会调查报告的内容，刑事诉讼法第 268 条规定包括未成年被告人的成长经历、犯罪原因、监护教育等情况。对此，最高人民法院《关于审理未成年人刑事案件的若干规定》第 21 条进一步规定，未成年人刑事案件中社会调查报告的内容包括未成年被告人性格特点、家庭情况、社会交往、成长经历以及实施被指控的犯罪前后的表现等情况。对于拟适用社区矫正案件中社会调查报告的内容，《社区矫正实施办法》第 4 条第 2 款规定包括被告人的居所情况、家庭和社会关系、一贯表现、犯罪行为的后果和影响、居住地村（居）民委员会和被害人意见、拟禁止的事项等。

当通知至少 1 名社区代表人出庭作证。人民法院通知社区代表人员出庭作证的，社区代表人应当出庭。在其他情况下，由审判人员或公诉人宣读社区影响陈述，并听取控方和/或辩方的意见。裁判文书中应当叙述社区影响陈述的内容、控辩双方的意见以及人民法院的意见。

结　　语

证据法学理论体系包括证据论、证明论和程序论三部分。证据论的内容包括证据的种类、证据的类型和证据规则。根据刑事诉讼法的规定，证据的种类包括物证，书证，证人证言，被害人陈述，犯罪嫌疑人、被告人供述和辩解，鉴定意见，勘验、检查、辨认、侦查实验等笔录和视听资料、电子数据。根据不同的标准，可以将证据划分为不同类型。一般认为，证据的类型包括原始证据和传来证据、言词证据和实物证据、直接证据和间接证据以及本证和反证等。证据规则包括传闻证据规则、非法证据排除规则、补强证据规则、最佳证据规则和意见证据规则等。证明论的内容包括证明对象、举证责任、证明标准和证明方式。其中，证明的方式包括证据证明、推定和司法认知。程序论的内容包括证据的收集与保全、证据的适用程序以及证据的审查判断。其中，证据的适用程序包括举证、质证和认证；证据的审查判断包括各类证据的审查判断和证据的综合审查判断。

本书七章分别研究了司法实践中量刑事实证明与认定的状况、量刑证据的可采性、量刑事实的举证责任与证明标准、死刑案件中的量刑证明标准、社会调查报告、被害人影响陈述和社区影响陈述。其中，在研究司法实践中量刑事实证明与认定的状况时，涉及了量刑事实的证明方式。由此可见，本书对量刑证据和证明问题的研究构建起了基本的量刑证据理论体系。量刑证据的证据能力、社会调查报告、被害人影响陈述和社区影响陈述等属于证据论，量刑事实的证明方式、量刑事实的举证责任和证明标准以及死刑案件中的量刑证明标准属于证明论。本书没有对量刑证据的类型以及程序论进行研究，这主要是因为它们可以适用当前的证据理论。当然，本书对量刑证据制度中相关问题的研究是尝试性的，不足和疏漏之处在所难免。

由于理论界对量刑证据理论缺乏应有的关注，量刑事实证明与认定的司法实践已经走在了量刑证据理论研究和量刑证据制度的前面。为了进一步实现量刑公正，确保罪刑相适应，立法机关和最高司法机关应当重视量刑证据制度的制定。与此同时，理论界应当加强对量刑证据和证明问题的研究，推动量刑证据理论的进一步发展，为完善量刑证据制度提供理论支撑。

主要参考文献

一、中文著作（含译著）

1. 白云飞著:《规范化量刑方法研究》，中国政法大学出版社2015年版。

2. 陈瑞华著:《刑事审判原理》，北京大学出版社1997年版。

3. 陈瑞华著:《量刑程序中的理论问题》，北京大学出版社2011年版。

4. 陈卫东主编:《量刑程序改革理论研究》，中国法制出版社2011年版。

5. 陈兴良著:《刑法哲学》，中国政法大学出版社1992年版。

6. 何家弘、刘品新著:《证据法学》，法律出版社2004年版。

7. 雷连莉著:《刑事被害人量刑参与问题研究》，中国政法大学出版社2014年版。

8. 李蓉著:《公正量刑保障机制研究》，中央民族大学出版社2013年版。

9. 李玉华等著:《诉讼证明标准研究》，中国政法大学出版社2010年版。

10. 李玉萍著:《程序正义视野中的量刑活动研究》，中国法制出版社2010年版。

11. 梁欣著:《量刑程序理论与实务》，中国人民公安大学出版2012年版。

12. 龙宗智著:《相对合理主义》，中国政法大学出版社1999

年版。

13. 马秀娟著:《量刑程序研究》，法律出版社 2012 年版。

14. 仇晓敏著:《量刑公正之程序路径》，中国人民公安大学出版社 2010 年版。

15. 孙长永著:《探索正当程序——比较刑事诉讼法专论》，中国法制出版社 2005 年版。

16. 王喆著:《中国量刑程序改革问题研究》，吉林大学出版社 2013 年版。

17. 王兆鹏著:《美国刑事诉讼法》，北京大学出版社 2005 年版。

18. 杨文革著:《死刑程序控制研究》，中国人民公安大学出版社 2009 年版。

19. 臧冬斌著:《量刑自由裁量权制度研究》，法律出版社 2014 年版。

20. 张吉喜著:《刑事诉讼中的公正审判权——以〈公民权利和政治权利国际公约〉为基础》，中国人民公安大学出版社 2010 年版。

21. 张军、江必新主编:《新刑事诉讼法及司法解释适用解答》，人民法院出版社 2013 年版。

22. 张明楷著:《刑法学》，法律出版社 2003 年版。

23. 张文、刘艳红、甘怡群著:《人格刑法导论》，法律出版社 2005 年版。

24. 张月满著:《量刑程序论》，山东大学出版社 2011 年版。

25. 赵国玲著:《未成年人司法制度改革研究》，北京大学出版社 2011 年版。

26. 赵延光著:《中国量刑改革之路》，武汉大学出版社 2014 年版。

27. [英] 丹宁勋爵著:《法律的界碑》，刘庸安等译，群众出版社 1992 年版。

28. ［德］克劳斯·罗科信著：《刑事诉讼法》，吴丽琪译，法律出版社 2003 年版。

29. ［德］拉伦茨著：《德国民法通论》，谢怀栻等译，法律出版社 2003 年版。

30. ［德］罗森贝克、施瓦布、戈特瓦尔德著：《德国民事诉讼法》，李大雪译，中国法制出版社 2007 年版。

31. ［美］米尔吉安·R. 达马斯卡著：《比较法视野中的证据制度》，吴宏耀、魏晓娜等译，中国人民公安大学出版社 2006 年版。

32. ［美］乔恩·R. 华尔兹著：《刑事证据大全》，何家弘等译，中国人民公安大学出版社 1993 年版。

33. ［日］松尾浩也著：《日本刑事诉讼法》，丁相顺等译，中国人民大学出版社 2005 年版。

34. ［日］田口守一著：《刑事诉讼法》，刘迪等译，法律出版社 2000 年版。

35. ［日］小野清一郎著：《犯罪构成要件理论》，王泰译，中国人民公安大学出版社 2004 年版。

36. ［美］约翰·W. 斯特龙主编：《麦考密克论证据》，汤维建等译，中国政法大学出版社 2004 年版。

二、中文论文

1. 陈瑞华：《量刑程序中的证据规则》，载《吉林大学社会科学学报》2011 年第 1 期。

2. 陈卫东、李训虎：《分而治之：一种完善死刑案件证明标准的思路》，载《人民检察》2007 年第 8 期。

3. 陈卫东、张佳华：《量刑程序改革语境中的量刑证据初探》，载《证据科学》2009 年第 1 期。

4. 冯卫国、张向东：《被害人参与量刑程序：现状、困境与展望》，载《法律科学》2013 年第 4 期。

5. 高维俭:《少年刑事司法之社会人格调查报告制度论要》,载《环球法律评论》2010 年第 3 期。

6. 郭欣阳:《未成年人社会调查报告的法律性质以及其在审查起诉中的运用》,载《人民检察》2007 年第 11 期。

7. 顾永忠:《从定罪的“证明标准”到定罪量刑的“证据标准”——新〈刑事诉讼法〉对定罪证明标准的丰富与发展》,载《证据科学》2012 年第 2 期。

8. 郭志远:《定罪与量刑分离——论我国死刑案件的证明标准》,载《安徽师范大学学报》(人文社会科学版)2013 年第 1 期。

9. 贺小军:《量刑程序中“问题”证据若干问题研究》,载《中国人民公安大学学报》(社会科学版)2013 年第 5 期。

10. 黄芳:《死刑适用的国际标准与国内法协调》,载《法学评论》2003 年第 6 期。

11. 季美君:《英国刑事证据法中的品格证据》,载《中国刑事法杂志》1999 年第 5 期。

12. 贾赟:《影响定罪量刑的年龄证据的审查与认定——从一起年龄事实有争议的刑事案件谈起》,载《人民司法》2006 年第 5 期。

13. 简乐伟:《被告人不认罪案件量刑程序的理想模式》,载《政法论丛》2009 年第 6 期。

14. 简乐伟:《非法证据与量刑关系的再审视》,载《兰州大学学报》(社会科学版)2012 年第 4 期。

15. 康怀宇:《比较法视野中的定罪事实与量刑事实之证明——严格证明与自由证明的具体运用》,载《四川大学学报》(哲学社会科学版)2009 年第 2 期。

16. 康黎:《英美法系国家量刑程序中的“被害人影响陈述”制度介评》,载《环球法律评论》2010 年第 6 期。

17. 李国莉:《未成年人社会调查报告的证据法解析及量刑运

用》，载《学术交流》2013 年第 10 期。

18. 李唯：《浅析舆情民意与死刑存废的命运》，载《法学研究》2007 年第 1 期。

19. 黎伟文、卢传新：《被害人量刑建议权研究》，载《人民检察》2008 年第 22 期。

20. 林山田：《论刑事程序原则》，载《国立台湾大学法学论丛》1999 年第 2 期。

21. 刘立霞、张晶：《未成年人恢复性司法中引入品格证据的原因》，载《贵州社会科学》2009 年第 5 期。

22. 龙宗智：《印证与自由心证》，载《法学研究》2004 年第 2 期。

23. 龙宗智：《论建立以一审庭审为中心的事实认定机制》，载《中国法学》2010 年第 2 期。

24. 罗灿：《间接证据与事实推定对定罪量刑的影响》，载《人民司法》2010 年第 14 期。

25. 闵春雷：《论量刑证明》，载《吉林大学社会科学学报》2011 年第 1 期。

26. 聂昭伟：《我国死刑案件证明标准的重新选择》，载《法治研究》2008 年第 8 期。

27. 彭海青：《试论刑事裁判与民意冲突的司法程序内解决》，载《西南政法大学学报》2011 年第 2 期。

28. 彭海青：《英国量刑证明标准模式及理论解析》，载《环球法律评论》2014 年第 5 期。

29. 秦宗文：《死刑案件证明标准的困局与破解》，载《中国刑事法杂志》2009 年第 2 期。

30. 任志中、汪敏：《构建严格的死刑案件证明标准：基于人权的司法保障之实现》，载《法律适用》2007 年第 5 期。

31. 宋英辉、李哲：《直接、言词原则与传闻证据规则之比较》，载《比较法研究》2003 年第 5 期。

32. 宋志军：《量刑事实证明问题研究》，载《河南财经政法大学学报》2012 年第 6 期。

33. 孙青平：《论量刑事实证明体系的构建》，载《理论探索》2011 年第 6 期。

34. 孙万怀：《论民意在刑事司法中的解构》，载《中外法学》2011 年第 1 期。

35. 万兵、吴小军：《审前社会调查制度之重构与完善——以规范缓刑的适用为视角》，载万鄂湘主编：《建设公平正义社会与刑事法律适用问题研究——全国法院第 24 届学术讨论会获奖论文集》（下册），人民法院出版社 2012 年版。

36. 王敏远：《死刑案件的证明“标准”及〈刑事诉讼法〉的修改》，载《法学》2008 年第 7 期。

37. 王敏远：《刑事诉讼法学研究的转型》，载《法学研究》2011 年第 5 期。

38. 王晓红：《论量刑事实证明责任的分配——以相对独立量刑程序为分析进路》，载《湖北社会科学》2013 年第 11 期。

39. 汪贻飞：《论量刑程序中的证明标准》，载《中国刑事法杂志》2010 年第 4 期。

40. 杨春雷：《修改后刑诉法视野下量刑证据的应用——以混合型、单一型量刑证据分类为切入点》，载《人民检察》2013 年第 1 期。

41. 杨正万：《死刑的正当程序与死刑的限制》，载赵秉志、邱兴隆主编：《死刑正当程序之探讨》，中国人民公安大学出版社 2004 年版。

42. 余茂玉：《论量刑事实的证明责任和证明标准》，载《人民司法》2011 年第 7 期。

43. 张鸿巍：《浅析美国未成年人案件社会调查制度》，载《河北法学》2014 年第 5 期。

44. 张吉喜：《论英国刑事诉讼中的证明责任分配标准》，载

《西南民族大学学报》（人文社科版）2007 年第 4 期。

45. 张吉喜：《论量刑证据的可采性》，载《学习论坛》2013 年第 9 期。

46. 张吉喜：《统计学方法在评估“逮捕必要性”中的运用》，载《广东社会科学》2014 年第 6 期。

47. 张建国、王庆廷：《直接民意与司法回应——以刑事个案中的联名信为切入点》，载《上海法学研究》2010 年第 2 期。

48. 朱琳：《关于死刑案件证明标准的思考》，载《山西省政法管理干部学院学报》2009 年第 4 期。

三、英文文献

1. Ashworth, A., “Victim impact statements and sentencing”, *Crim. L. Rev*, 498-509 (1993).

2. David Margolick, “Rapist Isn't Exiled Far Enough for a Community in Wilderness”, *N. Y. Times*, Mar. 27, 1994, at 18.

3. Donald. J. Hall, “Victim's Voices in Criminal Court: The Need for Restraint”, 28*Am. Crim. L. Rev.* 233, 247 (1991).

4. Edna Erez, “Victim Participation in Sentencing: And the Debate Goes On ...”, 3 *Int'l Rev. Victimology* 17, 17 (1994).

5. Erez, E. & Tontodonato, P., “The Effect of Victim Participation in Sentencing on Sentence Outcome”, *Criminology*, vol. 28, no. 3, pp. 451-474(1990).

6. Gregory W. Carman, “Fairness At The Time Of Sentencing: The Accuracy Of The Presentence Report”, 78*St. John's L. Rev.* 1.

7. Hagan, J., “Victims before the Law: A Study of Victims' Involvement in the Criminal Justice Process”, *Journal of Criminal Law and Criminology*, vol. 73, pp. 317-329(1982).

8. James Luginbuhl & Michael Burkhead, “Victim Impact Evidence in a Capital Trial: Encouraging Votes for Death”, 20*Am. J. Crim.*

Just. 2, 1 (1995).

9. J. Chalmers et al., "Victim Impact Statements: Can Work, Do Work (For Those Who Bother to Make Them)", *Crim. L. Rev.* 360 (2007).

10. K. Phillips, "Thou Shall Not Kill Any Nice People: The Problem of Victim Impact Statements in Capital Sentencing", 35 *Am. Crim. L. Rev.* 99, 102-104 (1997).

11. K. Roach, "The Role of Crime Victims Under the *Youth Criminal Justice Act*", 40 *Alta. L. Rev.* 965(2003).

12. Katie Long, "Community Input At Sentencing: Victims Right or Victim's Revenge?" 75 *B. U. L. Rev.* 187.

13. Kerstin Braun, "Giving Victims A Voice: On The Problems Of Introducing Victim Impact Statements In German Criminal Procedure", 14 *German L. J.* 1889(2013).

14. Mary Margaret Giannini, "Equal Rights for Equal Rites?: Victim Allocution, Defendant Allocution, and the Crime Victims' Rights Act", 26*Yale L. & Pol'y Rev.* 431 (2008).

15. Paul G. Cassell, "Victim Impact Statements and Ancillary Harm: The American Perspective", 15*Can. Crim. L. Rev.* 149 (2011).

16. Trey Hill, "Victim Impact Statements: A Modified Perspective", 29 *Law & Psychol. Rev.* 211(2005).